陕西省重点扶持学科项目
陕西省哲学社会科学研究基地秦东历史文化研究中心项目

渭北（铜川地区）方言研究

丁德科　茹钢　著

商务印书馆
2012年·北京

图书在版编目(CIP)数据

渭北（铜川地区）方言研究 / 丁德科，茹钢著. — 北京：商务印书馆，2012
ISBN 978－7－100－09195－4

Ⅰ.①渭… Ⅱ.①丁… ②茹…Ⅲ.①西北方言－研究－铜川市 Ⅳ.①H172.2

中国版本图书馆 CIP 数据核字（2012）第 102132 号

所有权利保留。

未经许可，不得以任何方式使用。

渭北（铜川地区）方言研究
丁德科 茹钢 著

商 务 印 书 馆 出 版
（北京王府井大街 36 号 邮政编码 100710）
商 务 印 书 馆 发 行
三河市尚艺印装有限公司印刷
ISBN 978－7－100－09195－4

2012 年 7 月第 1 版　　开本 787×960 1/16
2012 年 7 月北京第 1 次印刷　印张 17.25
定价：39.00 元

目　录

序 1

第一章　概　说 1

　　第一节　地理概况 1

　　第二节　建制沿革 1

　　第三节　方言概况 2

　　第四节　记音符号 5

第二章　语音分析 9

　　第一节　声　母 9

　　第二节　韵　母 10

　　第三节　单字调 11

　　第四节　连读变调 35

第三章　同音字汇 37

第四章　铜川方音与普通话 61

　　第一节　声母的比较 61

　　第二节　韵母的比较 64

　　第三节　声调的比较 67

第五章　铜川方音和省会西安方音的比较 70

　　第一节　声母的比较 70

　　第二节　韵母的比较 73

第六章　铜川方音的历史演变 ... 76
第一节　声母、韵母的演变 ... 76
第二节　声调的演变 ... 77

第七章　铜川方言词汇 ... 80
第一节　分类词表 ... 80
第二节　词汇特点 ... 160

第八章　词语考证 ... 166
第一节　《广韵》《集韵》中的铜川方言词 ... 166
第二节　古代白话著作中的铜川方言词语 ... 177

第九章　铜川方言语法 ... 231
第一节　语法特点 ... 231
第二节　语法举例 ... 245

第十章　标音举例 ... 254
第一节　故　事 ... 254
第二节　诗　歌 ... 257
第三节　快　板 ... 258
第四节　笑　话 ... 263

参考资料 ... 265

跋 ... 267

序

丁德科

　　作为关中北部方言的重要组成部分，铜川地区方言因其地处关中与陕北过渡地带而特征鲜明，具有特殊的研究价值。民国三十三年（1944年）六月，著名语言学家黎锦熙教授在西安核印《同官县志》，茶余酒后，与县志采编和文瑄谈天说地，调查并整理出同官的方言谣谚资料，随即列为《县志》卷二十七。在出版县志的同时，还出版了加有黎先生写的"卷头语"的《同官方言谣谚志》单行本。

　　《同官县志·方言谣谚志》与《同官方言谣谚志》单行本的内容完全一致。黎先生在"卷头语"中写道：这部志书不仅内容"较为完备、确实、整齐些"，而且，"从民（国）十九（年）到现在已经十五个年头了，一个地方的'同音常用字汇'依法编制而正式出版的，这篇恐怕还是第一种哩"！这种评价是极为确当的，不是过誉之辞。不过还必须加上这么一笔：该志在全国来说，也是较早采用国际音标记录方言读音的著作。

　　新中国成立，特别是改革开放以来，铜川的经济社会建设和文化事业等各方面都取得了巨大的历史性成就，已非昔日同官可比，方言演变生动地反映出时代气息。我们这次记录、整理出版《渭北（铜川地区）方言研究》，继承和发扬原作的优点，注意搞好调查研究工作，努力做到全面系统地反映铜川地区方言的基本面貌和特点，通过实证研究实现学术创新，促进普通话的推广工作，并且使人们能够从一个侧面了解铜川的风土人情和生活习尚。

　　这部著作的编写，得到语言学家、西北大学中文系教授杨春霖先生和语言学家、陕西师范大学中文系教授郭子直先生的悉心指导和大力支持。原铜川市史志办主任常健志同志对此稿的编撰也付出了很多心血，给予了重要的帮助。三位前辈如今已故去，本书的出版也是对他们最好的纪念。

由于编撰者水平有限，恳请各位专家学者提出宝贵意见。

2012年1月9日

第一章 概 说

第一节 地理概况

铜川市位于陕西省中部，介于东经108°35′～109°29′，北纬34°48′～35°之间，与延安、渭南毗邻。市区北距延安市247公里，南距西安市125公里。全市东西长、南北宽均为80多公里，总面积3882平方公里，占全省面积的1.9%。市行政管辖耀县、宜君两个县和城区、郊区两个县级区，共7个镇、36个乡、9个街道办事处，539个村民委员会、98个居民委员会。据1985年统计，全市共149788户，总人口728641人，人口密度为每平方公里187人。除汉族外，还有回、满、壮、布依、侗、朝鲜、苗、锡伯、土家、藏、黎、纳西、土、裕固等民族，汉族人口725068人，占总人口的99.5%。这里交通方便，有西包公路、咸铜铁路等。

境内有唐武德七年（公元624年）为唐高祖李渊修的离宫——玉华宫，唐宋名窑——耀州窑及唐代名医孙思邈隐居著述旧地——药王山等名胜古迹。素有"金锁天险，鹰鹞难飞"之称的金锁关，为历代兵家必争之地，也是杨家将曾热血报国的战场。这里也曾是革命老区，陕甘边第一支正规化军队即红二十六军于1932年建立，陕甘边区第一处革命根据地在此创建。

第二节 建制沿革

古为雍州地（《史记·黄帝本纪》《史记·五帝本纪》《尚书·禹贡》）；周属豳邑（明·文翔凤《豳谷考》）；春秋秦改频阳县（《史记·秦本记》），秦朝为内史三辅地；西汉景帝二年改祋祤（duìyù）县，为左内史冯翊郡；东晋设"宜君护军"；北魏改为铜官县，属北地郡；北周改为"同官",属宜君郡;从 182 年至 1946 年,同官先后隶属宜川、雍州、宜君郡、同州、耀州、西安府、关中道、关中区、第七(后属第三、第二)督察专员公署。要说明的是,宜君从五代、宋始便属北方行政区划区,元明时属延安路鄜州;辛亥革命后,属陕西省榆林道、洛川专员公署。

1946 年,因"潼关"与"同官"音同易混,改"同官"为"铜川"。至 1979 年底,由县至县级市以至直辖市,屡经改制。1980 年元旦始,耀县与原蒲城县的高楼河、广阳、阿庄、肖家堡四乡划归本市;1983 年 10 月又将宜君县划归本市,始为两区两县的范围。

第三节　方言概况

一、分区

铜川方言归属陕西方言关中方言的东府话(见下图)。

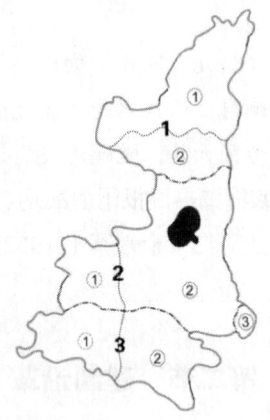

(图注:1、2、3 分别指陕西方言的陕北方言、关中方言、陕南方言三大分区。1 中①、②分别指陕北方言上面话和南面话;2 中①、②分别指西府话和东府话;3 中①、②、③分别指陕南方言汉中地区话、安康地区话、商南地区话。中间阴影部分是铜川市。)

就语音、词汇、语法等特点而言,铜川方言可分为两大方言区。

2

一是以市区（城区及近郊）为中心的渭区话，主要分布在城区、耀县全境及郊区的印台、王益、王家河、金锁、陈炉、黄堡、城关等乡镇，约占全市人口的85%。渭区话内部还有许多小的差异，与旬邑、淳化两县接界的地方带有旬邑、淳化口音，耀县南边及近郊陈炉的人多带富平口音，城区及近郊的人说话用词有不少普通话、河南话词语，不过这些分歧丝毫不影响交际。二是以宜君县为中心的洛区话，主要分布在宜君县及郊区的阿庄、红土、萧家堡、高楼河、广阳等乡镇，约占全市人口的50%。洛区内，宜君县北边话有陕北方言南面话的特征，宜君县东边话带白水口音。更应说明的是，郊区高楼河乡、广阳镇位于广阳河以南的洞子沟、三联、栗园、李家沟（上属高楼河乡）、玉泉沟、羊沟、武塬、四联等村庄，受蒲城、富平话影响，将 zh、ch 声母字读作 g、k 声母。这一带，俗称"南安沟"。

二、两区差异

（一）语音

（1）"步、动、白、跪、在、近"等字，渭区分别读作不送气音：[pu^{44}]、[tuŋ^{44}]、[pei^{24}]、[kui^{44}]、[tsæ^{44}]、[tɕiei^{44}]，而洛区则分别读作送气音[p'u^{44}]、[t'uŋ^{44}]、[p'ei^{24}]、[k'uei^{44}]、[ts'æ^{44}]、[tɕ'iei^{44}]。

（2）"借、齐、秋、津、抢、精"等字的声母，渭区一律为舌面音，洛区则为舌尖中音。如上面的几个字，渭区分别读作[tɕiɛ^{44}]、[tɕ'i^{24}]、[tɕ'iou^{21}]、[tɕiei^{21}]、[tɕ'iaŋ^{52}]、[tɕiŋ^{21}]，而洛区分别读作[tiɛ^{44}]、[t'i^{24}]、[t'iou^{21}]、[tiei^{21}]、[t'iaŋ^{52}]、[tiŋ^{21}]。

（3）"网、微、无、武、袜、万、绾"等字，渭区除"无、万、袜"外，其他都读为零声母的合口呼字；洛区则一律为[v]声母字。上面几个例字，渭区分别读作[uaŋ^{52}]、[uei^{21}]、[vu^{24}]、[u^{52}]、[va^{21}]、[væ^{44}]、[uæ^{52}]；而洛区则分别读作[vaŋ^{52}]、[vei^{21}]、[vu^{24}]、[vu^{52}]、[va^{21}]、[væ^{44}]、[væ^{52}]。

（4）"猴、吼、后、厚、喉"等字的声母，渭区和洛区一样，都读[x]。但韵母有别，渭区一律读作开口呼[ou]，洛区一律读作合口呼[u]。

（5）"瞎、下、鞋、咸、闲、杏"等字，渭区一律读作[ɕ]声母的

3

齐齿呼；洛区则读作[x]声母的开口呼。上述例字，渭区分别读作[ɕia²¹]、[ɕia⁴⁴]、[ɕiɛ²⁴]、[ɕiæ²⁴]、[ɕiæ²⁴]、[ɕin⁴⁴]；洛区则分别读作[xa²¹]、[xa⁴⁴]、[xæ²⁴]、[xæ²⁴]、[xæ²⁴]、[xən⁴⁴]。

（6）此外，"爷"渭区读作[iɛ²⁴]，洛区读[ia²⁴]；"也"渭区读作[iɛ⁵²]，洛区读[ia⁵²]；"啥"渭区读[sa⁴⁴]，洛区读[sʮo⁴⁴]；"咋"渭区读[tsa⁵²]，洛区读[tsʮo⁵²]。

（7）渭区和洛区都有四个调类，但是两相比较，洛区的声调高而陡，渭区的声调则低而缓。

（8）渭区、洛区属[tʂ]、[tʂʻ]两声母的字，南安沟属[k]、[kʻ]两声母。如"织、折、招、朝、沾、征"在南安区读[k]声母，"尺、车、超、蝉、昌、称、郑"在南安区读[kʻ]声母，这一点和临近的蒲城县相似。

（二）词汇

（1）渭区以重叠加"子"尾的形式（AA子型）出现，而洛区则直接以重叠式（AA型）出现，比较如下：

汇\区	例　　词					
渭区	蛋蛋子 [tæ⁴⁴ tæ²¹ tsʅ³⁰]	笼笼子 [luŋ⁵² luŋ²¹ tsʅ³⁰]	院院子 [yæ⁴⁴ yæ²¹ tsʅ³⁰]	盘盘子 [pʻæ²⁴ pʻæ²¹ tsʅ³⁰]	片片子 [pʻiæ⁵² pʻiæ²¹ tsʅ³⁰]	桌桌子 [tsʮo²¹ tsʮo²¹ tsʅ³⁰]
洛区	蛋蛋 [tʻæ⁴⁴ tʻæ³⁰]	笼笼 [luŋ⁵² luŋ³⁰]	院院 [yæ⁴⁴ yæ³⁰]	盘盘 [pʻæ²⁴ pʻæ³⁰]	片片 [pʻiæ⁵² pʻiæ³⁰]	桌桌 [tsʮo²¹ tsʮo³⁰]

（2）某些概念，渭区和洛区叫法各不同，例如：渭区称"玩"为"耍[sʮa⁵²]"，洛区则为"狂[kʻuaŋ²⁴]；渭区称"厕所"为"毁圈[xuei⁵²tɕʻyæ²⁸⁰]"，洛区则为"后院[xu⁴⁴yæ⁴⁴]；渭区称"饺子"为"扁食[piæ⁵²ʂʅ³⁰]"，洛区则称为"角儿[tɕyɛ²¹ər²¹]"；渭区称"岳父"为"丈

4

人爸[tʂ'aŋ⁴⁴ zei³⁰pa⁴⁴]"，洛区称为"叔[sou²⁴]"；渭区称"蟋蟀"为"蛐蛐[tɕ'y²¹ tɕ'y³⁰]"，洛区则为"醋珠珠[ts'ou⁴⁴ tsʅ²¹ tsʅ³⁰]"；渭区称"棺材"为"枋[faŋ²¹]"，洛区则为"料子[liau⁴⁴ tsʅ³⁰]"。

（三）语法

渭区和洛区在语法方面比较一致，只是个别说法略有差异，例如：洛区话的"不知道"，渭区说成"知不道"，语序有别。

在被动句中，洛区话用介词"叫"引进行为的主动者，而渭区则用介词"拿"引进行为的主动者，互不相混。例如："他被那个狗咬了一口"，洛区说成"他叫囗[uæ⁵²]狗囗[tæ⁵²]咬了一口"，渭区则说成"他拿囗[uæ⁵²]狗咬了一口。"

需要说明的是，南安区的语音、语法特点，除上述语音方面的差异之八外，都与洛河区一致。因此，以上所述"洛区"也包括"南安区"在内。

第四节 记音符号

为了科学地记录铜川方言语音，同时又使广大群众读得懂，本志以国际音标与汉语拼音方案并用标音。有些无须标音，群众也能读懂的章节，只标国际音标，供研究本方言者参考。所用音标与汉语拼音方案对照如下，汉语拼音只标音，不标调。

声母对照表

本志用音标	汉语拼音	本志用音标	汉语拼音
p	b	z④	—
pʻ	p	tʂ	zh
pf①	—	tʂʻ	ch
pfʻ②	—	ʂ	sh
m	m	ʐ	r
f	f	tɕ	j
v③	—	tɕʻ	q
t	d	ȵ⑤	—
tʻ	t	ɕ	x
n	n	k	g
l	l	kʻ	k
ts	z	ŋ⑥	—
tsʻ	c	x	h
s	s	∅	∅

注：①[pf]是齿唇不送气清塞擦音。　④[z]舌尖前浊擦音。
　　②[pfʻ]是齿唇送气清塞擦音。　⑤[ȵ]舌面鼻音。
　　③[v]是齿唇浊擦音。　⑥[ŋ]是舌根鼻音。

6

韵母对照表

本志用音标	汉语拼音	本志用音标	汉语拼音
a	ɑ	iæ̃	ian
o	o	iei	in
ɤ	e	iaŋ	iɑng
ɯ①	—	iŋ	ing
i	i	ua	uɑ
ɿ	i	uo	uo
ʅ	i	uæ	uai
u	u	uei	uei
ʮ②	—	uæ̃	uan
y	ü	uei	un
ər③	er	uaŋ	uɑng
æ④	ai	uŋ	ong
ei	ei	ɥa	—
au	ao	ɥo	—
ou	ou	ɥæ	—
æ̃⑤	ɑn	ɥei	—

7

ei	en	ɥæ̃	—
aŋ	ɑng	ɥaŋ	—
əŋ	eng	ɥəŋ	—
ia	iɑ	yɛ	üe
iɛ	ie	yæ̃	üan
iau	iɑo	yei	ün
iou	iu	yŋ	iong
iæ̃	—		

注：①[ɯ]为舌面后、高、不圆唇元音，与[u]相对。

②[ɥ]应是[ɿ]与[ʅ]的合音，[ɥ]与[ʅ]二者皆为舌尖前、高元音，[ɥ]圆唇，[ʅ]不圆唇。为简明故，标为[ɥ]。以下[ɥ]为介音的韵母，普通话的介音为[u]。

③[ər]卷舌度弱于普通话。

④[æ]是舌面前、半次低不圆唇音，口音韵。其发音比普通话 an 韵母中 a 舌位稍高。

⑤[æ̃]是舌面前、半次低不圆唇音[æ](注④)的鼻化。

声调对照

普通话标调采用五度制声调符号调型标调法。本志采用五度制声调符号调值标调法。如阴平调，普通标作"ā"，本志标作"a²¹"，即把单字调调值用阿拉伯数字标在音标上角。连读时有的发生了变调，变调的调值写在单字调的后面，中间加一短横线"-"。例如，阴平字与阴平字相连，前字的声调由 21 变为 24，写法为：刮风[kua²¹⁻²⁴ fəŋ²¹]。

第二章 语音分析

第一节 声 母

铜川方言有26个声母（包括零声母∅）；左边为国际音标，右下角小字母为汉语拼音（下同）。

p_b 半包   p'_p 怕步   m_m 门马   f_f 飞佛   v_v 闻袜
t_d 到对   t'_t 太夺   n_n 南年   l_l 漏狼
ts_z 增支   ts'_c 曹助   s_s 散生   z 耳_白儿_白
tʂ_zh 知章 tʂ'_ch 吃赵   ʂ_sh 声   z_r 认然
tɕ_j 将钻   tɕ'_q 件存   ɲ 年哑   ɕ_x 线孙
k_g 哥刚   k'_k 开跪   ŋ 岸欧   x_h 火鞋
∅_yw 而阿延围远

说明：

1.例字右下角的"文"和"白"，分别表示文读音和白读音（以下各节相同）。

2.[v]唇齿接触较轻，和以[u]起头的零声母字不同音，如：围[uei²⁴]、微[vei²⁴]。渭区读[v]母的字较洛区少。

3.声母是[z]的例字很少，并且限于白读音。

4.[ŋ]是舌根音，发音部位跟[k][k'][x]相同。

5.[n]只在开口呼与合口呼韵母前面出现，[ɲ]只在齐齿呼与撮口呼韵母前面出现。为了便于区分，确定它们为两个音位。

6.渭区声母为[tɕ]、[tɕ']的字比洛区多，渭区中一部分读[tɕ]、[tɕ']声母的字，在洛区读[t]、[t']声母，如："精、秋"，渭区读作[tɕiŋ²¹]、[tɕ'iou²¹]，洛区读作[tiŋ²¹]、[t'iou²¹]；反过来说，洛区读[t]、[t']声母的字比渭区多。

7.渭区声母读送气音的字比洛区少。渭区一些读非送气声母的字，洛区读送气声母。如"步、伴"，渭区读作[pu⁴⁴]、[pæ̃⁴⁴]，洛区读作[pʻu⁴⁴][pʻæ̃⁴⁴]。

8."瞎、咸"等字，渭区声母为[ɕ]，洛区声母为[x]。

第二节　韵　母

铜川方言有45个韵母。

ɿ 思指	i_i 意提	u_u 屋哭	y_ü 雨女	ʮ 书猪
ʅ 湿质				
a_a 啊妈	ia_ia 呀家	ua_ua 娃刮		ʮa 抓刷
o_o 婆博		uo_uo 窝括		ʮo 桌戳
ɣ_e 车设	iɛ_ie 姐结		yɛ_üe 药角	
ɯ 核圪				
ər_er 而耳_文				
æ_ai 盖害	iæ_iai 解街	uæ_uai 外怪		ʮæ 甩揣
ei_ei 恩恨	iei_iei 今心	uei_uei 温国	yei_üei 运军	ʮei 摔吹
au_ao 照噢	iau_iao 要妙			
ou_ou 狗土	iou_iou 油求			
æ̃_an 鞍敢	iæ̃_ian 烟见	uæ̃_uan 弯管	yæ̃_üan 冤钻	ʮæ̃ 软拴
aŋ_ang 昂唐	iaŋ_iang 洋江	uaŋ_uang 王广		ʮaŋ 状床
əŋ_eng 更疼	iŋ_ing 英穷	uŋ_ong 翁公	yŋ_iong 用窘	ʮŋ 中虫

说明：

1.[a]在[a]、[ia]、[ua]里实际是[A]，在[au]、[iau]、[aŋ]、[iaŋ]、[uaŋ]里近于[ɑ]。

2.韵母[ɯ]的例字较少。

3.鼻音韵尾[ŋ]在实际语音中稍鼻化，近似[ɣ̃]。

4.[ʮ]的圆唇程度较浅，近于[ʮ]和[ɿ]之间的音。

5.渭区声母[x]拼韵母[ou]的字，洛区韵母一般为[u]。

第三节　单字调

一、声调

铜川方言有4个单字调。举例如下：

调类	调值	例　字
阴平	21˩	刚知丁安超飞职笔黑百麦入
阳平	24˧	穷陈平寒抉鹅人文局食白合
上声	52˥	古走短体手粉女染老武有米
去声	44˦	近是厚盖醉抗菜汉共助害怨

说明：

轻声调值不固定，在阴平后较高，在其他调类后较低，我们在标音时一律作"30"。

二、声韵调配合关系

铜川方言二十六个声母可以分为以下十一组：

p_b　p'_p　m_m，v　f_f，t_d　t'_t，n_n，l_l，k_g　k'_k　x_h，ŋ，ts_z　ts'_c　s_s　z，tʂ_zh　tʂ'_ch　ʂ_sh　ʐ_r，tɕ_j　tɕ'_q　ɕ_x，ȵ，Ø_yw。

下面分组说明铜川方言声韵配合关系：

1. p_b　p'_p　m_m 三个声母只拼开口、合口（合口限拼 u 韵）和齐齿呼，不拼撮口呼。

2. v f_f 两声母只拼开口、合口（合口限拼 u 韵），不拼齐齿、撮口。

3. t_d t'_t 两声母只拼开口、齐齿、合口（u 韵除外），不拼撮口。

4. n_n 声母只拼开口、合口（u 韵除外），不拼齐齿、撮口。

5. l_l 声母开、齐、合（u 韵除外）、撮都拼。不过，口语中 l 声母不拼 uæ 韵（文读 l 可以拼 uæ 韵）。

6. k_g　k'_k　x_h 三声母只拼开口、合口，不拼齐齿、撮口。

7. ŋ 声母只拼开口、合口（u 韵除外），不拼齐齿、撮口。

8. ts$_z$ ts'$_c$ s$_s$ z 声母只拼开口、合口（u 韵除外），不拼齐齿、撮口。

9. tṣ$_{zh}$ tṣ'$_{ch}$ ṣ$_{sh}$ z$_r$只拼开口、合口（合口限拼 uo 韵），不拼齐齿、撮口。

10. tɕ$_j$ tɕ'$_q$ ɕ$_x$ ȵ$_n$四个声母，只拼齐齿、撮口，不拼开口、合口。

11. 零声母只拼合口、齐齿、撮口。除 ər$_{er}$ 韵和 a$_a$ 韵个别字（阿）以外，不拼开口。

12. 齐齿韵母只拼 p$_b$ p'$_p$ m$_m$ t$_d$ t'$_t$ l$_l$ tɕ$_j$ tɕ'$_q$ ɕ$_x$ ȵ$_n$ 、Ø$_{yw}$ 等十二个声母。

13. 撮口呼只拼 l$_l$ tɕ$_j$ tɕ'$_q$ ɕ$_x$、ȵ$_n$、Ø$_{y、w}$ 等七个声母。

14. ər$_{er}$ 韵母只拼零声母，归字仅"而、二文、儿文、耳文"等，故从略。

三、声韵调配合表

之一

	a$_a$				o$_o$			
	阴平	阳平	上声	去声	阴平	阳平	上声	去声
p$_b$	吧		靶	罢	钵		跛	簸
p'$_p$	帕	拔		耙	坡	婆	叵	破
m$_m$	抹~布	麻	马	骂	末	魔	抹~平	馍
f$_f$	发	乏			佛		拂	
v	袜				勿白			
t$_d$	答	达	打	大				
t'$_t$	塔	踏	拓印	□叠				
n$_n$	捺	拿	哪	那				
l$_l$	拉		喇	□溧				
ts$_z$	渣	杂文	揸	闸				
ts'$_c$	差	茶		咱				

第二章 语音分析

s_s z	杀	臊	洒	啥			
$tṣ_{zh}$ $tṣ'_{ch}$ $ṣ_{sh}$ z_r	这白						
$tɕ_j$ $tɕ'_q$ $ɲ$ $ɕ_x$							
k_g k'_k $ŋ$ x_h	嘎 □助词 哈		卡动词 卡关~ 下	嘎了			
$\emptyset$	阿	啊		啊			

13

之二

	ɣe				ɯ			
	阴平	阳平	上声	去声	阴平	阳平	上声	去声
p_b								
p'_p								
m_m								
f_f								
v								
t_d								
t'_t								
n_n								
l_l								
ts_z								
ts'_c								
s_s								
z	□放下							
tṣ_zh	浙	哲	蔗					
tṣ'_ch	车	彻	舍					
ṣ_sh	设	舍	社					
z,r	热	惹						
tɕ_j								
tɕ'_q								
ȵ								
ɕ_x								
k_g	歌_文	哥_文	肐_文	个	胳~膊		肐	
k'_k	苛		可_文	课_文	咳~嗽			
ŋ	恶	俄	我_单数	饿				
x_h					□~剌	核~桃		□进(去)
∅								

14

第二章 语音分析

之三

	ɿ				ʅ			
	阴平	阳平	上声	去声	阴平	阳平	上声	去声
p_b								
p'_p								
m_m								
f_f								
v								
t_d								
t'_t								
n_n								
l_l								
ts_z	支	□象声词	指	志				
ts'_c	雌	词	此	自				
s_s	斯	时	死	四				
z		儿白	□放下	□呆滞				
tʂ_zh					织			致
tʂ'_ch					尺	直	斥	秩
ʂ_sh					识	实		世
z,r					日			□精
tɕ_j								
tɕ'_q								
ɲ								
ɕ_x								
k_g								
k'_k								
ŋ								
x_h								
∅								

15

之四

	ɿ				i			
	阴平	阳平	上声	去声	阴平	阳平	上声	去声
p b					笔		比	备
p' p					批	皮	屁	匹
m m					秘	民		米
f f								
v								
t d					低	敌	底	第文
t' t					踢	提	体	剃
n n								
l l					力	离	李	厉
ts z	朱	□唤畜声	主	注				
ts' c	出	除	处~理	住				
s s	书	殊	署	树				
z	如	儒	汝					
tʂ zh								
tʂ' ch								
ʂ sh								
ʐ r								
tɕ j					吉	急	几	记
tɕ' q					七	棋	启	气
ȵ					匿	尼	你	泥
ɕ x					西	席	洗	系
k g								
k' k								
ŋ								
x h								
∅					益	役	邑	义

16

之五

	u_u				y_ü			
	阴平	阳平	上声	去声	阴平	阳平	上声	去声
p_b	不		补	布				
p'_p	卜	扑	朴	步				
m_m	木	谋	某	慕				
f_f	福	伏	府	妇				
v		无 白	芜 白	务 白				
t_d								
t'_t								
n_n								
l_l					律	驴	缕	屡
ts_z								
ts'_c								
s_s								
z								
tṣ_zh								
tṣ'_ch								
ṣ_sh								
z_r								
tɕ_j					居		举	巨
tɕ'_q					区	局	取	趣
ɲ							女	□~干
ɕ_x					需	俗	许	序
k_g	骨		古	固				
k'_k	枯	□象声词	苦	库				
ŋ								
x_h	乎	胡	吼	户				
∅	乌	吴	五	悟	玉	余	雨	喻

之六

	ia_{ia}				iε_{ie}			
	阴平	阳平	上声	去声	阴平	阳平	上声	去声
p_b p'_p m_m f_f v	□打击声		□谝		鳖 撇 灭	别	□打耳光	
t_d t'_t n_n l_l	□鸟鸣 □了呀		□弯 □儿语		碟 铁 烈	咥 碟	姐 且 咧	借 躐
ts_z ts'_c s_s z								
tṣ_{zh} tṣ'_{ch} ṣ_{sh} ẓ_r								
tɕ_j tɕ'_q ȵ_b ɕ_x	加 恰 压_白 虾	牙 霞	贾 卡_白 哑	架 洽 下	结 妾 业 血	洁 茄	姐 茄	借
k_g k'_k ŋ x_h								
∅	呀	衙	丫	夜~来	叶	夜	也	爷

之七

	ua_uɑ				uo_uo			
	阴平	阳平	上声	去声	阴平	阳平	上声	去声
p_b								
p'_p								
m_m								
f_f								
v								
t_d					多	度揣~	朵	剁
t'_t					脱	夺	妥	唾
n_n					诺	挪文	挪	懦
l_l					洛	罗	裸	摞
ts_z					作	昨	撮	左
ts'_c					错	凿		坐
s_s					梭		锁	
z								
tʂ_zh					酌	着~落		
tʂ'_ch					绰	着~火		
ʂ_sh						硕		
ʐ_r					若	弱		
tɕ_j								
tɕ'_q								
ɲ								
ɕ_x								
k_g	瓜		寡	卦	锅	哥白	果	过
k'_k	侉		跨	胯	阔	颗	颗白	课白
ŋ					恶	俄	我单数	饿
x_h	花	滑	华	化	禾	和	火	贺
∅	洼		瓦	娃	窝		蜗	卧

19

渭北（铜川地区）方言研究

之八

	yɛ_üe				æ_ai			
	阴平	阳平	上声	去声	阴平	阳平	上声	去声
p_b						排	摆	拜
p'_p							㧓	派
m_m						埋	买	卖
f_f								
v								
t_d					□哎		歹	代
t'_t					胎	台		太
n_n					奈那	挨白	乃	耐
l_l	劣			掠		来		赖
ts_z					栽		宰	再
ts'_c					猜	才	彩	菜
s_s					腮		筛	晒
z								
tʂ_zh								
tʂ'_ch								
ʂ_sh								
z_,r								
tɕ_j	觉	绝						
tɕ'_q	却							
n_b	约白							
ɕ_x	雪	学						
k_g					该		改	盖
k'_k					开		凯	
ŋ					哀	呆	矮	艾
x_h					核	孩	海	亥
∅	乐音~				嗳应答语		哎祈请语	

20

第二章 语音分析

之九

	iæ_ian				uæ_uan			
	阴平	阳平	上声	去声	阴平	阳平	上声	去声
p_b	边		卞	变	般		板	半
p'_p	偏	便~宜	篇	骗				
m_m		棉	免	面				
f_f								
v								
t_d	颠	践	点	电	端		短	锻
t'_t						团		断
n_n								
l_l		连	脸	练				
ts_z								
ts'_c								
s_s								
z								
tʂ_zh								
tʂ'_ch								
ʂ_sh								
z_r								
tɕ_j	奸	□急	茧	见				
tɕ'_q	铅	乾	遣	欠				
ȵ_	淹	年	眼	念				
ɕ_x	掀	贤	显	限				
k_g					官		管	贯
k'_k					宽		款	
ŋ								
x_h					欢	还	缓	唤
∅	烟	延	演	咽	弯	完	碗	万_ㄨ

21

之十

	yæ̃an				æ̃an			
	阴平	阳平	上声	去声	阴平	阳平	上声	去声
p_b					般		板	半
p'_p					潘	盘		判
m_m						蛮	满	慢
f_f					番	凡	反	饭
v								万 白
t_d					单		胆	旦
t'_t								
n_n						南		难灾~
l_l		恋	暖	乱		兰	览	烂
ts_z					眨	□共(有)	斩	站
ts'_c					参	馋	产	灿
s_s					三		伞	散
z								
tʂ_zh					沾		展	占
tʂ'_ch						蝉	延	谄
ʂ_sh					膻	阐	闪	善
ʐ_r						然	染	
tɕ_j	钻		捲					
tɕ'_q	圈	权		劝				
ȵ_b								
ɕ_x	宣	悬		算				
k_g					甘	□温顺	杆	干
k'_k					刊		砍	看
ŋ					安			岸
x_h					憨	寒	撼	汉
∅	渊	元	远	院		□惊悟语		□婴儿哭声

22

第二章　语音分析

之十一

	iæ iai				uæ uai			
	阴平	阳平	上声	去声	阴平	阳平	上声	去声
p b								
p' p								
m m								
f f								
v								
t d								
t' t								
n n								
l l								
ts z								
ts' c								
s s								
z								
tʂ zh								
tʂ' ch								
ʂ sh								
z r								
tɕ j	皆		解	介				
tɕ' q								
ȵ								
ɕ x			懈					
k g					乖		拐	怪
k' k							块	快
ŋ								
x h						怀		坏
∅					歪		□那	

之十二

	ei_ei				iei_iei			
	阴平	阳平	上声	去声	阴平	阳平	上声	去声
p_b	北	伯		本	宾			
p'_p	杯	培	胚	笨		贫	品	拼
m_m	麦	门	美	闷			敏	
f_f	分	坟	匪	分				
v		文白	未白	问白				
t_d	德			嘚	津			进
t'_t	忒	特		口太	亲	秦	尽	烬
n_n				内				
l_l	肋					林		吝
ts_z	责	泽	怎					
ts'_c	厕	贼白	谁白	衬				
s_s	色			渗				
z								
tṣ_zh	贞		枕	振				
tṣ'_ch	嗔	尘	沉	趁				
ṣ_sh	申	神	审	慎				
z_r		人	忍	刃				
tɕ_j					今		紧	劲~头
tɕ'_q					钦	勤		近
ɲ					阴	银		
ɕ_x					欣	寻~找	醒	幸
k_g	格			给				
k'_k	克		肯					
ŋ	额							
x_h	黑	痕	狠	恨				
∅					音	寅	引	印

第二章 语音分析

之十三

	uei$_{uei}$				yei$_{üei}$			
	阴平	阳平	上声	去声	阴平	阳平	上声	去声
p$_b$								
p'$_p$								
m$_m$								
f$_f$								
v								
t$_d$	堆		跮	队				
t'$_t$	推	頽	腿	退				
n$_n$								
l$_l$						雷	累	类
ts$_z$			嘴	最				
ts'$_c$	崔	存	璀	卒				
s$_s$	虽	隋	髓	遂				
z								
tṣ$_{zh}$								
tṣ'$_{ch}$								
ṣ$_{sh}$								
z$_r$								
tɕ$_j$					君			郡
tɕ'$_q$					村		忖	寸
ɲ								
ɕ$_x$					孙		荀	训
k$_g$	归		鬼	棍				
k'$_k$	亏	魁	啃白	愧				
ŋ								
x$_h$	灰	回	悔	会				
∅	威	为	委	胃		云	允	运

之十四

	au_{ao}				iau_{iao}			
	阴平	阳平	上声	去声	阴平	阳平	上声	去声
p_b p'_p m_m f_f v	包 抛 摸_白	跑 毛	宝 卯	报 泡 冒	标 飘	瓢 苗	表 秒	票 庙
t_d t'_t n_n l_l	刀 滔	捯 逃 劳	导 讨 脑 老	到 套 闹 捞	刁 挑_选 了_{叹词}	髟 条 辽	雀 了_{~结}	吊 粜 料
ts_z ts'_c s_s z	遭 操 骚	曹	早 草 扫	灶 糙 哨				
tʂ_{zh} tʂ'_{ch} ʂ_{sh} z_r	招 超 烧	□_扔 朝_{~拜} 绍 饶	□_{~识} 少_{多~} 扰	兆 赵_白 少_{~年} □_{照镜}				
tɕ_j tɕ'_q nʲ ɕ_x					交 敲 潲 嚣	乔	饺 巧 鸟 晓	叫 窍 尿 孝
k_g k'_k ŋ x_h	糕 熬 蒿	遨 豪	槁 考 袄 好	告 靠 奥 号				
∅	嗷				妖	窑	舀	要

之十五

	ou$_{ou}$				iou$_{iou}$			
	阴平	阳平	上声	去声	阴平	阳平	上声	去声
p$_b$								
p'$_p$								
m$_m$								
f$_f$								
v								
t$_d$	督	独	抖	豆	丢		酒	
t'$_t$	偷	头	土	兔	秋			就
n$_n$		奴	努	怒				
l$_l$	鹿	卢	䈰	漏	六	流	柳	溜
ts$_z$	竹	卒	走	奏				
ts'$_c$	粗	愁	础	凑				
s$_s$	苏	蜀	嗾	素				
z	肉白		辱					
tʂ$_{zh}$	州	口捉弄	肘	宙				
tʂ'$_{ch}$	抽	仇	丑	臭				
ʂ$_{sh}$	收		手	受				
z$_r$	肉文	柔	辱文					
tɕ$_j$					鸠		九	救
tɕ'$_q$					丘	求		旧
ȵ$_b$						牛	扭	谬
ɕ$_x$					休		朽	秀
k$_g$	勾	钩动词	苟	㚗				
k'$_k$	抠		口	扣				
ŋ	欧		偶	呕				
x$_h$								
ø					忧	由	有	右

27

之十六

	ɥa				ɥo			
	阴平	阳平	上声	去声	阴平	阳平	上声	去声
p_b								
p'_p								
m_m								
f_f								
v								
t_d								
t'_t								
n_n								
l_l								
ts_z	抓			爪	桌	浊		
ts'_c	☐象声词				戳			
s_s	刷		耍玩~	耍溜~	说	镯	所	☐疑问代词
z	☐童语	捼				☐拳打		
tṣ_zh								
tṣ'_ch								
ṣ_sh								
ẓ_r								
tɕ_j								
tɕ'_q								
ȵ								
ɕ_x								
k_g								
k'_k								
ŋ								
x_h								
∅								

第二章 语音分析

之十七

	ɥæ				ɥei			
	阴平	阳平	上声	去声	阴平	阳平	上声	去声
p_b p'_p m_m f_f v								
t_d t'_t n_n l_l								
ts_z ts'_c s_s z	猜 衰		揣 甩	□舒服 帅	追 吹 摔	垂~死 唇	准 蠢 水 锐	坠 垂拉 税 闰
tʂ_zh tʂ'_ch ʂ_sh z_r								
tɕ_j tɕ'_q ȵ ɕ_x								
k_g k'_k ŋ x_h								
∅								

29

之十八

	ɥæ̃				aŋ_ang			
	阴平	阳平	上声	去声	阴平	阳平	上声	去声
p_b					帮		榜	蚌
pʻ_p					呼	旁		胖
m_m						忙		
f_f					方	房	仿	放
v						亡_白	网_白	妄
t_d					挡		党	荡
tʻ_t					汤	唐	躺	烫~面
n_n					囊	□舒服	欀	
l_l						狼	朗	浪
ts_z	专		转	篆	脏			葬
tsʻ_c	川	传	喘	串	仓	藏		
s_s	拴	船	软	涮	桑		嗓	
z				□遮缝				
tʂ_zh					张	涨_骈横	掌	仗
tʂʻ_ch					昌	常	厂	丈
ʂ_sh					伤	尝	赏	上
ʐ_r					壤	嚷		让
tɕ_j								
tɕʻ_q								
ɲ								
ɕ_x								
k_g					缸	刚~才	港	槓
kʻ_k						康		抗
ŋ					昂			
x_h					巷	杭	夯	项
∅								

第二章　语音分析

之十九

	iaŋ iang				uaŋ uang			
	阴平	阳平	上声	去声	阴平	阳平	上声	去声
p b p' p m m f f v		□凉						
t d t' t n n l l	将 枪	墙 梁	奖 抢 两	酱 匠 亮				
ts z ts' c s s z								
tṣ zh tṣ' ch ṣ sh ẓ r								
tɕ j tɕ' q ȵ b ɕ x	江 腔 秧 香	讲 强~弱 娘 降	强~勉 仰 饷	匠 向				
k g k' k ŋ x h					光 匡 荒	枕玉麦~ 狂 黄	广 况 恍	横
∅	央	羊	养	样	汪	王	往	旺

31

之二十

	əŋ eng				iŋ ing			
	阴平	阳平	上声	去声	阴平	阳平	上声	去声
p b	崩		绷		兵		饼	并
p' p	烹	朋	碰		平			
m m		蒙	猛	孟		明	冥	命
f f	丰	峰	讽	风				
v								
t d	灯		等	瞪	丁		顶	订
t' t	吞	疼	□咬	□节省	青	亭	听	听
n n		能		□软				
l l			冷		□被斥骂	灵	岭	令
ts z	曾			挣				
ts' c	撑支~	层		撑吃				
s s	生		省					
z			□象声词					
tʂ zh	蒸		整	正				
tʂ' ch	称	呈	逞	秤				
ʂ sh	升	绳		圣				
ʐ r								
tɕ j					京	茎	惊	敬庆
tɕ' q					轻			
ɲ						宁		硬幸
ɕ x					兴	形	醒	
k g	更~换		梗	更~加				
k' k	坑			吭				
ŋ								
x h	亨	恒		杏				
∅					英	婴	影	应~承

32

第二章 语音分析

之二十一

	uŋ ong				yŋ iong			
	阴平	阳平	上声	去声	阴平	阳平	上声	去声
p b								
p' p								
m m								
f f								
v								
t d	东		董	冻				
t' t	通	同	侗僮~	洞				
n n								
l l			农					
ts z	宗		总	纵				
ts' c	聪	丛						
s s	松	熊~样子	耸	宋				
z								
tʂ zh								
tʂ' ch								
ʂ sh								
z r								
tɕ j							窘	
tɕ' q					穷		□烘	
ɲ								
ɕ x					凶	熊		
k g	公		拱	共				
k' k	空		孔	空				
ŋ								
x h	烘	红	哄					
∅	翁			瓮	拥	容	勇	用

33

之二十二

	ɥaŋ				ɥəŋ			
	阴平	阳平	上声	去声	阴平	阳平	上声	去声
p_b								
p'_p								
m_m								
f_f								
v								
t_d								
t'_t								
n_n								
l_l								
ts_z	庄	床	闯	壮	中	虫	肿	众
ts'_c	疮			状	冲	茸	宠	重 轻一
s_s	双		爽					冗
z								
tṣ_zh								
tṣ'_ch								
ṣ_sh								
z_r								
tɕ_j								
tɕ'_q								
ȵ								
ɕ_x								
k_g								
k'_k								
ŋ								
x_h								
∅								

34

第四节　连读变调

铜川方言字与字连读，由于相互影响而产生一些变调。具体情况如下。

一、非重叠式两字变调

1. 阴平和阴平相连

后字读本调，前字变调，与阳平同调；前字不变，后字变读轻声。例如：

刮风[kua$^{21-24}$　fəŋ^{21}]　　　国家[kuei^{21}　tɕia^{30}]

山坡[sæ̃$^{21-24}$　p'o^{21}]　　　公鸡[kuŋ^{21}　tɕi^{30}]

月初[ye$^{21-24}$　ts'ou^{21}]　　　春分[ts'ɥei^{21}　fei^{30}]

2. 两个上声相连，前字变调，与阴平同调，后字不变。例如：

小李[ɕiau$^{52-21}$　li^{52}]　　土改[t'ou$^{52-21}$　kæ^{52}]　　打狗[ta$^{52-21}$　kou^{52}]

3. 有许多两字组的后字，习惯上读轻声，例如：

谷雨[ku^{21}　y^{30}]　　　报酬[pau^{44}　tʂ'ou^{30}]

二、重叠式两字组变调

1. 形容词重叠式两字组，前字读本调，后字有时读本调，有时读变调。前字是阴平或上声，后字变读阳平；前字是去声，后字变读上声；前字是阳平，则后字不变调。例如：

轻轻[tɕ'iŋ^{21}　tɕ'iŋ$^{21-24}$]　　　绿绿[liou^{21}　liou$^{21-24}$]

好好[xau^{52}　xau$^{52-24}$]　　　早早[tsau^{52}　tsau$^{52-24}$]

慢慢[mæ̃^{44}　mæ̃$^{44-52}$]　　　净净[t'iŋ^{44}　t'iŋ$^{44-52}$]

平平[p'iŋ^{24}　p'iŋ^{24}]　　　红红[xuŋ^{24}　xuŋ^{24}]

2. 其他词类构成的重叠式两字组，前字读本调，后字变读轻声。例如（后四例量词表整体）：

嚷嚷[naŋ^{21}　naŋ^{30}]　　　咧咧_{小声说不愿意的话}[liɛ^{21}　liɛ^{30}]

□□_{说闲话}[pia^{52}　pia^{30}]　　　唆唆_{唆使}[ts'ɣo^{21}　ts'ɣo^{30}]

个个[kɤ^{44}　kɤ^{30}]　　　样样[iaŋ^{44}　iaŋ^{30}]

3.名词重叠式两字组，若声调为阴平，则后字读本调，前字读上声；若声调为阳平，则前字读本调，后字读上声；若声调为上声、去声，则前字读本调，后字读轻声。各举两例：

星星[ɕiŋ²¹⁻⁵² ɕiŋ²¹]　　箱箱[ɕiaŋ²¹⁻⁵² ɕiaŋ²¹]

瓶瓶[p'iŋ²⁴ p'iŋ²⁴⁻⁵²]　　盆盆[p'ei²⁴ p'ei²⁴⁻⁵²]

纸纸[tsʅ⁵² tsʅ³⁰]　　柜柜[k'uei⁴⁴ k'uei³⁰]

4.名词重叠式两字组表示"每……"的意思，若声调为阴平，则后字不变，前字变阳平；若声调为阳平、去声，则前后字都不变调。例如：

天天[t'iæ²¹⁻²⁴ t'iæ²¹]　　家家[tɕia²¹⁻²⁴ tɕia²¹]

年年[ȵiæ²⁴ ȵiæ²⁴]　　人人[ʐei²⁴ ʐei²⁴]

句句[tɕy⁴⁴ tɕy⁴⁴]　　瓮瓮[uŋ⁴⁴ uŋ⁴⁴]

第三章 同音字汇

说　明

1. 本字汇依铜川市市区及周围川塬地带音系排列，先按声母分部，同声母的字按韵母的顺序排列，声韵相同的按声调的顺序排列，轻声字归入本调。

声母的顺序与第二章的声母表相同。依次为：

p_b　p‘_p　m_m　f_f　v_v　t_d　t‘_t　n_n　l_l　ts_z　ts‘_c　s_s　z　tʂ_zh　tʂ‘_ch　ʂ_sh　z_r

tɕ_j　tɕ‘_q　n̠　ɕ_x　k_g　k‘_k　ŋ　x_h　Ø_yw

韵母的顺序依次为：开口呼、齐齿呼、合口呼、撮口呼，[ʯ]组韵母。

声调的顺序是阴平、阳平、上声、去声。轻声入本调，不标出。声调类别以[阴]、[阳]、[上]、[去]代表。

2. 一字多读的在右下角组词或释义以别之；"文""白"分别表示为文读音或白读音。

3. 方框"□"表示有音无字。

4. 注文中"～"表示所注的字，如"乐~音"。

5. 个别声母在不同方言区音异，注"洛""渭"以别之："洛"即"洛区"，"渭"即"渭区"。

6. 特别需要说明的是，为了方便读音，本字表尽量采用汉语拼音注音，无法用汉语拼音表示的音节则采用国际音标来注。

　　　　　b　　　　　　　　　　[上]把_量词靶屄

ba　[阴]巴芭吧把疤　　　　　　[去]爸罢霸

　　[阳]拔_渭　　　　　　　bo　[阴]玻菠钵博驳剥

	[阳]薄_{渭文}		[阳]别_文
	[上]跛播		[上]□_{打耳光}
	[去]簸	biao	[阴]标彪膘
bai	[上]摆		[上]表婊裱
	[去]拜	[piæ]	[阴]边鞭编_{量词}
bei	[阴]北百柏迫奔		[上]卞贬匾编~席
	[阳]伯_洛		[去]变辩辨辫_渭遍便
	[上]本悲	biei	[阴]宾滨殡鬓彬槟
	[去]贝背辈伯_渭	biang	[阴]□~~面□_{性情迟缓}
bao	[阴]包苞鲍抱	bing	[阴]兵冰
	[上]宝保饱		[上]丙柄饼禀
	[去]报豹暴爆抱		[去]并病_渭
[pæ]	[阴]般搬班斑颁扳	bu	[阴]不
	[上]板版扁		[上]补堡
	[去]半瓣扮_文		[去]布佈怖步_渭
bang	[阴]邦帮		**p**
	[上]榜膀~子梆绑	pa	[阴]帕琶
	[去]蚌谤镑		[阳]爬拔_洛
beng	[阴]崩		[去]怕耙
	[上]绷	po	[阴]坡波泼勃渤泊
	[去]蹦		[阳]脖_白婆薄
bi	[阴]卑碑婢逼臂壁璧必 毕笔愎碧陂筚		[上]颇扑_白□~烦,困倦、不耐烦
	[上]比彼		[去]破
	[去]闭备被敝蔽弊币毙	pai	[阳]排牌
bia	[阴]□_{片状物击撞声}		[上]魄
	[上]□~~,喋喋不休地闲聊(各区)		[去]派败
bie	[阴]憋鳖	pei	[阴]杯柸拍喷~嚏
			[阳]培陪焙白盆

第三章 同音字汇

　　　　[上]胚裴佩　　　　　　　　　[上]品
　　　　[去]配倍焙笨喷~　　　　　　[去]牝聘拼
pao　[阴]抛　　　　　　　　ping[阳]平坪评萍凭屏瓶
　　　　[阳]袍胞跑　　　　　　pu　[阴]卜扑璞
　　　　[去]砲泡雹铇~子　　　　　　[阳]葡蒲圃菩
[p'æ][阴]潘攀盼　　　　　　　　　[上]甫哺浦埔捕
　　　　[阳]盘蟠　　　　　　　　　[去]普堡步部口~娃,抱孩子
　　　　[去]判叛伴畔扮白绊　　　　　　　　m
pang[阴]砰　　　　　　　　ma　[阴]妈渭抹玛把介词,渭
　　　　[阳]旁傍螃膀　　　　　　　[阳]麻蔴妈洛
　　　　[去]胖棒白,~槌　　　　　　[上]马蚂蟆
peng[阴]烹　　　　　　　　　　　　[去]骂
　　　　[阳]朋棚硼彭膨篷蓬　mo　[阴]模~子没末抹沫莫膜
　　　　[上]碰捧　　　　　　　　　　　寞漠
pi　　[阴]批披辟　　　　　　　　　[阳]蘑磨摩魔
　　　　[阳]皮疲脾枇琵鼻　　　　　[上]抹~泥摸
　　　　[上]鄙屁辟避劈僻譬　　　　[去]馍
　　　　　　匹一~马　　　　　　mai[阳]埋
　　　　[去]匹屁　　　　　　　　　[上]买
pie　[阴]撇瞥　　　　　　　　　　[去]卖迈
piao[阴]漂~浮飘　　　　　　mei　[阴]麦脉们焖
　　　　[阳]瓢嫖瞟　　　　　　　　[阳]媒煤梅霉墨玫枚陌门
　　　　[去]票漂~白粉　　　　　　　[上]美每
[p'iæ][阴]偏　　　　　　　　　　　[去]妹闷
　　　　[阳]便~宜　　　　　　mao　[阴]摸
　　　　[上]片篇　　　　　　　　　[阳]毛矛茅猫
　　　　[去]辫洛骗　　　　　　　　[上]卯
piei[阳]贫频　　　　　　　　　　　[去]冒帽貌贸茂

39

[mæ][阳]馒蛮
　　　[上]满
　　　[去]慢漫
mang[阳]忙盲氓芒茫
　　　[上]莽蟒
meng[阳]蒙曚朦盟萌懵
　　　[上]猛蜢
　　　[去]孟梦
mi 　[阴]秘密蜜
　　　[阳]民迷谜眯眉觅糜篾
　　　[去]米
mie [阳]灭蔑
miao [阳]苗描
　　　[上]秒渺
　　　[去]妙庙
[miæ][阳]棉绵眠
　　　[上]免冕勉娩
　　　[去]面
miei[上]敏悯皿闽
ming[阳]明名铭鸣
　　　[上]冥
　　　[去]命
mu [阴]木沐牧目睦穆
　　　[阳]模~样暮谋
　　　[上]亩母牡某
　　　[去]墓募慕暮

f

fa 　[阴]发法
　　　[阳]乏罚伐阀
fe 　[阴]弗沸
　　　[阳]佛
　　　[上]拂缚
fei 　[阴]分吩纷非飞妃
　　　[阳]坟肥
　　　[上]粉匪焚
　　　[去]分本~份忿费肺废奋
　　　　粪
[fæ] [阴]番翻
　　　[阳]凡烦繁樊
　　　[上]反返
　　　[去]饭贩泛犯范
fang[阴]方妨
　　　[阳]房防
　　　[上]仿访彷纺芳
　　　[去]放
feng [阴]丰封蜂风疯
　　　[阳]冯逢缝峰
　　　[上]讽
　　　[去]凤奉俸缝门~
fu 　[阴]福幅蝠复~兴夫麸祓讣
　　　　覆咐
　　　[阳]扶芙伏符孚浮俘
　　　　服~从敷
　　　[上]肤斧甫捕赴府俯
　　　　腐~朽腹父负赋
　　　[去]妇富副付咐

40

第三章　同音字汇

[v]
[va] [阴]袜
[vɤ] [阴]勿物
[vu] [阳]无
　　　[上]芜抚武侮舞戍
　　　[去]务雾
[vei][阳]帷惟维微文纹蚊雯闻
　　　[上]尾未
　　　[去]味问
[væ] [去]万蔓
[vaŋ][阳]亡忘
　　　[上]网妄
　　　[去]望

d

da　[阴]答搭哒吃~、线球垯吃~、土块
　　　瘩病疙~、多病的人
　　　[阳]达到达，父亲，~~（叔父）(洛)
　　　[上]打
　　　[去]大达~~，叔父（渭）
dai　[阴]□咚
　　　[阳]逮
　　　[上]歹
　　　[去]代贷袋怠大~夫带戴
　　　待
dei [阴]得德
　　　[上]嘚
[tɯ][阳]□唤畜声，赶畜声
　　　[去]四白死白

dao [阴]刀
　　　[上]叨导岛捣裤倒蹈盗
　　　悼稻
　　　[去]到道
dang [阴]当裆
　　　[上]党
　　　[去]挡荡档
deng[阴]登灯
　　　[上]等
　　　[去]瞪镫凳邓
[tæ] [阴]丹单担~负耽
　　　[上]诞旦胆但
　　　[去]担~子掸
di　[阴]积绩迹即籍脊辑缉低
　　　的
　　　[阳]敌
　　　[上]挤底抵诋邸
　　　[去]祭剂际济荠第文弟
dia　[阳]□鸟鸣声
　　　[上]□树枝弯
die　[阴]节爹接碟跌滴
　　　[阳]截睫叠咥咬、吃捭打、揍
　　　[上]姐
　　　[去]借籍捷
diao[阴]焦蕉椒刁凋貂雕
　　　[阳]膘性急
　　　[去]吊掉钓
diu　[阴]丢揪

41

[上]酒
[tiæ][阴]尖煎颠滇巅癫
　　　[上]剪典点
　　　[去]渐佃贱荐箭店电奠
　　　　　殿
diei [阴]津
　　　[去]晋进
ding[阴]丁叮疔钉晶精
　　　[上]井鼎顶
　　　[去]定锭订
diang[阴]浆桨将
　　　[上]奖蒋
　　　[去]将~土酱匠
duo [阴]多掇哆~嗦
　　　[阳]度揣~
　　　[上]朵躲
　　　[去]惰堕剁跺
duei [阴]堆蹲炖燉敦
　　　[上]盹钝
　　　[去]对兑队撴碓~窝盾吨
　　　　　炖钝顿
dong[阴]东冬咚
　　　[上]董懂
　　　[去]冻栋动
[tuæ][阴]端
　　　[上]短
　　　[去]锻断文缎文

　　　　　　t

ta 　[阴]他复数塔獭塌拓榻它复数
　　　　　溻褟汗~儿踏~实蹋糟她复数
　　　[阳]踏糙义
　　　[上]他单数她单数它单数
　　　[去]□变凉且沾叠在一起,多指面条一类的饭
tai 　[阴]苔胎
　　　[阳]台抬
　　　[去]太泰态
tei 　[阴]忒
　　　[阳]特
　　　[去]□"太"义
tao 　[阴]涛焘人名掏韬滔韬绦
　　　　　道水~、白
　　　[阳]逃桃陶啕淘萄
　　　[上]讨稻白桃~黍
　　　[去]套
tou 　[阴]偷秃凸
　　　[阳]头投途徒屠毒图涂
　　　　　荼
　　　[上]土吐突
　　　[去]肚兔透
[t'æ][阴]摊滩贪
　　　[阳]谈痰坛檀弹潭谭
　　　[上]坦袒瘫檩毯
　　　[去]叹炭探蛋淡弹~子
tang [阴]汤
　　　[阳]唐塘糖堂膛螳棠
　　　[上]倘躺烫火~

　　　　[去]烫~面，动词　　　　　　　　[阳]条调~和
teng [阴]吞滕翻~　　　　　　　　　　[上]悄挑雀
　　　　[阳]疼誊滕腾~地方藤　　　　　　[去]调~查棠跳
　　　　[上]囗"咬"义　　　　　　tiu 　[阴]秋鞦鳅
　　　　[去]囗"节省"义　　　　　　　　[去]就
tuo 　[阴]托拖托拓脱　　　　　[t'iæ][阴]天歼签千芊
　　　　[阳]驮驼鸵夺砣　　　　　　　　[阳]田钱贱前填潜甜
　　　　[上]妥　　　　　　　　　　　　[上]浅添
　　　　[去]唾　　　　　　　　　　　　[去]垫恭
tui 　[阴]推　　　　　　　　　tiei 　[阴]亲浸侵
　　　　[阳]颓屯　　　　　　　　　　　[阳]秦
　　　　[上]腿　　　　　　　　　　　　[上]尽寝
　　　　[去]退囤蜕　　　　　　　　　　[去]烬
[t'uæ][阳]团　　　　　　　　　tiang[阴]枪
　　　　[去]锻白段白　　　　　　　　　[阳]蔷墙
tong[阴]通　　　　　　　　　　　　　[上]抢
　　　　[阳]同桐铜童僮潼瞳　　　　　　[去]匠白
　　　　[上]筒统桶　　　　　　　ting [阴]青清蜻听厅
　　　　[去]洞痛动白　　　　　　　　　[阳]晴情亭廷蜓庭
ti 　　[阴]妻凄捷寂戚踢别　　　　　　[上]请挺艇
　　　　[阳]齐提题啼堤　　　　　　　　[去]净静听~其自然
　　　　[上]体　　　　　　　　（注：加点的字音皆为洛区音，
　　　　[去]涕砌剃第白弟白,兄~替　渭区为对应的舌面音声母。如
　　　　　　缔　　　　　　　　　"齐"，洛区声母为[t']，渭区声
tie 　[阴]帖贴切铁　　　　　　母为[tɕ']，韵母、声调都相同。）
　　　　[阳]碟截　　　　　　　　　　　　　　n
　　　　[上]且　　　　　　　　na 　[阴]纳呐捺撒~
tiao [阴]挑~选佻轻~　　　　　　　　[阳]拿

　　　　　[上]哪
　　　　　[去]那
nai　[阴]捺 代词，那
　　　　　[阳]挨 ~打，即
　　　　　[上]乃奶
　　　　　[去]奈耐
nei　[去]内
nao [上]脑恼
　　　　　[去]闹
nou [阳]奴
　　　　　[上]努弩
　　　　　[去]怒
[næ][阳]南难~易男
　　　　　[去]难~灾~
nang[阴]□ 饭熟过了襄
　　　　　[阳]□ 舒服，舒心
　　　　　[上]齉□ ~里（上边）
neng[阴]脓聋
　　　　　[去]□ 糊状物
nuo [阳]挪
　　　　　[上]诺
　　　　　[去]懦糯

1

la　　[阴]拉啦辣蜡腊
　　　　　[上]喇
　　　　　[去]□ ~东西（把某物摞起来）；量词，一~子
lai　[阳]来莱
　　　　　[去]赖癞

lei　[阴]肋勒
lao　[阳]劳捞痨牢
　　　　　[上]老
　　　　　[去]涝
lou　[阴]鹿辘录禄録
　　　　　[阳]卢炉楼褛
　　　　　[上]篓鲁房掳卤滷
　　　　　[去]漏路露陋
[læ][阳]兰栏拦篮蓝
　　　　　[上]览揽懒
　　　　　[去]烂
liao [阴]了 叹词
　　　　　[阳]辽嫽撩聊疗廖僚
　　　　　[上]了~结 瞭
　　　　　[去]料撂~开
liu　[阴]六陸绿
　　　　　[阳]流硫琉留榴瘤刘
　　　　　[上]柳绺
　　　　　[去]溜遛
[liæ][阳]连莲廉镰奁怜
　　　　　[上]脸□ 割，剖
　　　　　[去]练炼敛脸
liei [阳]林淋燐麟鳞邻临
　　　　　[去]吝赁
lang [阳]狼郎螂廊
　　　　　[上]朗
　　　　　[去]浪
leng [上]冷

44

第三章　同音字汇

li　[阴]粒力历荔立哩栗
　　[阳]离篱梨犁黎厘
　　[上]李礼俚理狸锂
　　[去]疬疠励痢利吏例丽
　　　　隶
lie　[阴]列烈裂猎
　　[上]咧~嘴
liu　[阴]□相当于"了"
　　[上]□~~（指小孩学语）
liang[阳]梁粱良量~米粮凉
　　[上]两俩辆
　　[去]亮谅晾量度~
ling　[阴]□~了一顿（指被训斥或被打了一顿,
　　　　如：你是寻的~哩）
　　[阳]灵伶龄铃翎陵凌绫
　　　　零
　　[上]领~导、~工资岭
　　[去]令另
luo　[阴]洛络落骆烙略乐雒
　　[阳]罗萝逻骡箩锣
　　[上]裸
　　[去]摞
lang [阳]农浓龙咙胧笼隆
lü　[阴]律率~效
　　[阳]驴
　　[上]旅缕履
　　[去]虑滤屦
lüe　[阴]劣挊

　　[去]掠
lüei [阳]雷仑伦沦轮
　　[上]累儡垒
　　[去]类泪论嫩
[lyæ][阳]峦恋联
　　[上]暖
　　[去]乱卵

z

zi　[阴]支枝肢之芝姿滋只紫
　　[阳]□象声词，鸟兽叫声。
　　[上]指姊址纸趾旨止子
　　[去]志痔痣
za　[阴]渣挲吒扎轧札匝哳喳
　　　　蜡纸~
　　[阳]杂文炸油~馍楂文铡
　　[上]铡"切割"义砟炉灰~子咋拃
　　[去]闸咤栅榨诈炸爆~
　　　　夻举起、张开
zai　[阴]栽哉灾斋
　　[上]宰载
　　[去]再寨债
zei　[阴]责则摘窄
ze　[阳]泽择贼文
　　[上]怎
zao [阴]遭糟松软易烂义
　　[上]早蚤澡找爪枣
　　[去]造灶皂文罩燥文躁文
zou [阴]诌竹烛粥骤

45

[阳]卒族逐触
[上]走祖阻祝嘱筑组
[去]奏皱绉助_文
[tsæ][阴]眨
　　[阳]□_{反复为某事努力}□_{满~，即"一共"}
　　鏨_义_{用镰刀砍挖}
　　[上]盏簪暂斩
　　[去]赞栈溅站蘸
zang [阴]脏
　　[去]葬藏_{西~脏心~}
zeng [阴]曾_{~祖}增争睁筝
　　[去]赠挣
zuo [阴]作撮_{~子}嘬捉
　　[阳]昨凿
　　[去]左佐座坐
zui [上]嘴
　　[去]罪_文晬醉最
zong [阴]宗棕踪
　　[上]总
　　[去]纵粽
[tsʅ][阴]朱诛珠蛛猪诸
　　[阳]□_{唤家畜声}
　　[上]主煮□_{"骂"义}
　　[去]注註驻蛀贮著箸铸
[tsʮa][阴]抓
　　[去]爪
[tsʮo][阴]卓桌捉
　　[阳]浊拙啄琢卓

[tsʮæ][上]□_{平整合适，舒坦}□_{舒服}
[tsʮei][阴]追锥
　　[上]准
　　[去]坠赘
[tsʮæ][阴]专砖
　　[上]转_{调~}
　　[去]篆撰转_{~动}
[tsʮaŋ][阴]庄妆装桩
　　[去]壮
[tsʮəŋ][阴]中_{~间}忠钟衷终
　　[上]种_{品~}肿
　　[去]仲中_{击~}种_{~玉麦}众

　　　　　　c

ci　[阴]痴_{~呆}
　　[阳]慈磁词祠辞痴_{"呆"义，单用}
　　　　瓷雌
　　[上]此次齿
　　[去]自字刺次_{"差"义（例：次第）}
ca　[阴]差叉插擦察
　　[阳]茶搽查
　　[去]诧岔咱差_{~开（隔开）}
cai　[阴]钗差_{去~}
　　[阳]才材财柴豺裁
　　[上]彩睬採采
　　[去]菜在蔡
cei　[阴]厕侧册测恻策拆
　　　　参_{~差}岑
　　[阳]贼_白

46

　　　　[去]衬
cao [阴]操钞抄
　　　[阳]曹槽嘈巢
　　　[上]草炒吵
　　　[去]糙躁_白燥_白皂_白翘_{~起了}
cou [阴]粗初畜促猝
　　　[阳]愁锄轴
　　　[上]瞅础
　　　[去]措助_白
[tsʻæ][阴]餐参掺
　　　[阳]蚕残谗馋
　　　[上]产铲惨灿惭
　　　[去]绽
cang[阴]仓苍沧舱
　　　[阳]藏_{收~}
cong[阴]聪匆葱从_{~容}骢
　　　[阳]从_{跟~}丛
ceng[阴]撑_{支~}
　　　[阳]层曾_{~经}
cuo [阴]醌差_{~的远}搓错
　　　[阳]凿
　　　[去]坐挫座
[tsʻɿ][阴]出帚
　　　[阳]厨除储
　　　[上]处_{~理}
　　　[去]处_{~所}住柱
cui [阴]崔催摧
　　　[阳]存

　　　　[上]璀忖
　　　　[去]脆啐焠萃翠
[tsʻɥa][阴]欻_{象声词}
[tsʻɥo][阴]戳
[tsʻɥæ][阴]猜
　　　　[上]揣踹
[tsʻɥei][阴]吹炊春
　　　　[阳]垂_{~死}捶锤槌纯
　　　　[上]蠢
　　　　[去]垂_拉
[tsʻɥæ][阴]川钏穿囗_{言~，"说话"义}
　　　　[阳]传
　　　　[上]喘
　　　　[去]串篡窜
[tsʻɥaŋ][阴]窗疮
　　　　[阳]床
　　　　[上]闯创
　　　　[去]撞状
[tsʻɥəŋ][阴]冲充
　　　　[阳]重_{~复}虫崇
　　　　[上]宠
　　　　[去]重_{轻~}

s

si　[阴]斯厮撕师狮诗施矢
　　　尸思司私丝氏示饲
　　　祀忕
　　　[阳]时匙嗣辞_{~职}祠
　　　[上]死史使驶屎始视

47

　　　　[去]四肆俟是试士仕侍　　　suo [阴]梭索缩
　　　　　　事寺市　　　　　　　　　　[上]锁琐
sa　[阴]杀沙砂纱痧莎煞　　　　sui [阴]虽
　　　[阳]铩　　　　　　　　　　　　[阳]隋随遂髓随
　　　[上]洒厦萨撒卅霎　　　　　　　[去]岁碎
　　　[去]啥　　　　　　　　song[阴]松嵩
sai　[阴]腮鳃　　　　　　　　　　　[阳]囗同"熊样儿""的""熊"，骂人语
　　　[上]筛　　　　　　　　　　　　[上]耸悚颂诵讼
　　　[去]晒赛　　　　　　　　　　　[去]宋送
sei　[阴]色塞啬涩森参~海　　　[ʂʅ] [阴]书舒成输
　　　[阳]谁　　　　　　　　　　　　[阳]殊术述
　　　[上]瑟　　　　　　　　　　　　[上]暑署薯鼠竖恕
　　　[去]渗　　　　　　　　　　　　[去]树
sao [阴]骚梢捎　　　　　　　　[ʂua][阴]刷
　　　[上]扫稍嫂　　　　　　　　　　[上]耍玩~
　　　[去]哨臊艄　　　　　　　　[ʂuo][阴]说
sou [阴]苏酥蔬疏梳叔文淑束　　　　　[阳]镯
　　　　速夙嗽　　　　　　　　　　　[上]所
　　　[阳]蜀叔白属赎熟塾　　　　　　[去]啥
　　　[上]数动词　　　　　　　　[ʂuæ][阴]衰
　　　[去]素诉塑漱数名词, ~字　　　　[上]甩
[sæ] [阴]三山衫删　　　　　　　　　[去]帅率蟀
　　　[上]伞　　　　　　　　　　[ʂuei][阴]摔
　　　[去]散　　　　　　　　　　　　[阳]谁文唇
sang [阴]桑丧吊~　　　　　　　　　　[上]水
　　　[上]嗓丧~失　　　　　　　　　　[去]税瑞睡顺舜瞬
seng [阴]生牲笙甥僧　　　　　　[ʂuæ̃][阴]拴
　　　[上]省　　　　　　　　　　　　[阳]船

第三章　同音字汇

[去]涮
[sʮaŋ][阴]双霜孀
　　　[上]爽
　　　　　　[z]
[ẓ] [阳]儿白
　　[上]□放下、丢开
　　[去]□呆滞
[zɤ] [上]□呆滞
[zəŋ][阴]□"快"的象声词
[zou][阴]肉白
　　　[上]辱_没:可怜,有失体面 褥
[zʮ] [阴]如入
　　　[阳]儒孺
　　　[上]汝乳
[zʮa][阴]□~~,喻童语
　　　[阳]挼
[zʮo][阳]□拳打
[zʮei][上]锐
　　　[去]蕊润闰
[zʮæ̃][上]软阮
　　　[去]□（缝纫衣物边沿的一种针法）
[zʮaŋ][阳]仍茸绒
　　　[上]冗
　　　　　　zh
zhi [阴]织职知蜘质掷汁执
　　[去]致制稚置智滞治积蛰
　　[上]这白
zhe[阴]遮蛰浙辄摺

[阳]哲
[上]折
[去]蔗这文
zhao[阴]招朝~夕召
　　　[阳]□扔
　　　[上]招~家,~识（理睬）
　　　[去]照兆赵
zhou[阴]洲州周
　　　[阳]□捉弄
　　　[上]肘
　　　[去]昼宙
[tʂæ][阴]毡沾粘瞻
　　　[上]展
　　　[去]占战颤
zhang[阴]张章
　　　[阳]涨
　　　[上]掌长
　　　[去]帐胀怅账涨障瘴仗杖
zhei [阴]贞侦真珍针斟诊疹
　　　[上]枕砧
　　　[去]赈振震阵镇
zheng[阴]蒸征徵
　　　[上]整趟
　　　[去]正证政症
zhuo[阴]酌着助词
　　　[阳]着~落,沉~
　　　　　　ch

49

chi[阴]尺吃
　　[阳]直植殖值姪池迟
　　[上]斥叱赤侈耻
　　[去]秩掷
che[阴]车
　　[阳]辙辄撤彻
　　[上]扯
chao[阴]超朝介词
　　[阳]朝~拜
　　[去]赵白
chou[阴]抽
　　[阳]酬仇绸稠筹
　　[上]丑
　　[去]臭
[tʂ'æ][阳]缠
　　[上]□~活（舒适，自在）
　　[去]谄□搅浑
chei[阴]嗔
　　[阳]陈尘臣
　　[上]沉忱
　　[去]称对~,相~趁
chang[阴]昌娼猖
　　[阳]长~短场肠常
　　[上]敞氅厂
　　[去]丈唱畅
cheng[阴]称
　　[阳]呈程承乘澄惩城诚
　　　　拯丞聘

[上]逞
[去]秤郑
chuo[阴]戳踔~绰
　　[阳]着~火
　　　　sh
shi[阴]识释式湿失饰适
　　[阳]实食十拾石
　　[去]什世誓逝势
she[阴]赊奢摄涉设赦
　　[阳]舌蛇佘折□"傻"义
　　[上]舍射社
　　[去]麝
shao[阴]烧
　　[阳]苕绍
　　[上]少多~
　　[去]少~年
shou[阴]收
　　[上]手首守
　　[去]受授寿售兽
[ʂæ][阴]羶扇~扇子
　　[阳]蝉阐蟾
　　[上]闪陕
　　[去]扇~子骟善缮膳苦
shei[阴]身申伸绅深
　　[阳]神娠晨
　　[上]审婶沈
　　[去]甚慎
shang[阴]伤商墒殇裳

第三章 同音字汇

　　　　[阳]尝
　　　　[上]赏偿尚
　　　　[去]上晌
sheng[阴]升声
　　　　[阳]绳
　　　　[去]胜剩圣盛
shuo[阳]硕

r
ri　[阴]日
　　[去]囗"糟"义
re　[阴]热
　　[上]惹
rao　[阳]饶
　　　[上]扰绕
　　　[去]囗"照镜子"义
rou　[阴]肉文褥文
　　　[阳]柔揉
　　　[上]辱文
[zæ][阳]然燃
　　　[上]染
rei　[阳]人仁任
　　　[上]忍韧仞纫
　　　[去]刃认任~贤 妊饪紝~头
rang　[阴]瓤
　　　 [上]嚷
　　　 [去]让
ruo　[阴]若~果
　　　[阳]弱

j
ji　[阴]吉髻给供~击汲基肌饥讥机鸡级激稽棘
　　 [阳]极文嫉急
　　 [上]几挤
　　 [去]妓技纪记季递文既计继祭际籍
jia　[阴]加枷痂家嘉佳夹甲
　　　[上]贾假
　　　[去]架驾嫁稼价
jie　[阴]孑揭竭结诘劫接节
　　　[阳]洁桀截睫
　　　[上]姐
　　　[去]借
jiao　[阴]交郊胶娇骄浇椒焦蕉
　　　 [上]绞饺狡皎缴巢侥搅
　　　 [去]叫教校~对 觉较
jiu　[阴]鸠纠究租
　　　[上]九久韭酒
　　　[去]臼救舅
jiai　[阴]皆阶街
　　　[上]解
　　　[去]介戒界届诫疥
[tɕiæ][阴]奸监艰煎尖笺肩坚间中~
　　　　[阳]囗急
　　　　[上]茧减碱涧践剪检捡

51

　　　　　简健

　　　　[去]间~隔箭见荐渐健槛

　　　　毽键

jiei [阴]今衿矜禁~受襟斤金
　　　巾筋津

　　　[上]紧仅只,不过尽~管,~先锦
　　　谨瑾

　　　[去]近渭劲~头仅将近,几乎
　　　进渭尽~力,~职

jiang[阴]江疆缰僵浆桨姜
　　　豇~豆

　　　[上]讲奖蒋

　　　[去]降虹将酱匠

jing [阴]京惊~叫,吓一跳义鲸经~书
　　　荆兢精晶

　　　[阳]茎

　　　[上]惊景竟境井警

　　　[去]敬颈迳径镜竟净静

ju　[阴]居拘俱菊橘鞠

　　　[上]举

　　　[去]巨距拒锯剧炬聚具句
　　　惧

juei [阴]君军均尊遵

　　　[去]郡菌俊峻

jue [阴]脚角觉决诀掘爵厥

　　　[阳]绝

[tɕyæ][阴]钻捐

　　　　[上]捲

[去]卷倦绢

jiong [上]窘

q

qi [阴]七柒乞讫迄漆膝其欺
　　　期

　　　[阳]棋旗奇骑岐歧极白祈

　　　[上]启岂起

　　　[去]气汽奇白弃去白器契

qia [阴]恰掐

　　　[上]卡白

　　　[去]洽

qie [阴]妾切怯

　　　[阳]茄口肚子凸起

qiao [阴]敲跷

　　　[阳]乔侨桥荞翘

　　　[上]巧

　　　[去]窍桥

qiu [阴]丘

　　　[阳]求球

　　　[去]旧

[tɕ'iæ][阴]牵谦铅

　　　　[阳]黔钳虔乾

　　　　[上]遣

　　　　[去]欠歉

qiei [阴]亲钦口嫌

　　　[阳]琴勤禽擒芹

　　　[去]近

qiang[阴]腔

52

第三章　同音字汇

　　　　[阳]强~弱　　　　　　　　　　[nie][阴]业孽控聂姓镊~子
　　　　[上]强勉~　　　　　　　　　　[niau][阳]肴拗~口，~手（难办义）
qing [阴]轻卿　　　　　　　　　　　　[上]鸟咬
　　　　[去]庆清磬罄　　　　　　　　　[去]尿
qiong[阳]穷穹琼顷白倾　　　　　　[niou][阳]牛
　　　　[上]口~干（烘干）　　　　　　　[上]扭纽钮
qu [阴]区驱岖曲麯蛆屈趋　　　　　　　[去]拗谬~论又白
　　　　[阳]局渠　　　　　　　　　　[niæ][阴]淹腌
　　　　[上]取娶　　　　　　　　　　　[阳]年拈严研
　　　　[去]趣聚去文　　　　　　　　　[上]捻棒碾眼
quan [阴]圈　　　　　　　　　　　　　[去]念廿碾~子
　　　　[阳]权拳全泉　　　　　　　[niei][阴]阴
　　　　[上]犬　　　　　　　　　　　　[阳]银
　　　　[去]劝券鼠跑掉　　　　　　　[nian][阴]秧白殃白
que [阴]却确阙壳鹊雀嚼缺　　　　　　　[阳]娘
quei [阴]村驱　　　　　　　　　　　　[上]仰
　　　　[阳]存群裙　　　　　　　　[nin][阳]宁咛拧迎凝
　　　　[上]忖　　　　　　　　　　　　[去]硬应白，~承
　　　　[去]寸　　　　　　　　　　[ny] [上]女
　　　　　　[n]　　　　　　　　　　　[去]口~干子（半湿半干）
[ni] [阴]匿溺逆衣白依白乙白裔白　　[nyɛ][阴]虐疟约白握白，~手，~住
　　　　抑椅倚白你复数
　　　　[阳]尼泥呢宜白疑谊白　　　　　　　　　x
　　　　[上]你单数您拟　　　　　xi [阴]习息熄媳昔惜夕隙悉
　　　　[去]泥拘~，~墙腻　　　　　　　希稀吸嘻锡犀西口拿块
[nia][阴]压白押鸭伢代词，即他们　　　　状物掷打人等蟋蜥婿皙析
　　　　[阳]牙芽伢代词即他，她　　　　　[阳]席蓆
　　　　[上]哑　　　　　　　　　　　　[上]洗袭喜
　　　　　　　　　　　　　　　　　　　　[去]系戏兮畦细

53

xia [阴]虾些₍白₎
　　[阳]霞辖侠匣峡狭
　　[去]下～地夏
xie [阴]歇蝎血些屑薛
　　[阳]协胁谐偕穴
　　[上]写
　　[去]谢卸泻泄
xiai [去]懈
xiao[阴]嚣枭箫萧肖消逍宵销
　　[上]晓小
　　[去]孝₍文₎校效笑
xiu [阴]休羞修
　　[上]朽嗅
　　[去]秀袖绣锈
[ɕiæ][阴]掀先仙鲜"少"₍义₎
　　[阳]贤嫌衔
　　[上]显险藓陷
　　[去]限羡线
xiei [阴]欣辛新薪心
　　[阳]寻～人囗谁
　　[去]信讯迅囗"大"₍义₎
xiang[阴]香乡相厢箱湘襄镶
　　[阳]降祥详
　　[上]响享想
　　[去]向象像橡相₍辛₎～
xing[阴]兴
　　[阳]形刑型行邢
　　[上]醒

　　[去]辛兴杏₍文₎
xu [阴]需严宿粟虚畜嘘须恤
　　[阳]徐旭俗
　　[上]许
　　[去]序绪叙絮续
xue [阴]靴雪薛₍文₎
　　[阳]学勺
[ɕyæ][阴]宣轩酸
　　[阳]悬弦旋
　　[上]选
　　[去]算蒜
xuei [阴]熏孙
　　[阳]询循巡旬勋
　　[上]荀损
　　[去]训逊驯
xiong[阴]凶汹胸洶兄
　　[阳]熊雄
(注：此处加点字的声母介于[s]、[ɕ]之间，更偏于[s]。)

g
ga [阴]嘎鸡鸣声
　　[上]卡～住
　　[轻]嘎₍相当于"了"₎
ge [阴]歌₍文₎胳各₍文₎阁₍文₎搁₍文₎戈₍文₎鸽₍文₎割葛₍文₎
　　[阳]哥₍文₎
　　[上]圪₍文₎纥₍文₎

第三章　同音字汇

　　　　[去]个
[kɯ][阴]胳白
　　　　[上]纥白圪白
gai 　[阴]该
　　　　[上]改
　　　　[去]盖丐
gei [阴]格革隔根跟
　　　　[去]给
gao [阴]羔糕高膏
　　　　[上]稿槁
　　　　[去]告
gou [阴]勾沟钩
　　　　[阳]囗漂亮,可爱（多指小孩） 钩动词
　　　　[上]苟狗
　　　　[去]垢豿购妒
[kæ̃][阴]干竿杆肝甘柑
　　　　[阳]囗漂亮,可爱（多指小孩）
　　　　[上]杆赶感敢
　　　　[去]干赣
gang[阴]缸肛冈刚~强纲钢
　　　　[阳]刚~才
　　　　[上]港
　　　　[去]槓
geng[阴]更~换梗庚耕
　　　　[上]哽梗耿
　　　　[去]更~加
gu 　[阴]孤辜鹘沽菇骨谷箍
　　　　[上]古估姑鼓股强制

　　　　[去]故固雇顾
gua [阴]瓜刮~风
　　　　[上]寡剐
　　　　[去]卦挂褂掛
guo [阴]锅郭椁各白葛白割白歌白
　　　　　各白阁白捌白戈白鸽白
　　　　[阳]哥白
　　　　[上]果裹
　　　　[去]过
guai [阴]乖
　　　　[上]拐
　　　　[去]怪
gui 　[阴]闺归龟国
　　　　[阳]贵
　　　　[上]癸鬼诡轨
　　　　[去]桂瑰剑棍
[kuæ̃][阴]官棺观冠鳏关~口,~门
　　　　[上]管馆
　　　　[去]灌罐贯
guang[阴]光
　　　　[阳]桄玉麦~逛
　　　　[上]广
　　　　[去]桄一~线
gong[阴]公蚣宫弓躬供工攻
　　　　　　功恭
　　　　[上]拱
　　　　[去]共贡
　　　　　　　　k

55

ka   [上]卡关~   [上]颗白可白
ke   [阴]岢磕文渴文咳文刻文嗑文   [去]课白
      [上]可文颗文   kuai [上]块会狯
      [去]课文   [去]快筷
kai   [阴]开   kui [阴]亏规窥昆
      [上]凯楷揩慨概溉   [阳]葵魁
kei   [阴]克剋客刻白垦恳   [上]傀啃白捆
      [上]肯啃文   [去]愧溃馈柜跪困
[kʻɯ] [阴]咳~嗽，白□刀割削而发出的声   [kʻuæ][阴]宽
kao   [上]考烤拷   [上]款
      [去]靠犒   kuang[阴]匡筐眶
kou   [阴]抠   [阳]狂诳
      [上]口   [上]况旷矿
      [去]扣   kong [阴]空~虚
[kʻæ] [阴]刊堪勘龛   [上]孔巩恐
      [上]砍   [去]空~闲控
      [去]看   ŋ
kang [阴]康慷糠   [ŋa] [阴]□祈使句末助词
      [去]抗炕   [ŋɤ] [阴]我复数恶
keng [阴]坑   [阳]俄哦吟~蛾鹅鄂鳄
      [去]吭~气   [上]我单数
ku   [阴]枯酷哭窟   [去]饿
      [上]苦   [ŋæ] [阴]哀厄扼
      [去]库裤   [阳]呆挨捱
kua   [阴]誇□象声词物体落地声夸   [上]矮
      [上]跨   [去]爱艾碍
      [去]挎胯   [ŋei] [阴]额挨~恩嗯额
kuo   [阴]科阔括扩磕白渴白嗑白   [ŋau] [阴]熬凹

56

[阳]敖_(姓)熬_(~饭,~夜)遨翱
[上]袄
[去]鏊_(平底锅,有大小多种)奥澳
呦_(~吟)傲

[ŋou][阴]欧殴
[上]偶藕
[去]呕沤

[ŋæ][阴]安鞍庵
[去]岸案按暗埯

[ŋaŋ][阴]昂肮

[ŋuo][阴]恶我_(复数)
[阳]俄蛾鹅哦_(吟)~鄂鳄
[上]我_(单数)
[去]饿

（注：[ŋɤ]为渭区音，[ŋuo]为洛区音。）

h

ha [阴]哈瞎吓蛤
[阳]匣
[去]下

[xɯ][阴]囗_(~刺,喘气)
[阳]核_(~桃)
[上]囗_(进)

hai [阴]骸骇胲
[阳]孩鞋
[上]海蟹
[去]亥害

hei [阴]黑赫

[阳]痕
[上]嘿狠很
[去]恨

hao [阴]蒿
[阳]号_(~哭,符)豪嚎毫
[上]好
[去]号_(号令)孝_(白,~衫)

[xæ][阴]蚶憨
[阳]寒函涵含咸韩
[上]罕鼾喊
[去]汗旱悍捍憾汉

hang[阴]巷
[阳]杭行_(~列)航远
[上]夯
[去]沆项

heng[阴]哼亨
[阳]恒
[去]杏

hu [阴]侯候喉猴呼乎忽
惚 _(渭区多为[xou]音,下同)
[阳]胡湖鹕_(衡)~葫蝴糊壶
狐斛
[上]吼虎唬
[去]户沪护互后厚

hua [阴]花
[阳]滑猾划_(算上数)
[上]华哗
[去]化画话划_(计~)

huo [阴]呵擓霍藿鹤豁喝_白获
　　　壑禾嚯
　　[阳]和何荷河合盒活
　　[上]火伙夥
　　[去]豁~亮祸货~物贺□_{棺材}
huai[阳]怀淮槐
　　[去]坏
hui [阴]徽汇灰恢诙辉挥昏
　　　婚荤
　　[阳]浑馄魂回迴茴蛔或
　　[上]毁诲悔晦惑秽
　　[去]惠慧贿讳绘会
[xuæ][阴]欢
　　[阳]还环
　　[上]缓欢~实
　　[去]唤换患幻
huang[阴]荒慌
　　[阳]黄磺簧
　　[上]恍晃谎
hong[阴]烘轰
　　[阳]洪红鸿宏衡横
　　[上]哄讧
　　　　Ø
a 　[阴]阿
　　[阳]啊_{表惊讶}
　　[去]啊
ai 　[阴]哎唉_{应答语}
　　[阳]哎唉_{惊疑语}

ei 　[阴]欸
ao 　[阴]嗷
[ər][阴]日
　　[阳]儿_文而
　　[上]耳饵尔
　　[去]二贰
[æ][阳]□_{惊疑语，疑问词}
　　[去]□_{婴孩哭叫声}
i 　[阴]衣_文依_文裔_文乙_文医壹益
　　　亦抑_文液_白以倚_文揖
　　[阳]役疫逸译疑_文遗伊怡
　　　移宜_文谊_文驿姨
　　[上]尾椅邑易
　　[去]意义仪艺翼亿忆乙
ia 　[阴]压_文押_文鸭_文鸦_文呀
　　　□"昨天"义（例：口来。渭）
　　[阳]衙爷_洛
　　[上]丫雅亚讶
　　[去]□"昨天"义（例：口来。洛）
ie 　[阴]叶噎谒页冶
　　[阳]夜_{"昨天"义}（例：夜个。渭）
　　[上]也野
　　[去]夜爷
ai 　[阴]嗳_{应答语}
　　[上]哎祈_{请语}
iao [阴]腰邀妖夭
　　[阳]摇窑谣遥姚
　　[上]舀

58

[去]跃要鹞耀
iou　[阴]优忧悠幽
　　　[阳]由油尤犹游邮酉釉
　　　[上]有友
　　　[去]又文幼右佑诱莠
[iæ]　[阴]烟胭焉
　　　[阳]延缘沿颜盐言阎
　　　[上]演掩衍唁
　　　[去]咽魇筵炎宴厌谚验
　　　　艳燕焰砚雁
iei　[阴]音吟殷姻因阴荫
　　　[阳]寅淫
　　　[上]引瘾隐尹饮
　　　[去]孕印
iang　[阴]央殃文怏文鸯
　　　[阳]羊洋阳杨
　　　[上]养痒恙
　　　[去]样映
ing　[阴]鹰应~该英婴缨莺
　　　[阳]营盈赢莹蝇
　　　[上]影
　　　[去]应文,~承
yu　[阴]玉裕淤狱郁欲浴
　　　[阳]迂余鱼渔愚榆盂渝
　　　[上]雨语芋
　　　[去]于与域羽禹予遇寓
　　　　禺御驭誉愈豫预育
　　　　慰喻

yue　[阴]虐疟约文乐音~药钥曰
　　　　月阅越
[yæ]　[阴]渊冤鸳鸯
　　　[阳]元原员猿园圆袁援
　　　[上]远苑
　　　[去]运韵熨
yong　[阴]拥臃
　　　[阳]融荣容溶熔镕庸
　　　[上]勇永泳蛹俑
　　　[去]用佣
wu　[阴]屋兀勿文乌污呜哭声巫
　　　　毋
　　　[阳]无文吾梧吴
　　　[上]诬五伍舞文侮文芜文
　　　　武文午
　　　[去]务文唔悟焐恶
wa　[阴]洼哇蛙袜文挖
　　　[上]瓦口"那儿"义
　　　[去]娃
wo　[阴]窝倭阿~岸子斡~旋握文
　　　　沃文物文
　　　[上]口"倒"义
　　　[去]卧
wai　[阴]歪
　　　[上]口那
　　　[去]外
wei　[阴]威温偎危逶桅违巍瘟
　　　[阳]微文薇文为围惟文唯文帷

　　　　ᵂ维ᵂ卫文ᵂ　　　　　　　　[去]万ᵂ蔓ᵂ
　　[上]械委萎诿伪伟煨~ᵂ⁰　　wang[阴]汪枉冤~
　　苇炜尾ᵂ稳紊　　　　　　　[阳]王
　　[去]魏喂胃渭味ᵂ谓位　　　[上]往枉~然
　　慰ᵂ问ᵂ未　　　　　　　　[去]忘ᵂ旺望
[uæ][阴]弯湾　　　　　　　　weng[阴]翁嗡
　　[阳]完顽丸玩　　　　　　[去]瓮
　　[上]碗宛腕婉挽ᵂ晚ᵂ輓ᵂ

60

第四章　铜川方音与普通话

为了便于铜川人学习普通话，我们将铜川方音和普通话语音加以比较，分辨它们的异同，找出它们之间的对应规律。为方便读音，本节普通话用汉语拼音注音；铜川方音使用国际音标和汉语拼音注音，前者加方括号。

第一节 声母的比较

铜川方言的声母与普通话的声母相较，有下列几种情况：
1. 铜川方言的声母与普通话的声母大体相同的。如下：

铜川方音	普通话	例　字
[p]	b	帮巴比崩并榜闭布
[m]	m	马毛忙明馍米迷面
[f]	f	飞发风方反复疯防
[n]	n	难纳努南能奈耐那
[tʂ]	zh	知正占真者张这整
[ʂ]	sh	闪神上湿傻社绳深
[z]	r	日热人让惹弱染辱ᵡ
[k]	g	哥敢公过刚共滚鼓
ø	ø	啊而意乌围鱼远英

上述九个声母，铜川方音与普通话基本一致。铜川人学习普通话时，勿须更改。

2. 铜川方音有 26 个声母，普通话有 22 个声母，包括零声母在内。铜川方言比普通话多四个声母。它们是：唇齿浊擦音[v],舌尖前浊擦音[z]，舌面鼻音[ȵ]，舌根鼻音[ŋ]。

铜川方音	普通话	例　字
[v]	u-	无袜尾问晚忘网文
[z]	er	耳白儿白二白
	r	如蕊润软绒入冗
[ȵ]	n	泥聂你鸟年女虐
	i-	疑牙业咬严银硬
	ü-	约
[ŋ]	a-	爱安袄昂暗哀傲
	e-	鹅恩蛾额鄂俄饿
	o-	欧藕偶呕

从上表可以看出，铜川方言中[v]母的字，在普通话中都是 u 或以 u 开头的韵母自成音节的字。铜川方言中[z]声母的字，有的是普通话零声母的卷舌韵，有的是 r 声母拼合口呼韵母。铜川方言[ȵ]声母的字，有些是普通话 n 声母与 i、ü 或以 i、ü 开头的韵母相拼的字，有的是 i、ü 开头的韵母自成音节的字。铜川方言[ŋ]声母字，都是普通话以 a、o、e 开头或自成音节的字。

铜川人学习普通话时，要把这些"多出来"的声母去掉，或改成普通话的声母。

3.铜川方言的一个声母，在普通话里分成几个声母。请看下表：

铜川方音	普通话	例　字
[p']	b	鼻波杯拔部败
	p	爬坡派皮骗铺
[t]	d	丁党胆登堆逮
	j	焦井尖接积酒
[t']	t	团他特同托兔
	d	肚蛋断淡垫夺
	j	截静集尽贱匠

	q	切秋就妻抢前
[l]	l	拉来令冷路驴
	n	暖馁农内嫩弄
[kʻ]	k	狂空坑亏看肯
	g	规柜跪
[x]	h	喝海黑杭红汉
	x	鞋闲杏蟹项瞎
[ts]	z	资宗增早脏租
	zh	争站竹找渣指
[tsʻ]	c	从测才醋擦仓
	z	自在砸造贼燥
	zh	帚磔柱楂坠绽
	ch	齿柴吵初衬馋
[s]	s	三丧苏森扫赛
	sh	师杀晒梳捎生
[tʂʻ]	ch	吃车超缠陈场
	zh	殖植秩值赵纸
[tɕ]	j	甲讲窘洁军句
	z	尊遵足钻
	q	奇穷强轻缺起
[tɕʻ]	j	局极旧件妗犟
	c	村存寸皱
[ɕ]	x	歇行凶希向夏
	s	孙损蒜肃俗宿~舍

对于上述声母，铜川人在学习普通话时，必须十分注意。它们与普通话的对应关系比较复杂，较难掌握，学习时应该仔细分辨，一组一组挑出来改正。例如铜川方言的[tʻ]，在普通话中一分为四，读作 d、t、j、q 四个声母，只有把铜川方言中读[tʻ]声母的字依次分为四组记下才是。

第二节 韵母的比较

铜川方言共有 45 个韵母。它们和普通话韵母之间的对应关系大致有以下四种情况：

1.铜川方言有而普通话没有的韵母。如下表：

铜川方音	普通话	例 字
[ɯ]	e	胳疙坷核咳
[ʮ]	u	朱猪出书如
	ou	帚
[iæ]	ie	介界阶械懈
[iei]	in	今近进勤信
	ün	寻
[yei]	ün	群军运晕匀
	un	存村寸孙尊
[ʮo]	ei	内白累馁垒类
	uo	桌捉戳说镯
[ʮæ]	ao	勺
	uai	踹帅甩衰拽
[ʮei]	ai	猜
	ui	睡垂吹锤坠
	un	春纯谆准顺
[ʮæ̃]	uan	专转川栓软
[ʮaŋ]	uang	装双窗霜床
[ʮəŋ]	ong	中冲虫绒重
	eng	仍扔

2.铜川方言的韵母和普通话的韵母基本一致。请看下表：

铜川方音	普通话	例 字
[a]	a	吧怕妈法打
[ia]	ia	牙家痂掐瞎文
[ua]	ua	娃花话瓜夸
[ɤ]	e	扯赊舌遮射
[iɛ]	ie	憋撇灭写业
[ər]	er	二文耳文儿文而
[ʅ]	-i	质知吃日湿
[au]	ao	毛好包跑傲
[iau]	iao	标表飘妖尿
[aŋ]	ang	访仓炕汤张
[iaŋ]	iang	江疆良央墙
[uaŋ]	uang	王广框黄光
[iŋ]	ing	英冰评竟硬
[uŋ]	ong	农同懂总松
[yŋ]	iong	兄穷永雄熊

3.铜川方言中的一个韵母，相当于普通话一个韵母，只是具体念法有所不同。如下表：

铜川方音	普通话	例 字
[uæ]	uai	怪坏快外歪
[æ̃]	an	班蛮胆兰站
[iæ̃]	ian	盐演撵钱见
[uæ̃]	uan	弯欢管款换

4.铜川方言的一个韵母，在普通话中为几个韵母。如下表：

65

铜川方音	普通话	例 字
[y]	u	足肃俗宿~舍
	ü	驱居鱼吕虚
[ei]	ei	贝陪每肥贼
	en	很门文份真
	ai	窄摘拆白麦
	o	墨伯陌默
[uei]	ui	虽随岁碎退
	un	吨囤棍捆混
	uo	或国惑
[əŋ]	eng	疼鹏坑梦风
	un	吞
[u]	u	不木务哭五
[i]	ou	某谋否
[ɿ]	i	底低立梯你
	ei	眉被备碑
	-i（前）	资此斯四字
	-i（后）	指迟是翅事
[uo]	uo	若弱诺拖过
	ao	烙
	e	歌各渴恶割
[ou]	ou	欧偷斗勾楼
[iou]	iu	秋救六扭修
	ü	绿
[yæ]	üan	远愿捐泉怨
	uan	乱暖
	ian	恋

由上表可以看出，铜川方言韵母与普通话的对应关系更为复

杂，既有一对一的关系又有一对多的关系。就一对一的关系来说，如果铜川方言与普通话完全相同，那么铜川方言韵母的读音不必改变；如果铜川方言韵母与普通话不同，那么就要把铜川方言韵母的读音改成普通话韵母的读音。就一对多的关系来说，与上述声母的同类情况一样，应该仔细分辨，一组一组挑出来加以更正，强记归字。

第三节　声调的比较

铜川方言有阴平、阳平、上声、去声四个声调，普通话也是一样，但是它们的调值也就是实际读音却不相同。比较如下：

调类	调值		例字
	铜川方音	普通话	
阴平	21	55	安高江开婚伤知
阳平	24	35	陈平穷含鹅徐龙
上声	52	214	走短古好五比粉
去声	44	51	醉菜近厚抗共用

铜川人学习普通话时，要把铜川方言每个调类的调值改为普通话调类的调值，但这只是就一般情况而言，有些例外字学习时应特别注意。下面就把这些例外字罗列于后，以便读者参考。

普通话 铜川话	阴　平
阴　平	
阳　平	猫峰堤捞抡殊纤埃凹庸微
上　声	悲胚篇芳艘瘫突稍惊疳倾鲜攻咖棵颗揩夯诬挖
去　声	敷吨憎蹲剔溜茎晕

普通话　　阳　平 铜川话	
阴 平	伯(可阳平)博驳勃渤雹拂幅福则责足答得~到德颏执职折~和烛竹酌卓察嘲忱雏驰识即及棘级汲吉集寂籍辑颊节劫结橘菊倔掘爵决镢祈潜袭媳革隔格阁葛国壳咳扛核~心华中~额昂而
阳 平	
上 声	瀑膜惭打~渎犊折~花于~是
去 声	馍闸哲啥眭驯嘎横浑姨爷炎娃舆娱愉

普通话　　上　声 铜川话	
阴 平	柏百北笔把介词蚂法索笃塔獭铁帖只眨者褶窄诊疹嘱齿矢色~子壤脊甲缴脚角乞悄徙雪血谷骨拱渴垦恳郝恶~心
阳 平	瘪~三跑痞抖拯储杵蜀属
上 声	
去 声	匹挡朗履舛颈

普通话　　去声　铜川话	去　声
阴　平	必毕壁臂不帕默末茉莫没麦脉密秘蜜泌灭蔑睦牧目沐木髪复腹缚作测册侧策厕促猝锉错萨啬涩色粟宿速肃纳钠呐娜逆溺孽镍镊蹑虐疟腊蜡辣乐力肋烙栗傈立粒笠猎劣烈裂六戳鹿辘录碌陆骆洛落络氯绿率律质帜秩挚浙祝赤倡绰氏室适释饰式煞摄涉设束日热肉褥入弱若鲫讫泣洽怯窃歉鹊雀确却夕隙亵屑泄巷(道)婿蓄恤各刻客克括扩阔赫骇镐(京)汇(词)阿厄遏溢益亦邑抑曳页叶谒液业药钥勿物袜玉狱欲浴裕粤月越岳阅悦
阳　平	痹墨赐遂踏特跳恋筑彻触绍术铄殉耗获或惑鄂愕萼鳄疫役译谊肄
上　声	把(刀)庇避别(扭)埠迫魄佩譬僻片寞漠沸缚付纵粽崇隧悼稻诞趟辆虑滤掠略召斥撤掣畅处(长)创厦绕锐涧践恰榷嗅刽会(计)块控撼捍悍碍亚腕
去　声	

第五章 铜川方音和省会西安方音的比较

西安方言的声韵调：

声母 27 个：p_b p'_p m_m pf pf' f_f v_v t_d t'_t n_n l_l ts_z ts'_c s_s tʂ_zh tʂ'_ch ʂ_sh z_r tɕ_j tɕ'_q ȵ_x kɡ k'_k ŋ x_h Ø

韵母 37 个：a_a ia_ia ua_ua o_o uo_uo ɤ_e iɛ_ie yɛ_üe ər_er i_i u_u y_ü ɿ ʅ ʮ æ_ɑi iæ_iɑi uæ_uɑi ei_ei uei_uei au_ɑo iau_iɑo ou_ou iou_iou ã_an iã_ian uã_uan yã_üan ɛ̃ iɛ̃ uɛ̃ yɛ̃ aŋ_ang iaŋ_iang uaŋ_uang ɘŋ_eng iŋ_ing uŋ_ong yŋ_iong

声调 4 个：阴平 21、阳平 24、上声 52、去声 44

第一节 声母的比较

1.铜川方言有 26 个声母，西安方言有 27 个声母。铜川方言有[z]声母，西安方言没有；西安方言有[pf][pf']声母，铜川方言却没有。

2.铜川方言[p][ts][k]等十四个声母和西安方言大致相同，如下表：

铜川话	西安话	例字	铜川话	西安话	例字
[p]	[p]	巴半	[ŋ]	[ŋ]	岸熬
[m]	[m]	门麻	[x]	[x]	喊火
[f]	[f]	佛服	[tʂ]	[tʂ]	知者
[v]	[v]	无袜	[ʂ]	[ʂ]	蛇声
[n]	[n]	努南	[z]	[z]	认惹
[l]	[l]	楼漏	[ȵ]	[ȵ]	宁哑
[k]	[k]	高哥	Ø	Ø	而延

3.铜川方言[ts][ts'][s]声母逢[ʮ]韵字，西安方言为[pf][pf'][f]声

母的 u 韵字；铜川方言[ts][ts'][s]声母逢以[ɥ]为韵头的复合韵母字，西安方言为[pf][pfʻ][f]声母的开口呼字。

见下表：

韵母（铜川—西安）	声母（铜川）—（西安）	[ts] [pf]	[tsʻ] [pfʻ]	[s] [f]
[ɥ]	[u]	煮	出	书
[ɥa]	[a]	抓	□用力撕扯，～皮	刷
[ɥo]	[o]	桌	戳	硕
[ɥæ]	[æ]	拽	踹	帅
[ɥei]	[ei]	追	锤	水
[ɥæ̃]	[æ̃]	专	川	栓
[ɥaŋ]	[aŋ]	庄	床	双
[ɥəŋ]	[əŋ]	中	冲	

铜川方言声母[ts][tsʻ][s]逢其他韵母的字，西安方言与铜川方言一致，如"扎早脏争从最坐脆错仓餐桑杀虱生三"等。

铜川方言的浊声母[z]，西安方言为零声母[ər]和浊声母[v]。比较如下：

铜川方言	西安方言	例字
[z]	[ər]	儿二耳*
	[v]	如闰软绒

注：*铜川方言为白读音。

铜川方言声母[ts]组声母与西安方言声母的对应情况可以概括如下：

铜川话	[ts]	[tsʻ]	[s]	[z]
西安话	[ts] [pf]	[tsʻ][pfʻ]	[s] [f]	[ər][v]

4.铜川方言声母[tɕ][tɕʻ][ɕ]相当于西安方言声母[tɕ][tɕʻ][ɕ]和[ts][tsʻ][s]。大致说来，西安方言[ts][tsʻ][s]声母拼[uæ][uɛ]韵母，铜川方言为[tɕ][tɕʻ][ɕ]声母拼[yæ][yei]韵母；西安方言[ts][tsʻ][s]声母拼其他韵母的字，铜川方言与之相同。比较如下：

铜川方言	西安方言	例 字
[tɕ]	[tɕ]	军绝结讲京
	[ts]	钻攥尊遵樽
[tɕʻ]	[tɕʻ]	牵勤强穷缺
	[tsʻ]	村寸存皴
[ɕ]	[ɕ]	歇血乡向许
	[s]	孙蒜算酸

铜川方言[t][tʻ]相当于西安方言[t][tʻ]和[tɕ][tɕʻ]声母。大致说来，西安方言[tɕ][tɕʻ]声母逢齐齿呼韵母，铜川方言读[t][tʻ]声母（限于洛区）；西安方言[tɕ][tɕʻ]声母逢其他韵母的字，铜川方言与之相同。比较如下：

铜川方言	西安方言	例 字
[t]	[t]	党登堆店丁
	[tɕ]	井接津酒积
[tʻ]	[tʻ]	拖兔团同太
	[tɕʻ]	秋就千枪清

需要说明的是，西安方言中许多读不送气声母的字，铜川方言读成送气声母，使得铜川方言的送气声母不仅包括了西安方言的送气声母，也包括了西安方言的不送气声母，形成了一对多的

对应关系。上篇谈过[tʻ][tɕʻ][tsʻ]三个声母与西安方言的对应关系，这里做进一步的补充。如下表：

铜川方言	西安方言	例　字
[pʻ]	[pʻ]	平坡判骗铺
	[p]	伴败倍拔部
[tʻ]	[tʻ]	他特同兔太
	[t]	蛋待夺断
	[tɕ]	尽捷贱匠
	[tɕʻ]	切千枪请妻
[kʻ]	[kʻ]	狂亏抗看肯
	[k]	跪规柜巩
[tsʻ]	[tsʻ]	从才仓粗草
	[ts]	自在皂贼杂
	[pf]	住坠贮柱重
	[pfʻ]	出川床中冲
[tʂʻ]	[tʂʻ]	吃车场成陈
	[tʂ]	侄值直掷秩
[tɕʻ]	[tɕʻ]	强轻去怯勤
	[tɕ]	旧件及近妗

第二节　韵母的比较

1.铜川方言有 45 个韵母，而西安方言有 37 个韵母。铜川方言[iæ][iei] [yei][ʮ][ʮæ][ʮaŋ][ʮəŋ][ʮa][ʮo][ʮæ][ʮei]等 11 个韵母为西安方言所没有；西安方言[ɛ][iɛ̃][uɛ̃][yɛ̃]等四个韵母为铜川方言所没有。

2.铜川方言[a][ia][ua][o][uo]等 31 个韵母与西安方言大致相同。

铜川方言	西安方言	例 字
[a]	[a]	阿扎纳妈
[ia]	[ia]	牙家恰虾
[ua]	[ua]	娃瓜夸花
[o]	[o]	剥波磨馍
[uo]	[uo]	窝罗锅多
[ɤ]	[ɤ]	社彻者浙
[iɛ]	[iɛ]	爷灭谢裂
[yə]	[yə]	药脚缺雪
[ər]	[ər]	而二文耳文儿文
[ɯ]	[ɯ]	咳疙核_桃
[ɿ]	[ɿ]	支瓷思死
[ʅ]	[ʅ]	质吃湿日
[i]	[i]	意急地理
[u]	[u]	屋布库猴
[y]	[y]	雨区驴女
[æ]	[æ]	盖台开鞋
[uæ]	[uæ]	歪怪快坏
[au]	[au]	傲早劳高
[iau]	[iau]	要桥苗交
[ou]	[ou]	欧偷祖努
[iou]	[iou]	油久丢刘
[æ̃]	[æ̃]	安办干兰
[iæ̃]	[iæ̃]	炎见连边
[uæ̃]	[uæ̃]	弯管团端
[yæ̃]	[yæ̃]	院卷全旋
[aŋ]	[aŋ]	昂唐旁狼
[iaŋ]	[iaŋ]	羊粮江向
[uaŋ]	[uaŋ]	广矿王黄
[əŋ]	[əŋ]	鹏梦更正

[iŋ]	[iŋ]	京英兴停
[uŋ]	[uŋ]	瓮公农同
[yŋ]	[yŋ]	穷永雄胸

3.铜川方言的[iæ]相当于西安方言的[iɛ]；铜川方言的[ei]相当于西安方言的[ei]和[ɛ̃]；铜川方言的[uei]相当于西安方言的[uei]和[uɛ̃]。举例如下：

铜川方言	西安方言	例 字
[iæ]	[iɛ]	介解阶蟹
[ei]	[ei]	费给黑美
	[ɛ̃]	森神分根
[uei]	[uei]	归催对会
	[uɛ̃]	滚吨昏魂

4.铜川方言的[iei]和[yei]分别相当于西安方言的[iɛ̃]和[yɛ̃]。例如：

铜川方言	西安方言	例 字
[iei]	[iɛ̃]	紧亲心寻
[yei]	[yɛ̃]	军群训俊

5.铜川方言[uo]相当于西安方言的[uo]和[ɤ]。例如：

铜川方言	西安方言	例 字
[uo]	[uo]	锅括多罗
	[ɤ]	科我饿河

铜川方言和西安方言一样，有四个调类：阴平、阳平、上声、去声。各调类的调值及归字也大致相同，不再赘述。

第六章 铜川方音的历史演变

本章我们将从以《广韵》为代表的中古音系的角度出发来考察铜川方音演变的重要情况。

第一节 声母、韵母的演变

一、声母的演变

1. 古浊塞音和浊塞擦音声母变为相应的清声母，其中平声字读送气音；仄声字大部分也读送气音，如"部、败、跪、鼻、柜、姪"。

2. 微母字今读[v]声母，如"武、袜、味、万、吻、忘"。

3. 精组字声母在开口呼韵母前，读[ts]组声母，如"仓、灾、三、桑"；在合口呼韵母[u](少数)、[uan]、[uan]前读[tɕ]组声母，如"足、肃、村、遵、孙"；在其他合口呼韵母前读[ts]组声母，如"租、粗、做、最、错、总、葱"；精组的精清母在齐齿呼韵母前，渭区分读[tɕ]、[tɕ']声母，洛区分读[t]、[t']声母，如"焦、箭、接、妻、砌、漆"；在撮口呼韵母前，铜川方言分读[tɕ]、[tɕ']声母，如"全、俊、娶、取、绝、雀、鹤"。

4. 疑、影母在开口呼韵母（a除外）前，今读[ŋ]声母，如"俄、额、袄、安、昂、矮"。

5. 泥母逢细音读[n]声母，如"女、泥、尿、纽、聂、念、碾、年、捏、娘、攮"。另外，古影、疑、喻母逢细音，也有一部分读[n]声母，如"哑影（影母）、宜咬眼迎（疑母）、尤又（喻母）。

二、韵母的演变

1. 咸山两摄鼻韵尾[-m]、[-n]丢失，元音鼻化。如"贪、酣、咸、衫、廉",古咸摄,今[æ]韵;"钳、甜、炎",古咸摄,今[iæ]韵;"丹、颜、闲",古山摄,今[æ]韵;"栓",古山摄,今[ɥæ]韵;"权",古山摄,今[yæ]韵;"前",古山摄,今[iæ]韵。

2. 深臻两摄鼻韵[-m]、[-n]丢失,变为口音,如"森",古深摄,今[ei]韵;"品、浸",古深摄,今[iei]韵;"芬、根、榛",古臻摄,今[ei]韵;"困、近、坤、春",古臻摄,今分别为[yei]、[iei]、[uei]、[ɥei]韵。

3. 蟹止山臻摄合口、江摄合口的知系字,遇摄合口的知章日母字,宕摄开口的庄组字,曾摄开口的日组字,读[ʅ]或以[ʅ]为介音构成的复合韵母。如"猪、除、树、说、吹、帅、闩、刷、软、蟀、准、出、霜、窗、扔"。

4. 深摄入声生母,曾摄开口一等入声帮端精见组、开口三等入声庄组,梗摄开口二等入声帮知庄组、见系,铜川方音除"咳[k'ɯ²¹]、核[xɯ²⁴]~桃、核[xæ²¹]~心"以外,全部读[ei]韵母。如"百、窄、额、赫、麦、责、革、墨、特、克、色"等。

5. 果摄一等的见晓组字,铜川方音读作合口呼韵母[uo]("苛"[kɤ]除外)。如"何、河、荷、贺、科、棵、颗、课、喝、合、盒、鹤"。

6. 古端系逢[u]韵母的多数字,古知系逢[u]韵母的少数字(知、章、庄、日组入声),铜川方音读开口呼[ou]韵母。如"徒、努、路、组、苏、逐、赎、辱"。

7. 流摄开口一等韵逢晓组声母,渭区读[ou],洛区则读[u]。如"侯、候、喉、猴、厚、互、吼"。

第二节 声调的演变

古清声母的平声字今归阴平,古浊声母的平声字今归阳平;古清、次浊声母的上声字今归上声,古全浊声母的上声字今归去声；古清声母、浊声母的去声字今归去声；古全浊声母的入声字今归阳平，古次浊声母的入声字和古清声母的入声字都归阴平。如下表：

古音调类	声 母	方音调类
平	清	阴平
	浊	阳平
上	清、次浊	上声
	全浊	去声
去	清、浊	去声
入	全浊	阳平
	次浊	阴平
	清	

但是，古入声字中大约三分之一与上述演变规律不一，具体如下：

一、清声母或次浊声母字不读阴平的

1.变读阳平的

（明）德：墨；（非）物：弗绂芾绋；（敷）物：拂；（透）合：踏，盍：榼，曷：达挞，德：忒慝；（来）锡：历沥枥砾栎轹鬲，（精）叶：睫，没：卒士~，术：卒尽、终；（知）叶：辄，薛：哲，觉：啄琢，屋：筑竺；（辙）薛：撤徹；（章）屋：祝；（倡）烛：触；（书）屋：叔；（见）缉：急，屑：洁；（疑）铎：鄂愕萼鳄噩鹗颚；（晓）叶：胁；（影）缉：邑悒挹浥；（以）质：逸佚轶，昔：腋液掖译驿绎峄。

2.变读上声的

（滂）觉：璞朴，陌：魄，末：抹，昔：癖僻，锡：劈霹；

(非)腹；（泥）屋：怛；（心）曷：撒萨；（章）：摭拓，（日）烛：唇；（溪）觉：确榷，沃：酷窖。

3.变读去声的

（帮）陌：伯；（滂）质：匹；（明）铎：膜幕，锡：觅；（非）屋：幅复；（透）锡：剔惕逖；（泥）铎：诺；（来）屑：捩；（精）缉：缉葺；（初）镬：刹；(日)屋：肉，烛：褥；（晓）药：谑；（影）狎：压，黠：轧揠，月：哕，物：郁蔚尉，职：亿忆臆薏，屋：耶彧；（云）职：域；（以）职：翼翊，昔：易，屋：育昱毓煜鬻。

二、全浊声母字不读阳平的

1.变读阴平的

（并）末：跋馛勃浡，铎：亳泊箔，觉：雹，职：愎，陌：舶；（奉）屋：复；（定）屑：跌；（从）昔：籍藉_{狼~瘠}，锡：寂；(邪)昔：夕；（澄）质：秩帙，昔：掷；（船）术：秫；（禅）药：涉，屋：淑；（群）月：掘，物：崛；（匣）铎：鹤涸，德：劾，麦：核，锡：檄覡。

2.变读上声的

（并）陌：帛，昔：擗，屋：瀑曝；（定）帖：蝶；（邪）缉：袭。

3.变读去声的

（从）缉：集缉，铎：柞酢作；（邪）烛：续；（群）陌：剧；（匣）麦：划。

第七章　铜川方言词汇

第一节 分类词表

说 明

1.本词表以1958年语言研究所方言组编《方言调查表》为蓝本，略作增补。密切相关的词虽在意义上不同类，有时候也连带在一处。事物名称之中也往往把有关的动作名称牵连附入。

2.同义词排在一起，常用的词条排在前面，且顶格排列，其他词条缩一格另行排列。

3.每条先写汉字，后标音。字调用阿拉伯数码表示，原调标音在上角，变调音在原调之后，中间用短横线隔开。轻声标"30"。

4.不易理解的词或与普通话差距较大的词语，在标音后加注。

5.括弧里的"子"表示这个词可以带词尾"子"，也可以不带词尾"子"。

6.字下加浪线"＿＿"的，表示同音代替。

7.方框"□"表示有音无字。

8.代替号"～"表示复举前面的地词或词组。

9.词下角注"渭""洛"，表示该区仅有。

一、天文

1. 日、月、星

日头	ər^{52}t'ou^{30}	
爷	iɛ^{44}	渭区西北地方叫"日头爷"
太阳	t'æ^{44}iaŋ^{30}	
太阳爷	t'æ^{44}iaŋ^{30}iɛ^{44}	
暖暖	lyæ̃^{52}lyæ̃^{30}	日光

太阳	tʻæ⁴⁴iaŋ³⁰	
晒暖暖	sæ⁴⁴lyæ⁵²lyæ³⁰	晒太阳
晒太阳	sæ⁴⁴tʻæ⁴⁴iaŋ³⁰	
向阳处	ɕiaŋ⁴⁴iaŋ²⁴tsʻʅ²¹	太阳地儿
阳坡	iaŋ²⁴pʻo²¹	
阳岸	iaŋ²⁴ŋæ²¹	
背坡处	pei⁴⁴pʻo²¹tsʅ²¹	背对太阳的地方
背坡地	pei⁴⁴pʻo²¹tʻi⁴⁴	
背阴子	pei⁴⁴ȵiei²¹tsŋ³⁰	
阴坡	ȵiei²¹pʻo²¹	
阴坡子	ȵiei²¹pʻo²¹tsŋ³⁰	
荫凉	ȵiei⁵²liaŋ²¹	
凉处	liaŋ²⁴ tsʻʅ⁵²	
歇凉	ɕie²¹liaŋ²⁴	乘凉
日蚀	ər⁵²ʂʅ³⁰	
天狗吃日头	tʻiæ²¹kou⁵²tʂʻʅ²¹ər⁵²tʻou³⁰	
月亮	yɛ²¹liaŋ³⁰	
月明	yɛ²¹miŋ⁵²	
月亮光光	yɛ²¹liaŋ³⁰kuaŋ²⁴kuaŋ³⁰	
月亮地	yɛ²¹liaŋ³⁰tʻi²¹	月亮照到的地方
月亮底下	yɛ²¹liaŋ²¹ti⁵²xa³⁰	
月蚀	yɛ²¹ʂʅ³⁰	
天狗吃月亮	tʻiæ²¹kou⁵²tʂʻʅ²¹⁻²⁴yɛ²¹liaŋ²¹	
天狗吃月	tʻiæ²¹kou⁵²tʂʻʅ²¹⁻²⁴yɛ²¹	
星星	ɕiŋ²¹ɕiŋ³⁰	
贼星	tsʻei²⁴ɕiŋ²¹	流星
扫帚星	sau⁴⁴tsʻʅ²¹ɕiŋ²¹	彗星
天河	tʻiæ²¹xuo²⁴	

牛郎星	ņiou²⁴laŋ⁵²ɕiŋ²¹	
牛郎	ņiou²⁴laŋ⁵²	
织女星	tʂʅ²¹ņy²¹ɕiŋ²¹	
织女	tʂʅ²¹ņy²¹	
卫星	uei⁴⁴ɕiŋ²¹	
火箭	xuo⁵²tiæ⁴⁴ ₍洛₎ / xuo⁵²tɕiæ⁴⁴ ₍渭₎	

2. 风、云、雷、雨

风	fəŋ²¹	
刮风	kua²¹⁻²⁴fəŋ²¹	
吹风	tsʻɥei²¹⁻²⁴fəŋ²¹	
大风	tʻuo⁴⁴fəŋ²¹ ₍洛₎ / ta⁴⁴fəŋ²¹ ₍渭₎	大风
碎风	suei⁴⁴fəŋ²¹	小风
黄风	xuaŋ²⁴fəŋ²¹	狂风
旋风	tɕʻyæ²⁴fəŋ²¹	刮旋风
顺风	sɥei⁴⁴fəŋ²¹	
顺茬风	sɥei⁴⁴tsʻa²¹fəŋ²¹	
揭茬风	tɕiɛ²¹tsʻa²¹fəŋ²¹	逆风
□□风	zɯ²¹zɯ³⁰fəŋ²¹	微风
哨哨风	sau⁴⁴sau⁴⁴fəŋ²¹	横穿缝隙的风
过道风	kuo⁴⁴tʻau⁴⁴fəŋ²¹ ₍洛₎ / kuo⁴⁴tau⁴⁴fəŋ²¹ ₍渭₎	横穿过道的风
野风	iɛ⁵²fəŋ²¹	野外的风
一线风	i²¹ɕiæ⁴⁴fəŋ²¹	哨哨风、过道风总称
一院风	i²¹yæ⁴⁴fəŋ²¹	屋外的风与一线风对举，谚语："（小孩）不怕一院风，就怕一线风。"
云	yei²⁴	
朵朵云	tuo⁵²tuo³⁰yei²⁴	
丝丝云	sʅ²¹sʅ³⁰yei²⁴	

第七章 铜川方言词汇

白云	pʻei²⁴yei²⁴	
黑云	xei²¹yei²⁴	
恶恶云	ŋuo²¹ŋuo³⁰yei²⁴	
疙瘩云	kɯ⁵²ta²¹yei²⁴	
滚云	kuei⁵²yei²⁴	
早烧	tsau⁵²ʂau⁴⁴	朝霞
晚烧	væ⁵²ʂau⁴⁴	晚霞
烧	ʂau⁴⁴	早烧、晚烧的总称
黑云接日头	xei²¹yei²⁴tɕiɛ²¹ər⁵²tʻou³⁰	黑云吞没了晚霞
雷	lyei²⁴	
吼雷	xu⁵²lyei²⁴	霹雷
响雷	xiaŋ⁵²lyei²⁴	"吼雷大，白雨下。"
炸雷	tsa⁴⁴lyei²⁴	
暴雷	pau⁴⁴lyei²⁴	
闷雷	mei⁴⁴lyei²⁴	炸雷
滚雷	kuei⁵²lyei²⁴	连续不断的雷
闪电	ʂæ⁵²tiæ³⁰	
雨	y⁵²	
雨星星	y⁵²ɕiŋ⁵²ɕiŋ³⁰	雨星儿、雨点儿
雨点点	y⁵²tiæ⁵²tiæ³⁰	
毛毛雨	mau²⁴mau⁵²y⁵²	
濛濛雨	meŋ⁴⁴meŋ³⁰y⁵²	
小雨	ɕiau²¹y⁵²	
大雨	tʻuo⁴⁴y⁵²	大雨
白雨	pʻei²⁴y⁵²	暴雨
连阴雨	liæ²⁴ȵiei⁵²y⁵²	
泪雨	lyei⁵²y⁵²	西部叫霖雨
憨雨	xæ²¹y⁵²	

滴雨星	tiɛ²¹y⁵²ɕiŋ²¹	
下雨	xa⁴⁴y⁵²	
雨歇了	y⁵²ɕiɛ²⁴liau²¹	雨住了
不下了	pu⁵²xa⁴⁴liau²¹	
雨停了	y⁵²tʻiŋ²⁴liau²¹	
房檐水	faŋ²⁴iæ⁵²sʅei²¹	从瓦沟淌下的雨水
虹	tɕiaŋ⁴⁴	
单虹	tæ²¹tɕiaŋ⁴⁴	
双虹	sʯaŋ²¹tɕiaŋ⁴⁴	
冷子	ləŋ⁵²tsʅ³⁰	冰雹
硬雨	ȵiŋ⁴⁴y⁵²	
冷子疙瘩	ləŋ⁵²tsʅ³⁰kɯ²¹ta³⁰	

3. 冰、雪、霜、露

冰璃	piŋ⁵²li³⁰	冰
冰璃块块	piŋ⁵²li³⁰kʻuæ⁵²kʻuæ³⁰	冰块
冰璃砣砣	piŋ⁵²li³⁰tʻuo²⁴tʻuo³⁰	
冰璃疙瘩	piŋ⁵²li³⁰kɯ⁵²ta³⁰	
冰璃橛橛	piŋ⁵²li³⁰tɕʻyɛ²⁴tɕʻyɛ³⁰	檐前挂的冰锥儿
雪	ɕyɛ²¹	
雪花	ɕyɛ²¹xua²¹	
雪片片	ɕyɛ²¹pʻiæ⁵²pʻiæ³⁰	
雪片	ɕyɛ²¹pʻiæ⁵²	大雪花
糁糁子	tsei⁵²tsei²¹tsʅ³⁰	形容似米粒的雪
疙糁子	kɯ⁵²tsei²¹tsʅ³⁰	
地油子	ti⁴⁴iou²¹tsʅ³⁰	
雪消了	ɕyɛ²¹ɕiau²¹liau³⁰	
雪化了	ɕyɛ²¹xua⁴⁴liau³⁰	
霜	sʯaŋ²¹	

龙霜　　　　　luŋ²⁴sɥaŋ²¹
下霜　　　　　xa⁴⁴sɥaŋ²¹
雾　　　　　　vu⁴⁴
下雾　　　　　xa⁴⁴vu⁴⁴
露水　　　　　lou⁴⁴sɥei³⁰
下露水　　　　xa⁴⁴lou⁴⁴sɥei³⁰

4. 气候

天气　　　　　tʻiæ²¹tɕʻi⁴⁴
天　　　　　　tʻiæ²¹
天爷　　　　　tʻiæ²¹ie³⁰
晴天　　　　　tʻiŋ²⁴tʻiæ²¹
好天　　　　　xau⁵²tʻiæ²¹
阴天　　　　　n̠iei²¹tʻiæ²¹
　阴阴子　　　n̠iei⁵²n̠iei²¹ tsʅ³⁰
　阴塔子　　　n̠iei²¹tʻa²¹tsʅ³⁰
天晴呀　　　　tʻiæ²¹ tʻiŋ²⁴ia³⁰　　　天将要晴呢
天爷变阴呀　　tʻiæ²¹ie³⁰piæ⁴⁴n̠iei²¹ia³⁰　天将要阴呢
　天变呀　　　tʻiæ²¹piæ⁴⁴ia³⁰
旱　　　　　　xæ⁴⁴
　干　　　　　kæ⁴⁴
涝　　　　　　lau⁴⁴

二、地理

原下地　　　　yæ²⁴xa³⁰tʻi⁴⁴　　　　川原上的田地
坡里地　　　　pʻo²⁴li³⁰tʻi⁴⁴　　　　山坡地
河滩地　　　　xuo²⁴tʻæ²¹tʻi⁴⁴　　　河流两边的地
沙土地　　　　sa²¹tʻou⁵²tʻi⁴⁴　　　含沙量大的地
沙子地　　　　sa²¹tsʅ³⁰tʻi⁴⁴
荒地　　　　　xuaŋ²¹tʻi⁴⁴　　　　　未开荒的土地，二荒子

空茬地	k'uŋ⁴⁴ts'a²¹t'i⁴⁴	停歇种粮的地，倒茬地
空地	k'uŋ⁴⁴t'i⁴⁴	没种粮的地
半山里	pæ⁴⁴sæ²¹li³⁰	山腰
山顶下	sæ²¹tiŋ⁵²xa³⁰	山顶
山脑脑	sæ²¹nau⁵²nau³⁰	山尖
山峁峁	sæ²¹mau⁵²mau³⁰	山峁
山嘴嘴	sæ²¹tsuei⁵²tsuei³⁰	突出的山尖
山底里	sæ²¹ti⁵²li³⁰	山脚
阳沟	iaŋ²⁴kou²¹	路边水道
涝池	lau⁴⁴ts'ʅ²¹	川原地区的蓄水池
大坝	ta⁴⁴pa⁴⁴	水库
河滩	xuo²⁴t'æ²¹	河流两边的地
水头	sɥei⁵²t'ou²⁴	洪峰
河边里	xuo²⁴piæ²¹li³⁰	河边上
礓石	tɕia⁵²ʂʅ²¹	崖石
料礓石	liau⁴⁴tɕia⁵²ʂʅ²¹	土石
胡起	xu²⁴tɕ'i⁵²	土坯；土块
胡基	xu²⁴tɕi⁵²	
砖头	tsɥæ²¹t'ou³⁰	砖
半截砖	pæ⁴⁴t'iɛ²¹tsɥæ²¹	砖块
半落砖	pæ⁴⁴luo²¹tsɥæ²¹	
瓦碴	ua⁵²tsa²¹	瓦块
瓦□	ua⁵²ts'ɥei²¹	
土圪垯	t'ou⁵²kɯ²¹ta³⁰	土块
胡基圪垯	xu²⁴tɕi⁵²kɯ²¹ta³⁰	因犁过而翻起的土块
灰添	xuei²¹t'iæ²¹	灰土
洋灰	iaŋ²⁴xuei²¹	水泥
冷水	lən²¹sɥei⁵²	凉水

热水	zʅ²¹sɥei⁵²	开水
温水	uei²¹sɥei⁵²	虽热但未开的水
滚水	kuei⁵²sɥei⁵²	很开很烫的水
煎水	tɕiæ³¹sɥei²¹	开水
恶水	ŋuo²¹sɥei²¹	泔水
炭	tʻæ⁴⁴	煤
末子炭	mo⁵²tsʅ³⁰tʻæ⁴⁴	面煤
块炭	kuæ⁵²tʻæ⁴⁴	块煤
笼火	luŋ²⁴xuo⁵²	生火
洋铁	iaŋ²⁴tʻie⁵²	白铁
吸铁石	ɕi²¹tʻie⁵²ʂʅ²⁴	磁铁
菜园子	tsʻæ⁴⁴yæ²⁴tsʅ³⁰	
墓子	mu⁴⁴tsʅ³⁰	坟墓
墓鼓堆	mu⁴⁴ku²¹tuei²¹	
碑子	pi⁵²tsʅ³⁰	墓碑
灵地	liŋ²⁴tʻi²¹	墓地

三、时间·时令

年时	ȵiæ²⁴sʅ²¹	去年
开年	kʻæ²¹ȵiæ²⁴	新年开始
冬里天	tuŋ²¹li³⁰tʻiæ²¹	冬天
伏里天	fu²⁴li³⁰tʻiæ²¹	夏天
大尽	ta⁴⁴tʻiei²¹	大月
小尽	ɕiau⁵²tʻiei²¹	小月
年下	ȵiæ²⁴xa²¹	春节
夜个	ie²⁴kʌ²¹	昨天
夜来	ia⁴⁴læ²¹	
长番	tʂaŋ²⁴fæ²¹	现在
前天	tʻiæ²⁴tʻiæ²¹	

87

前个	tʻiæ²⁴kɤ²¹	
外后	uei⁴⁴xu²¹	
漏明	lou⁴⁴miŋ²⁴	黎明
漏漏嗖明	lou⁵²lou³⁰sou²¹miŋ²⁴	
麻乎亮	ma²⁴xu²¹liaŋ⁴⁴	
干早	kæ²¹tsau⁵²	清早
清水干早	tʻiŋ²¹sʅei²¹kæ²¹tsau⁵²	
晌午	ʂaŋ²¹u³⁰	上午
后晌	xu⁴⁴ʂaŋ²¹	下午
横晌	xuŋ⁴⁴ʂaŋ²¹	
麻子眼	ma²⁴tsʅ³⁰ȵiæ³⁰	黄昏
黑了	xei²¹liau³⁰	夜晚
黑地	xei²¹tʻi²¹	
才黑地	tsʻæ²⁴xei²¹	黄昏过后
刚黑	kaŋ²⁴xei²¹	
一天	i²⁴tʻiæ⁵²	整天整天地
天天（噫）	tʻiæ²¹tʻiæ³⁰（i²⁴）	每天
见天（噫）	tɕiæ⁴⁴tʻiæ²¹（i²⁴）	
见天晚	tɕiæ⁴⁴tʻiæ²¹væ⁵²	每晚
一晚些	i²¹væ⁵²ɕie²¹	整夜
透关关	tʻou⁴⁴kuæ²¹kuæ³⁰	穿孔
熬个透关关	ŋau²⁴kɤ³⁰tʻou⁴⁴kuæ²¹kuæ³⁰	熬个通宵
端午	tuæ²¹u³⁰	端阳节
送灶	suŋ⁴⁴tsau⁴⁴	祭灶爷
喝五豆	xuo²¹u⁵²tʻou²¹	腊月初八日喝多种豆子熬的粥
吃腊八	tʂʻʅ²¹la⁵²pa²¹	腊月初八日吃多味面

四、农事

场	tʂʻaŋ²⁴	麦场

第七章　铜川方言词汇

柴堆	tʂʻæ²⁴tuei²⁴	柴火堆
菅子	tɕiæ⁵²tsʅ³⁰	麦草垛
粪坑	fei⁴⁴kʻən²¹	粪池
拾粪	ʂʅ²⁴fei⁴⁴	拾积零星的粪
上粪	ʂaŋ⁴⁴fei⁴⁴	施肥
胶皮车	tɕiau²¹pʻi²⁴tʂʻɤ²¹	罗马车
胶轮车	tɕiau²¹luei²⁴tʂʻɤ²¹	
胶驴车	tɕiau²¹ly²⁴tʂʻɤ²¹	
推车	tʻuei²¹tʂʻɤ²¹	独木轮车
架子车	tɕia⁴⁴tsʅ³⁰tʂʻɤ²¹	人拉车
套车	tʻau⁴⁴tʂʻɤ²¹	把牲口架在车上
装车	tsuaŋ²¹⁻²⁴tʂʻɤ²¹	把东西搬上车
杨门（子）	iaŋ²⁴mei⁵²tsʅ³⁰	木质、横三道且竖两道的装草工具
笼筒	lun²⁴tʻuŋ⁵²	辔头
叉子	tsʻa⁴⁴tsʅ³⁰	嚼环
揞眼	ŋæ²¹ȵiæ²¹	遮挡牛眼睛圆形的布、皮质
掌	tʂaŋ⁵²	器具、骡马脚掌上的铁垫
钉掌	tiŋ⁴⁴tʂaŋ⁵²	打掌
杈	tsʻa²¹	木杈
铁杈	tʻie⁵²tsʻa²¹	铁质杈
牛笼嘴	ȵiou²⁴lun²⁴tsuei⁵²	套在嘴上防牛吃庄稼的网罩
笼嘴	luŋ²⁴tsuei⁵²	
鞍子	ŋæ²¹tsʅ³⁰	骡子、驴子驮东西时用的
鼻牸	pʻi²⁴tɕʻyæ²¹	穿系在牛逼梁内的铁环，用来帮助牵引
碌碡	lou²¹tsʻou²¹	碾麦石磙
碾子	ȵiæ⁴⁴tsʅ³⁰	碾盘上的石磙
镰	liæ²⁴	砍柴用器

89

刃镰	zei⁴⁴liæ̃²¹	镰刀的一种，用以割麦、草、铁头木柄
夹镰	tɕia²¹liæ̃²¹	镰刀的一种，用以割草、木头木柄
木锨	mu²¹ɕiæ̃²¹	麦场、仓库用的一种锨
水担	sɥei⁵²tæ̃²¹	扁担
鸡毛掸子	tɕi²¹mau²⁴t'æ̃⁵²tsʅ³⁰	
橛	tɕ'yɛ²⁴	橛儿
钉子	tiŋ²¹tsʅ³⁰	铁钉
活去头	xuo²⁴tɕ'y²¹t'ou³⁰	活结
死圪垯	sʅ⁵²kuə²¹ta³⁰	死结
纫头	zei⁴⁴t'ou³⁰	使引线穿过针鼻儿的细线

五、植物

玉麦	y⁴⁴mei²¹	玉米
玉麦胡子	y⁴⁴mei²¹xu²⁴tsʅ³⁰	玉米雌花
玉麦樱子	y⁴⁴mei²¹iŋ²¹tsʅ³⁰	
天花	t'iæ̃²¹xua²¹	玉米雄花
玉麦桄	y⁴⁴mei²¹kuaŋ²⁴	玉米棒子
麦穗（穗）	mei²¹ɕy⁴⁴ɕy³⁰	
谷	ku²¹	
赖豌豆	læ⁴⁴uæ̃²¹t'ou²¹	红里透黑的圆形豆子
小豆	ɕiau⁵²t'ou²¹	黄豆
瞒小豆	mæ̃²¹ɕiau⁵²t'ou²¹	黄中显白的小豆
扁豆	piæ̃⁵²t'ou²¹	扁豆
桃黍	t'au²¹sʅ²¹	高粱
萝卜缨缨	luo²⁴p'u²¹iŋ²¹iŋ³⁰	萝卜叶
洋柿子	iaŋ²⁴sʅ⁴⁴tsʅ³⁰	西红柿
菜辣子	ts'æ⁴⁴la⁵²tsʅ³⁰	青椒

大炮辣子	ta^{44}p'au^{44}la^{21}tsʅ^{30}	
花花菜	xua^{21}xua^{30}ts'æ^{44}	荠荠菜
蒿	xau^{21}	蒿草
蒿蒿	xau^{21}xau^{30}	小蒿草
臭蒿	tʂ'ou^{44}xau^{21}	味臭的蒿草
白蒿	p'ei^{24}xau^{21}	清白的蒿草
黄蒿	xuaŋ^{24}xau^{21}	干枯的蒿草
艾蒿	ŋæ^{44}xau^{21}	枯蒿
榆荠荠	y^{24}t'iæ^{44}tiæ^{30}	榆树的果实
麻子	ma^{24}tsʅ^{30}	大麻
树梢子	sʅ^{44}sau^{52}tsʅ^{30}	树梢
树梢梢	sʅ^{44}sau^{21}sau^{30}	
树枝枝	sʅ^{44}tsʅ^{21}tsʅ^{30}	树枝
树股股	sʅ^{44}ku^{52}ku^{30}	
树务务	sʅ^{44}vu^{52}vu^{30}	
果木树	kuo^{52}mu^{21}sʅ^{44}	果树
软枣	sʅæ^{21}tsau^{21}	君迁子
指甲花	tsʅ^{21}tɕia$^{21-24}$xua^{21}	凤仙花
纥达白	kɯ^{21}ta^{30}p'ei^{24}	甘兰
莲花白	liæ^{24}xua^{21}p'ei^{24}	
蘑轱芦	mɤ^{24}ku^{21}lou^{24}	蘑菇
毛圪丁	mau^{24}kɯ^{21}tiŋ^{24}	在树根粪堆等上长的蘑菇
猪耳朵	tsʅ^{21}ʐʅ^{52}t'uo^{30}	车前子
车朵朵	tʂ'ɤ^{21}tuo^{21}tuo^{30}	
地瓜	t'i^{44}kua^{21}	土茯苓
苦瓜	k'u^{52}kua^{21}	瓜蒌
野扁豆	iɛ^{52}piæ^{52}t'ou^{21}/ iɛ^{52}piæ^{52}tou^{21}	远志草

六、动　物

阴眼东西	ȵiei²¹ȵiæ̃²¹tuŋ²¹⁻⁵²ɕi²¹	畜类总称
畜牲	tsʻou²¹səŋ²¹	
牲口	səŋ²¹kʻou³⁰	
土狗	tʻou²⁴kou⁵²	
桩马	tsʅɥaŋ²¹ma⁵²	种马
骗马	ʂæ̃⁴⁴ma⁵²	公马（阉割了的）
骒马	kʻuo⁴⁴ma⁵²	母马
牸牛	pʻɤ²¹ȵiou²⁴	种牛
犍牛	tɕiæ̃²¹ȵiou²⁴	公牛（阉割了的）
乳牛	zʅ⁵²ȵiou²⁴	母牛
牛娃	ȵiou²⁴ua⁵²	牛崽
牛犊子	ȵiou²⁴tʻou²¹tsʅ³⁰	
骡子	luo²⁴tsʅ³⁰	
骒骡	kʻuo⁴⁴luo²⁴	母骡子
骗骡	ʂæ̃⁴⁴luo²⁴	公骡子（阉割了的）
骡驹	luo²⁴tɕy²¹	马、驴生的骡崽
驴骡	ly²⁴luo²¹	驴生的骡子
驴驹	ly²⁴tɕy²¹	驴崽
叫驴	tɕiau⁴⁴ly²⁴	公驴
草驴	tsʻau⁵²ly²⁴	母驴
唠唠	lau⁴⁴lau⁴⁴	猪
角猪	tɕyɛ⁵²tsʅ²¹	种猪
伢猪	ȵia²⁴tsʅ²¹	公猪
草猪	tsʻau⁵²tsʅ²¹	母猪
猪老婆	tsʅ²¹lau²¹pʻɤ²¹	老母猪
下猪娃猪	xa⁴⁴tsʅ⁵²ua²¹tsʅ²¹	
猪婆子	tsʅ²¹ pʻɤ²⁴tsʅ³⁰	

第七章 铜川方言词汇

□□	kɯ⁵²laŋ²¹	
骚虎	sau⁵²xu²¹	种公羊、头羊
羯子	tɕiɛ⁵²tsʅ³⁰	公羊
母子	mu⁵²tsʅ³⁰	母羊
羊娃	iaŋ²⁴ua²¹	羊羔
伢狗	ȵia²⁴kou⁵²	公羊
狗娃	kou⁵²ua²¹	狗崽
郎猫	laŋ²⁴mau²⁴	公羊
男猫	næ²⁴mau²⁴	
女猫	ny⁵²mau²⁴	母猫
公鸡	kuŋ²¹tɕi²¹	
造窝（子）鸡	tsau⁴⁴uo²¹tsʅ³⁰tɕi²¹	待孵、在孵的母鸡
孵鸡娃鸡	pʻu⁴⁴tɕi⁵²ua²¹tɕi²¹	
造窝（子）	tsau⁴⁴uo²¹tsʅ³⁰	孵
孵鸡娃	pʻu⁴⁴tɕi⁵²ua²¹	
帽帽鸡	mau⁴⁴mau⁴⁴tɕi²¹	母鸡的一种
老鸡	lau⁵²tɕi²¹	
鸡娃	tɕi⁵²ua²¹	未成年的鸡
碎鸡	suei⁴⁴tɕi²¹	体形小的鸡
鸡蛋（子）	tɕi²¹tʻæ²¹tsʅ³⁰	鸡蛋
鸡冠子	tɕi²¹kuæ⁵²tsʅ³⁰	
粘头	tʂæ²¹tʻou²⁴	牛交配
够够	kou⁴⁴kou⁴⁴	鸡
毛老鼠	mau²⁴lau⁵²sʅ²¹	松鼠
毛圪裂	mau²⁴kɯ²¹liɛ⁴⁴	松鼠
长虫	tʂʻaŋ²⁴tsɥəŋ⁵²	蛇
蝎子	ɕiɛ²¹tsʅ³⁰	
羯虎	ɕiɛ²¹xu²¹	壁虎

93

嘎雀	ka⁵²tʻiau²¹	喜鹊
麻燕雀	ma²⁴iæ⁵²tʻiau²¹	
粟子	sou⁵²tsʅ³⁰	麻雀
醒呼	ɕiŋ⁴⁴xu²¹	猫头鹰
熏呼	ɕyei⁴⁴xu²¹	
黄瓜颅	xuaŋ²⁴kua²¹lou²⁴	黄鹂
咕咕嘟	ku⁴⁴ku⁴⁴tou⁵²	
夜别婆	iɛ⁴⁴piɛ²¹pʻɤ²¹	蝙蝠
夜别呼	iɛ⁴⁴piɛ²¹xu²¹	
圆别别	yæ²⁴piɛ²⁴piɛ⁵²	
虮蚂蜉	pʻi²⁴ma²¹fəŋ⁴⁴	蚂蚁
片蚂蜉	piæ⁵²ma²¹fəŋ⁴⁴	
虮蜉蚂	pʻi²⁴fu⁴⁴ma²¹	
屎八牛	sʅ⁵²pa²¹ȵiou²⁴	蟑螂一种
顶八牛	tiŋ⁵²pa²¹ȵiou²⁴	蟑螂一种
挂牛	kua⁴⁴ȵiou²⁴	蜗牛
巴牛	pa⁴⁴ȵiou²⁴	
罐罐牛	kuæ⁴⁴kuæ³⁰ȵiou²⁴	
蛐蛐	tɕʻy²¹tɕʻy³⁰	蟋蟀
醋珠珠	tsʻou⁴⁴tsʅ²¹tsʅ³⁰	
臭虱	tʂʻou⁴⁴sei²¹	臭虫
墙虱	tɕʻiaŋ²⁴sei²¹	
壁虱	pi²¹sei²¹	
疥蛤蟆	tɕiæ⁴⁴xɯ²⁴ma³⁰	癞蛤蟆
癞肚子	læ⁴⁴tʻou²¹tsʅ³⁰	
蛤蟆骨蚪	xɯ²⁴ma²¹ku²¹tou²¹	蝌蚪
梅花虫	mei²¹xua³⁰tsʻʅŋ²⁴	萤火虫
黄鳝	xuaŋ²⁴ʂæ⁵²	蚯蚓

出缠	tsʻʮ²¹tʂʻæ²¹	

七、房　屋

庄子	tsʮaŋ²¹tsɿ³⁰	住宅
庄基	tsʮaŋ²¹tɕi²¹	住宅底子
院子	yæ²¹tsɿ³⁰	一户住宅叫"一院子"
水道	sɥei⁵²tʻau²¹	墙根上开的水道
水眼	sɥei⁵²⁻²¹ȵiæ⁵²	院子排水的暗口
出首	tsʻʮ²¹ʂou²¹	外屋
口首	xɯ²¹ʂou²¹	里屋
伙房	xuo⁵²faŋ²¹	堂屋
庭房	tʻiŋ⁵²faŋ²¹	
协房	ɕie²⁴faŋ²¹	厢房
后院	xu⁴⁴yæ²¹	厕所
灰圈	xuei²¹⁻⁵²tɕʻyæ²¹	
碨房	uei⁴⁴faŋ²¹	磨房
碨道	uei⁴⁴tʻau²¹	磨道儿
碨子	uei⁴⁴tsɿ³⁰	石磨
碨盘	uei⁴⁴pʻæ²¹	磨盘
碨眼	uei⁴⁴ȵiæ²¹	磨脐儿
箩㪺	luo²⁴tɕy⁵²	筛面框
箩子	luo²⁴tsɿ³⁰	箩
车户	tʂʻɤ⁵²xu²¹	车把式
脚户	tɕyɛ²¹⁻⁵²xu²¹	赶畜口的人
猪槽子	tsʮ²¹tsʻau²⁴tsɿ³⁰	一般猪槽
猪槽槽	tsʮ²¹tsʻau²⁴tsʻau³⁰	小猪槽
鸡架	tɕi²¹tɕia⁴⁴	鸡上宿处
鸡窝	tɕi²¹uo²¹	鸡下蛋处
环院门	xuæ²⁴yæ²¹mei²⁴	大门

门前	mei²⁴t'iæ⁵²	大门前一带
腰门	iau²¹mei²⁴	二门，位于协房外
后院门	xu⁴⁴yæ²¹mei²⁴	后门
偏门	p'iæ⁵²mei²⁴	住宅侧上的门
土门	t'ou⁵²mei²⁴	伙房通向窑洞的墙门或后院墙上开的门
门槛	mei²⁴xæ⁵²	
门环	mei²⁴xuæ²⁴	门上近闩铨的吊环
门拴	mei²⁴ʂʮæ²¹⁻⁵²	门上的栓子
关子	kuæ²¹⁻⁵²tsʮ³⁰	门内面的关闩，或木或铁
山墙	sæ²¹xua²¹t'iaŋ	房子靠的墙
檩	liei⁵²	梁
柱顶石	ts'ʮ⁴⁴tiŋ²¹ʂʅ²¹	柱石
柱子	ts'ʮ⁴⁴tsʮ³⁰	支撑栋梁的柱子
崇棚	ts'ʮəŋ²⁴p'əŋ	顶棚，席或纸质
楼	lou²⁴	房中存物的木棚
窗门	ts'ʮaŋ²¹mei²⁴	窗户
窗台	ts'ʮaŋ²¹t'æ²¹	窗台儿
床底下	ts'ʮaŋ²⁴ti⁵²xa³⁰	
炕	k'aŋ⁴⁴	土炕
炕廊	k'aŋ⁴⁴laŋ³⁰	炕沿
炕墙	k'aŋ⁴⁴t'iaŋ³⁰	炕边挡壁
床帐	ts'ʮaŋ²⁴tʂaŋ⁴⁴	蚊帐
被里	p'i⁴⁴li⁵²	被子里子
被面	p'i⁴⁴miæ⁴⁴	被子面子
套子	t'au⁴⁴tsʮ³⁰	破旧的棉絮
被单	p'i⁴⁴tæ²¹	床单
单子	tæ²¹tsʮ³⁰	

凉席	liaŋ²⁴ɕi²⁴	芦蓆或菅蓆
尿盆	ȵiau⁴⁴pʻei³⁰	夜晚小便盆
暖壶	lyæ̃⁵²xu²⁴	暖水瓶或热水袋
电壶	tiæ̃⁴⁴xu²⁴	热水瓶
洗脸盆子	ɕi⁵²liæ̃⁵²pʻei²⁴tsʅ³⁰	洗脸盆
脸盆架架	liæ̃⁵²pʻei³⁰tɕia⁴⁴tɕia³⁰	脸盆架
脸盆架子	liæ̃⁵²pʻei³⁰tɕia⁴⁴tsʅ³⁰	
胰子	i⁴⁴tsʅ³⁰	香皂
洋碱	iaŋ²⁴tɕiæ̃⁵²	肥皂
洗脸手巾	ɕi²¹liæ̃⁵²ʂou⁵²tɕiei²¹	毛巾
脚布	tɕye²¹pu⁴⁴	防冻的裹脚布
擦脚手巾	tsʻa²¹⁻²⁴tɕye²¹ʂou⁵²tɕiei²¹	擦脚布或擦脚毛巾
柜子	kʻuei⁴⁴tsʅ³⁰	衣柜
立柜	li²¹kʻuei⁴⁴	竖状的衣物柜
皮包包	pʻi²⁴pau²¹pau²¹	
凳凳	u⁵²u³⁰	小圆凳
板头	pæ̃⁵²tʻou³⁰	凳子
洋蜡	iaŋ²⁴la²¹	白蜡烛
蜡蜡	la²¹la³⁰	红色小蜡烛
煤油灯	mei²⁴iou²⁴təŋ²¹	油灯
灯芯子	təŋ²¹ɕiei⁴⁴tsʅ³⁰	灯捻筒
灯捻子	təŋ²¹ȵiæ̃⁵²tsʅ³⁰	灯捻
灶火	tsau⁴⁴xuo³⁰	炉灶（烘火处）
灶	tsau⁴⁴	
锅头	kuo²¹tʻou³⁰	锅灶
锅台	kuo²¹tʻæ²⁴	
圈	tɕʻyæ̃⁵²	竹草编成的蒸馍笼圈

别子	piæ^{52}tsʅ^{30}	与"圈"相配的用具作用与笼相同
燎齿	liau^{24}tsʅ^{21}	炉灶里的铁质火盘
炭锨	t'æ^{44}ɕiæ^{21}	煤锨（小锨长柄）
刷刷	sʮa^{21}sʮa^{30}	锅用刷帚，即炊帚
铲铲	tsæ^{52}tsæ^{30}	锅用铲子
飘	p'iau^{24}	水飘，铁质或铝质
舀子	iau^{52}tsʅ^{30}	长柄似飘，葫芦制成
床床	ts'ʮaŋ^{24}ts'ʮaŋ^{30}	热馍用的工具
孳子	ɕ'yɛ^{24}tsʅ^{30}	用树枝（人字形）做成的简易馏馍工具
茶碗	ts'a^{24}uæ^{52}	茶杯、有手环、口大底小身短
茶缸	ts'a^{24}kaŋ^{21}	茶杯
老碗	lau^{21}uæ^{21}	大碗
钵钵	po^{21}po^{30}	小孩吃饭的碗具
酒杯杯	tɕiou^{52}p'ei^{21}p'ei^{30}	
酒盅盅	tɕiou^{52}tsʮəŋ^{21}tsʮəŋ^{30}	
酒壶壶	tɕiou^{52}xu^{24}xu^{30}	
酒瓶子	tɕiou^{52}p'iŋ^{24}tsʅ^{30}	
撇撇碗	p'iɛ^{52}p'iɛ^{30}uæ^{52}	次于老碗的碗
老盆	lau^{21}p'ei^{24}	大盆
斗盆	təu^{52}p'ei^{24}	中型盆
偲面盆	ts'æ^{21}miæ^{44}p'ei^{24}	调面盆
面盆	miæ^{44}p'ei^{24}	
甑片子	tiŋ^{44}p'iæ^{21}tsʅ^{30}	用竹条或木条做成的圆形馏馍用具
筷笼	k'uæ^{44}luŋ^{21}	存筷子的长形竹笼
抹粕	ma^{21}p'o^{21}	抹布

抹布	ma²¹pu⁴⁴	
展桌子	tʂæ⁵²tsʮo²¹tsʅ³⁰	擦桌子
擦子	tsʻa⁵²tsʅ³⁰	凿萝卜丝等的工具
榉杖	kæ⁵²tʂʻaŋ³⁰	
蒜窝	ɕyæ⁴⁴uo²¹	使蒜成泥的礅窝
捣蒜槌槌	tau⁵²ɕyæ⁴⁴tsʻɥei²⁴tsʻɥei³⁰	
水担	sɥei⁵²tæ²¹	扁担
水瓮	sɥei⁵²uəŋ⁴⁴	水缸
水缸	sɥei⁵²kaŋ²¹	
恶水	ŋuo²¹ʂɥei²¹	泔水
柴	tsʻæ²⁴	柴水
麦秆	mei²¹kæ²¹	麦秸
杆草	kæ²⁴tsʻau²¹	谷秆
麻子秆	ma²⁴tsʅ³⁰kæ⁵²	芝麻秸
洋火	iaŋ²⁴xuo⁵²	火柴
纺花车子	faŋ⁵²xua²¹tʂʻɤ²¹tsʅ³⁰	纺车
筐蓝	pʻu²⁴læ⁵²	放针线的篾箩
穗子	suei⁴⁴tsʅ³⁰	线毂辘儿
鏭针	kʻuæ²¹⁻²⁴tʂei²¹	穿针
袼褙	kɯ²¹pei²¹	用纸、布片糊成的厚硬片，用以做鞋样等
棒槌	pʻaŋ⁴⁴tsʻɥei²¹	
槌褙石	tsʻɥei²⁴pei⁴⁴ʂʅ²⁴	槌衣用的砧石
章子	tʂaŋ²¹tsʅ³⁰	印章
投	tʻou⁴⁴	洗过后再涮洗净
浆穿的	tɕiaŋ⁴⁴tsʻɥæ²¹⁻⁵²ti²¹	用面水浆洗衣物
贴片	tʻiɛ⁵²pʻiæ²¹	衣服下摆
缭贴片	liau²⁴tʻiɛ⁵²pʻiæ²¹	缝衣服下摆

□鞋	zʯæ̃⁴⁴xæ²⁴	做鞋帮儿
纳鞋	na²¹xæ²⁴	纳鞋底子
物件	vɤ⁵²tɕ'iæ̃²¹	东西，即各种家具的总称

八、人品

男的	næ̃²⁴ti³⁰	男人
女的	ȵy⁵²ti³⁰	女人
外前人	uæ²⁴tɕ'iæ̃⁵²ʐei²⁴	已婚男子
屋里人	u²¹li³⁰ʐei²⁴	妇女
娃娃	ua²⁴ua³⁰	孩子
碎娃	suei⁴⁴ua⁵²	小孩子
月里毛娃	yɛ²¹li³⁰mu²⁴ua³⁰	不满一个月的婴儿
月娃	yɛ²¹ua²¹	
小子（娃）	ɕiau⁵²tsɿ³⁰ua²¹	男孩
女子(娃)	ȵy⁵²tsɿ³⁰ua²¹	女孩
老汉	lau⁵²xæ̃²¹	老头
老婆	lau⁵²p'o²¹	老太婆
掌柜的	tʂaŋ⁵²k'uei⁴⁴ti³⁰	"当家的"
辈属哥	pei⁵²sou²¹kɤ²⁴	堂兄
辈属兄弟	pei⁵²sou²¹ɕyŋ²¹t'i³⁰	堂弟
老家	lau⁵²tɕia²¹	原籍、故乡
老家	lau²¹tɕia³⁰	老人家，老年男子的敬称
老人家	lau⁵²ʐei²⁴tɕia²¹	
令尊	liŋ⁴⁴tɕyei²¹	尊称别人的父亲
令尊大人	liŋ⁴⁴tɕyei²¹ta⁴⁴ʐei²⁴	
家慈	tɕia²¹ts'ɿ²⁴	自己母亲的尊称
令堂大人	liŋ⁴⁴t'aŋ²⁴ta⁴⁴ʐei²⁴	尊称别人的母亲
令郎	liŋ⁴⁴laŋ²⁴	称别人的儿子
令爱	liŋ⁴⁴ŋæ⁴⁴	称别人的女儿

碎女子	suei⁴⁴n̠y⁵²tsʅ³⁰	小女儿的爱称
令兄	liŋ⁴⁴ɕyŋ²¹	对别人哥哥的敬称
令弟	liŋ⁴⁴ti⁴⁴	对别人弟弟的敬称
自家	tsʻʅ⁴⁴tɕia²¹	本家
<u>利巴</u>	li⁴⁴pa²¹	外行人或不精于某行的人
半吊子	pæ̃⁴⁴tiau⁴⁴tsʅ³⁰	喻蛮横不讲理的人
半杆子	pæ̃⁴⁴kæ̃²¹tsʅ³⁰	还指精神不正常或行为粗暴的人
二	ər⁴⁴tɕʻiou²⁴	
二梁	ər⁴⁴liaŋ²⁴	
二蛋	ər⁴⁴tæ̃⁴⁴	
二毛子	ər⁴⁴mau²¹tsʅ³⁰	
二肓腔	ər⁴⁴xuaŋ²¹tɕʻiaŋ³⁰	
二肓	ər⁴⁴xuaŋ²⁴	
二杆子	ər⁴⁴kæ̃⁵²tsʅ³⁰	
半毛子	pæ̃⁴⁴mau²¹tsʅ³⁰	
烧料子	ʂau⁵²liau²¹tsʅ³⁰	
百九六十	pei²¹tɕiou⁵²liou⁵²ʂʅ²¹	
撑杆子	tæ̃⁴⁴kæ̃²¹tsʅ³⁰	
冒家	mau⁵²tɕia²¹	办事冒失莽撞的人
狠食子	xei⁴⁴ʂʅ²¹tsʅ³⁰	好饭吃得过饱的人
撑死鬼	tsʻəŋ²¹ʂʅ²¹kuei²¹	
然浆子	zæ̃²⁴tɕiaŋ⁴⁴tsʅ³⁰	办事无计划头脑不清醒的人
<u>嘛米子</u>	ma²⁴mi⁵²tsʅ³⁰	办事自私且好纠缠的人
蔓蔓子	væ̃²⁴væ̃³⁰tsʅ³⁰	办事斤斤计较的人
暮气鬼	mu⁴⁴tɕʻi⁴⁴kuei⁵²	性情怠慢的人
齉鼻子	naŋ⁵²pʻi²¹tsʅ³⁰	办事犹豫不决的人
构木根	kou⁴⁴mu²¹⁻²⁴kei²¹	吝啬的人；又喻顽固倔强，不省事理的人

挣死鬼	tsəŋ⁴⁴sʅ²¹kuei²¹	干活不顾死活的人
掺火手	tsʻæ⁵²xuo²¹ʂou²¹	办事果断利落的人
干家子	kæ̃⁴⁴tɕia²¹tsʅ³⁰	吃苦肯干的人
直肠子	tʂʻʅ²⁴tʂʻaŋ⁵²tsʅ³⁰	爽快直率的人
顶肠子	tiŋ⁵²tʂʻaŋ²¹tsʅ³⁰	倔强的人
蔓皮菜	væ̃²⁴pʻi²⁴tsʻæ⁴⁴	欠账却还抵赖的人
溜尻子虫	liou⁴⁴kou²¹tsʅ³⁰tsʻyəŋ²⁴	谄媚奉迎的人
白肚皮	pʻei²⁴tʻou⁵²pʻi²⁴	不顾廉耻的人
尖尻子	tɕiæ²¹kou²¹tsʅ³⁰	不踏实不认真的人
夜猫子	iɛ⁴⁴mau²¹tsʅ³⁰	
大谝	ta⁴⁴pʻiæ̃⁵²	（贬）能说会道的人
谝匠	pʻæ̃⁵²tɕʻiaŋ²¹	
胡啦海	xu²⁴la²¹xæ⁵²	待人随和不计较的人
马大哈	ma⁵²ta⁴⁴xa²¹	粗枝大叶，不细心的人
□馍	tʻuo⁴⁴mo⁴⁴	
栽拐	tsæ²¹kuæ⁵²	调皮但却懦弱的人
老实疙瘩	lau⁵²ʂʅ³⁰kɯ⁵²ta³⁰	诚实而呆滞的人
老实鬼	lau⁵²ʂʅ³⁰kuei⁵²	
败家子	pʻæ⁴⁴tɕia²¹tsʅ⁵²	
快嘴子	kʻuæ⁴⁴tsuei⁵²tsʅ³⁰	（贬）抢词夺理说话快者
利嘴子	li⁴⁴tsuei⁵²tsʅ³⁰	
疯嘴子	fəŋ²¹tsuei⁵²tsʅ³⁰	
屎嘴子	sʅ²¹tsuei⁵²tsʅ³⁰	
烂嘴子	lætsuei⁵²tsʅ³⁰	
歪嘴子	uæ²¹tsuei⁵²tsʅ³⁰	
炸辣子	tsa⁴⁴la²¹tsʅ³⁰	（贬）爱炫耀自己又可憎可怜者
仇人	tʂʻou²⁴zei²¹	
对头	tuei⁴⁴tʻou²¹	

冤家	yæ²¹tɕia²¹	
活路	xuo²⁴lou²¹	
做饭的	tsou⁴⁴fæ⁴⁴ti³⁰	炊事员
喂头狗的	uei⁴⁴tʻou²⁴kou⁵²ti³⁰	饲养员
□娃的	pʻu⁴⁴ua⁴⁴ti³⁰	保姆
引娃的	iei⁵²ua⁴⁴ti³⁰	
干达	kæ²¹ta²⁴	干爸
干妈	kæ²¹ma²⁴	
贩子	fæ⁴⁴tsʅ³⁰	商贩
带手(艺)的	tæ⁴⁴ʂou⁵²i²¹ti³⁰	手艺人
匠人	tɕiaŋ⁴⁴ʐei²¹/ tɕʻiaŋ⁴⁴ʐei²¹	
当脚的	taŋ²¹tɕyɛ⁵²ti³⁰	脚夫
担脚的	tæ²¹tɕyɛ⁵²ti³⁰	
当兵的	taŋ²¹⁻²⁴piŋ²¹ti³⁰	军人
扛枪的	kʻaŋ²⁴tɕʻiaŋ²¹ti³⁰	
先生	ɕiæ²¹səŋ³⁰	医生；教师
阴阳先生	ȵiei⁵²iaŋ²¹ɕiæ²¹səŋ³⁰	看风水搞迷信的人
老倔头	lau⁵²tɕʻyɛ⁴⁴tʻou²⁴	年长且倔强的男子
要饭褛婆	iau⁴⁴fæ⁴⁴kua⁴⁴pʻo³⁰	乞丐
褛婆	kua⁴⁴pʻo³⁰	
要饭的	iau⁴⁴fæ⁴⁴ti³⁰	
二锅头	ər⁴⁴kuo²¹tʻou²⁴	再嫁妇女
戏子	ɕi⁴⁴tsʅ³⁰	演员(含贬义)
龟子	kuei²¹tsʅ³⁰	吹鼓手、乐人
光棍	kuaŋ⁵²kuei²¹	
卖当得	mæ⁴⁴taŋ⁴⁴ti³⁰	卖假药骗人的
卖膏药的	mæ⁴⁴kau⁵²yɛ²¹ti³⁰	
野膏子 (渭)	iɛ⁵²kau⁵²tsʅ³⁰	也指游医

擎子	p'iɛ⁵²tsɿ³⁰	骗子
骗匠	p'iæ⁴⁴tɕiaŋ²¹	
贼娃子	tsei²¹ua²¹tsɿ³⁰/ ts'ei²¹ua²¹tsɿ³⁰	贼
绺娃子	liou⁵²ua²¹tsɿ³⁰	小偷
相貌	ɕiaŋ⁴⁴mau⁴⁴	长相
岁数	suei⁴⁴sou²¹	年纪

九、亲 属

达	ta²⁴	父亲
爸	pa⁴⁴	
妈	ma²⁴	母亲
伯（伯）	pei²⁴pei³⁰	伯父
婶（婶）	ʂei⁵²ʂei³⁰	伯母、叔母 (洛)
姨	i²⁴	伯母、叔母 (渭)；母亲的姐妹
老妈	lau⁵²ma²⁴	本族伯父之妻 (洛)
达达	ta²⁴ta³⁰ (洛) /ta⁴⁴ta³⁰ (渭)	本族叔叔
妈妈	ma²⁴ma³⁰ (洛) / ma⁴⁴ma³⁰ (渭)	本族叔父之妻
娘娘	ȵiaŋ²⁴ȵiaŋ³⁰	本族叔父之妻
爷	ia²⁴ (洛) / iɛ⁴⁴ (渭)	祖父
婆	p'o²⁴	祖母
外爷	uei⁴⁴ia²¹ (洛) / uei⁴⁴iɛ²¹ (渭)	外祖父
外婆	uei⁴⁴p'o²¹	外祖母
外甥	uei⁴⁴səŋ²¹	
外孙	uei⁴⁴ɕyei²¹	
外甥女	uei⁴⁴səŋ²¹ȵy⁵²	
外孙女	uei⁴⁴ɕyei²¹ȵy⁵²	
娃	ua⁴⁴	儿女的总称
儿	zɿ²⁴	儿子
女	ȵy⁵²	女儿

第七章　铜川方言词汇

大 (白) 儿	tʻuo⁴⁴ʐ̩²⁴	长子
老大 (白)	lau⁵²tʻuo⁴⁴	长子、女或排行第一
大女	tʻuo⁴⁴n̠y⁵²	长女
二女	ər⁴⁴n̠y⁵²	次女
老二	lau³ər⁴⁴	次子、女或排行第二
碎儿	suei⁴⁴ʐ̩²⁴	小儿子
碎女	suei⁴⁴n̠y⁵²	小女儿
顶小的	tiŋ⁵²ɕiau⁵²ti³⁰	小儿子、小女儿或排行为小
顶碎的	tiŋ⁵²suei⁴⁴ti³⁰	
碎的	suei⁴⁴ti³⁰	
老罢	lau⁵²pa⁴⁴	
最小的	tsuei⁴⁴ɕiau⁵²ti³⁰	
老碎	lau⁵²suei⁴⁴	
老小	lau⁵²ɕiau⁵²	
儿媳妇	ʐ̩²⁴ɕi⁵²fu³⁰	
媳妇	ɕi⁵²fu³⁰	
丈人	tʂʻaŋ⁴⁴ʐei³⁰ (洛) /tʂaŋ⁴⁴ʐei³⁰ (渭)	岳父 (背称)
老丈人	lau⁵²tʂʻaŋ⁴⁴ʐei³⁰ (洛) /lau⁵²tʂaŋ⁴⁴ʐei³⁰ (渭)	年迈的岳父
老丈	lau⁵²tʂaŋ⁴⁴ (渭)	
叔	sou²⁴	岳父 (面称)
丈母娘		
丈嬷	tʂʻaŋ⁴⁴mo²¹ (洛) /tʂaŋ⁴⁴mo²¹ (渭)	岳母 (背称)
婶（婶）	ʂei⁵²ʂei³⁰	岳母 (面称)
孙子	ɕyei⁵²tsʐ̩³⁰	孙子
孙女	ɕyei²¹n̠y⁵²	孙女
重孙	tsʻɥəŋ²⁴ɕyei⁵²	曾孙
重孙女	tsʻɥəŋ²⁴ɕyei²¹n̠y⁵²	曾孙女
□□	vu²⁴vu³⁰ (洛)	姑

姑（姑）	ku^{24}ku^{30} (渭)	
姑父	ku^{52}fu^{30}	
姨（姨）	i^{24}i^{30}	姨
哥（哥）	kɤ^{24}kɤ^{30}	
哥	kuo^{24}	
兄弟	ɕyŋ^{52}t'i^{21}	弟
	ɕyŋ^{52}ti^{44}	兄和弟
姐	tie^{24} (洛) /tɕie^{52} (渭)	
妹(子)	mei^{44} tsʅ^{30}	
妻弟	t'i^{21}ti^{44}	妻子的弟弟
妻哥	t'i^{21}kɤ^{24}	妻子的兄长
妻姐	t'i^{21}tɕie^{52}	妻子的姐姐
妻妹	t'i^{21}mei^{44}	妻子的妹妹
表弟	piau^{52}t'i^{44}	
表妹	piau^{52}mei^{44}	
表哥	piau^{52}kɤ^{24}	
表姐	piau^{52} tɕie^{52}	
侄儿	tʂʅ^{24}ər^{30}	
侄子	tʂʅ^{24}tsʅ^{30}	
侄女	tʂʅ^{24}ȵy^{52}	
担子	tæ^{44}tsʅ^{30}	连襟
两担子	liaŋ^{52}tæ^{44}tsʅ^{30}	
长辈	tʂaŋ^{52}pei^{30}	
老人	lau^{52}ʐei^{24}	
小辈	ɕiau^{52}pei^{30}	晚辈
娃娃	ua^{24}ua^{21}	
后达	xu^{44}ta^{24}	继父
后爸	xu^{44}pa^{44}	

姚达	iau²⁴ta²⁴	
后妈	xu⁴⁴ma²⁴	继母
姚妈	iau²⁴ma²⁴	
带的娃	tæ⁴⁴ti²¹ua⁴⁴	女子改嫁后带来的与前夫的孩子
先头娃	ɕiæ⁵²t'ou³⁰ua⁴⁴	续弦后的男子与其前妻的孩子
先房娃	ɕiæ⁵²faŋ³⁰ua⁴⁴	

十、身 体

身子	ʂei²¹⁻⁵²tsɿ³⁰	身体
头	t'ou²⁴	
□	sa²⁴	
□□	tiɛ²¹naŋ²¹	
歇顶□	ɕiɛ²¹tiŋ²¹sa²⁴	秃头顶
后脑勺	xu⁴⁴nau⁵²ɕyɛ²⁴	
脖项	p'o²⁴xaŋ²¹	脖子
头皮	t'ou²⁴p'i²⁴	头皮屑
额颅	ŋei⁵²lou²¹	额头
额颅光	ŋei⁵²lou²¹kuaŋ²⁴	
脸面	liæ⁵²miæ⁴⁴	面部
脸蛋子	liæ⁵²t'æ⁴⁴tsɿ³⁰	脸蛋
不要脸	pu²¹iau⁴⁴liæ⁵²	丢脸
□人	zɿ⁵²zei²⁴	丢人
酒窝	tɕiou⁵²uo²¹	
眼窝	ȵiæ⁵²uo²¹	眼睛
眼窝珠珠	ȵiæ⁵²uo²¹tsʮ²¹tsʮ³⁰	眼珠
眼泪	ȵiæ⁵²lyei³⁰	眼泪
单眼棱	tæ²¹ȵiæ⁵²ləŋ²⁴	单眼皮儿
双眼棱	ʂɥaŋ²¹ȵiæ⁵²ləŋ²⁴	双眼皮儿
眼眨毛	ȵiæ⁵²tsa²¹mu²⁴	睫毛

眉毛	mi²⁴mau³⁰	
眼眉	ȵiæ⁵²mi²⁴	
鼻	pʻi²⁴	鼻涕
鼻子窟窿	pʻi²⁴tsʅ³⁰ku²¹luŋ³⁰	鼻孔
鼻子尖尖	pʻi²⁴tsʅ³⁰tɕiæ²¹tɕiæ²¹	
鼻子尖	pʻi²⁴tsʅ³⁰tɕiæ²¹	嗅觉灵敏
涎水	xæ²¹ʂɿei³⁰	
口水	kʻou²¹ʂɿei³⁰	小孩涎水
咬舌子	ȵiau⁵²ʂɤ²¹tsʅ³⁰	口齿不清
牙花	ȵia²⁴xua²¹	牙龈
牙根	ȵia²⁴kei²¹	牙床
牙口好	ȵia²⁴kʻou²¹xau⁵²	牙齿好，胃口好
虫牙	tsʻɿəŋ²⁴ȵia²⁴	蛀牙
耳朵	zʅ⁵²tʻuo³⁰	耳朵
耳朵窟窿	zʅ⁵²tʻuo³⁰ku²¹luŋ³⁰	耳孔
耳垂眼眼	zʅ⁵²tsʻɿei³⁰ȵiæ⁵²ȵiæ³⁰	耳垂上扎的小孔，用来佩戴耳饰
耳朵轮轮	zʅ⁵²tʻuo³⁰lyei²⁴lyei³⁰	耳轮
耳塞	zʅ⁵²sei²¹	耳垢
耳背	zʅ⁵²pʻei⁴⁴	听觉不灵敏
下巴	xa⁴⁴pa²¹	
喉咙	xu²⁴luŋ⁵²	
吱哇	tsʅ⁵²ua²¹	喊叫、吵闹
胡子	xu²⁴tsʅ³⁰	
旋	ɕyæ²⁴	头发旋儿
斗	tou⁵²	旋转成圆形的指纹
簸箕	po⁴⁴tɕʻi³⁰	形状像簸箕的指纹
寒毛	xa²⁴mau²⁴	

第七章　铜川方言词汇

溜肩	liou⁴⁴tɕiæ̃²¹	
胳肘窝	kɯ²¹tʂou²¹⁻²⁴uo²¹	腋窝
脊背	tɕi⁵²pei²¹	
手腕子	ʂou⁵²uæ⁴⁴tsʅ³⁰	
手指头	ʂou⁵²tsʅ⁵²tʻou³⁰	
老拇指（头）	lau⁵²mu²¹tsʅ³⁰tʻou³⁰	
二拇指（头）	ər⁴⁴mu²¹tsʅ³⁰tʻou³⁰	
小拇指（头）	ɕiau⁵²mu²¹tsʅ³⁰tʻou³⁰	
指甲	tsʅ⁵²tɕia²¹	
手	ʂou⁵²	
手心	ʂou⁵²ɕiei²¹	
手背	ʂou⁵²pei⁴⁴	
腔子	tɕʻiaŋ⁵²tsʅ³⁰	胸部
心口	ɕiei²¹kʻou⁵²	胸口
奶奶	næ²¹⁻²⁴næ⁵²	乳房
乳头	næ⁵²tʻou³⁰	乳头
小肚	ɕiau⁵²tʻou²¹	肚子的下部
脖脖	pʻo²⁴pʻo³⁰	肚脐
脖脐窝	pʻo⁴⁴tɕʻi⁴⁴uo²¹	
磕膝盖	kʻɯ²¹tʻi²¹kæ⁴⁴	膝盖
胯	kʻua⁴⁴	胯骨
尻子	kou⁵²tsʅ³⁰	屁股
□	tɕi²⁴	男子阴
□□	tɕi²⁴tɕi³⁰	赤子阴
屄	pʻi²¹	女子阴
精脚	tɕiŋ²¹⁻²⁴tɕyɛ²¹	光脚
脚面	tɕyɛ²¹miæ̃⁴⁴	
脚背	tɕyɛ²¹pei⁴⁴	

脚心	tɕyɛ²¹ɕiei²¹	
脚指头	tɕyɛ²¹tsʅ³⁰t'ou³⁰	
骨都	ku⁵²tou²¹	骨头
筋	tɕiei²¹	
□子	tɕyɛ⁴⁴tsʅ³⁰	辫子
细眉□	ɕi⁴⁴mi²¹tɕyɛ⁴⁴	流海
耳巴	ər⁵²pa²¹	
耳刮	ər⁵²kua²¹	
掳子	lou²¹tsʅ³⁰	
逞扑	tʂ'uo⁵²p'u²¹	
掴	kuei²¹	
□儿	p'i⁵²ər³⁰	
挣子	tsəŋ⁴⁴tsʅ³⁰	

十一、病痛医疗

不嘡活	pu²¹tʂ'æ⁵²xuo²¹	生病了
病□	p'iŋ⁴⁴lia³⁰	病了
紧病	tɕiei⁵²p'iŋ⁴⁴	急病
胡跑	xu²⁴p'au²⁴	泻肚
走肚	tsou⁵²t'ou³⁰	
尼哩	pa⁵²li³⁰	
发烧	fa²¹⁻²⁴ʂau²¹	
着凉	tʂ'uo²⁴liaŋ²⁴	
受寒	ʂou⁴⁴xæ̃⁴⁴	
咳嗽	k'ɯ⁵²sou³⁰	
气短	tɕ'i⁴⁴tuæ̃⁵²	
心口疼	ɕiei²¹k'ou⁵²t'əŋ²⁴	胃疼
恶心	ŋuo²¹ɕiei²¹	
打摆子	ta⁵²pæ⁵²tsʅ³⁰	疟疾

康花	kaŋ²¹xua²¹	天花，痘
羊羔疯	iaŋ²⁴kau⁵²fəŋ²¹	癫痫
半身不遂	pæ̃⁴⁴ṣei²¹pu²¹suei²⁴	
痂（痂）	tɕia⁵²tɕia³⁰	伤愈时凝结的血片
疤（疤）	pa⁵²pa³⁰	疮疤
癣	ɕiæ̃⁵²	
牛皮癣	niou²⁴p'i²⁴ɕiæ̃⁵²	
风屎	fəŋ²¹sʅ²¹	痱子
瘊子	xu²⁴tsʅ³⁰	
蝇子屎	i²⁴tsʅ³⁰sʅ⁵²	痦子
左撇子	tsuo⁴⁴p'iɛ⁵²tsʅ³⁰	
左撩逮	tsuo⁴⁴liau⁴⁴tæ²⁴	
拐拐腿	kuæ²⁴kuæ³⁰t'uei⁵²	跛子
电光□	tiæ̃²¹kuaŋ²¹⁻²⁴sa²⁴	秃头
偏方	p'iæ̃²¹faŋ²¹	
出汗	ts'ʅ²¹xæ̃⁴⁴	发汗
出水	ts'ʅ²¹sʮei²¹	
扎针	tsa²¹⁻²⁴tṣei²¹	打针注射
膏药	kau²¹yɛ²¹	
破破	p'o⁴⁴p'o³⁰	疮
背锅子	pei⁴⁴kuo²¹tsʅ³⁰	驼背
满脸毛	mæ̃²¹liæ̃⁵²mau²⁴	络腮胡子
毛胡子	mau²⁴xu²⁴tsʅ³⁰	
串脸胡	ts'ʮæ̃⁴⁴liæ̃⁵²xu²⁴	

十二、 衣服穿戴

穿的	ts'ʮæ̃²¹ti³⁰	衣服
穿带	ts'ʮæ̃²¹tæ²¹	
整梳	tṣəŋ⁵²sou²¹	打扮、装束

棉穿的	miæ̃²⁴ts'ɥæ̃²¹ti³⁰	棉衣服
单穿的	tæ̃²¹ts'ɥæ̃²¹ti³⁰	单衣服
夹袄	tɕia²¹ŋau²¹	
夹穿的	tɕia²¹ts'ɥæ̃²¹ti³⁰	
褂子	kua⁴⁴tsɿ³⁰	棉上衣
滚身子	kuei⁵²ʂei²¹tsɿ³⁰	贴身棉上衣
旗袍	tɕ'i²⁴p'au²⁴	裙子
穿的轮轮	ts'ɥæ̃²¹ti³⁰lyei²⁴lyei³⁰	下摆
领	liŋ⁵²	领子
贴边	t'iɛ²¹piæ̃²¹	衣边
包包	pau²¹pau³⁰	衣兜
布袋 ₍渭₎	pu⁴⁴tæ²¹	
裤子	fu⁴⁴tsɿ³⁰ ₍洛₎ / k'u⁴⁴tsɿ³⁰ ₍渭₎	
单裤子	tæ̃²¹fu⁴⁴tsɿ³⁰ ₍洛₎/tæ̃²¹k'u⁴⁴tsɿ³⁰ ₍渭₎	
夹裤子	tɕia²¹fu⁴⁴tsɿ³⁰ ₍洛₎/tɕia²¹k'u⁴⁴tsɿ³⁰ ₍渭₎	
套裤	t'au⁴⁴fu⁴⁴ ₍洛₎/t'au⁴⁴k'u⁴⁴ ₍渭₎	罩在棉裤上的裤
裤衩	fu⁴⁴ts'a⁴⁴ ₍洛₎ / k'u⁴⁴ts'a⁴⁴ ₍渭₎	短裤
半截裤	pæ̃⁴⁴t'iɛ²¹fu⁴⁴ ₍洛₎ /pæ̃⁴⁴tɕiɛ²⁴k'u⁴⁴ ₍渭₎	
连脚裤	liæ̃²¹tɕyɛ²¹fu⁴⁴ ₍洛₎ / liæ̃²¹tɕyɛ²¹k'u⁴⁴ ₍渭₎	小孩穿的带脚裤
合裆裤	xuo²⁴taŋ²¹fu⁴⁴ ₍洛₎ / xuo²⁴taŋ²¹k'u⁴⁴ ₍渭₎	裆部缝合的裤子
开裆裤	k'æ̃²¹taŋ²¹fu⁴⁴ ₍洛₎/k'æ̃²¹taŋ²¹k'u⁴⁴ ₍渭₎	
汗衫	xæ̃⁴⁴sæ̃²¹	短袖
半截袖	pæ̃⁴⁴t'iɛ²¹ɕiou⁴⁴ ₍洛₎ /pæ̃⁴⁴tɕiɛ²⁴ɕiou⁴⁴ ₍渭₎	
苫帽	tɕiæ̃²¹mau²¹	草帽
草帽	ts'au⁵²mau²¹	
裹腿	kuo⁵²t'uei³⁰	铡草时绑在腿上以防刺防蹭的布片
纽子	ȵiou⁵²tsɿ³⁰	纽扣

112

围腰	uei²⁴iau²¹	系在腰间的围裙
裹肚	kuo⁵²t'ou²¹	肚兜
围嘴	uei²⁴tsuei⁵²	涎布
汤水帕帕	t'aŋ²¹ʂɥei²¹p'a²¹p'a³⁰	手帕，老人或小孩往往栓在衣扣上
褯子	t'iɛ⁴⁴tsʅ³⁰	尿布
窝窝	uo⁵²uo³⁰	棉鞋
鞋	xæ²⁴	
松紧鞋	suŋ²¹tɕiei⁵²xæ²⁴	鞋扣两侧带有松紧带的鞋
方口鞋	faŋ²¹k'ou²¹xæ²⁴	
鞋口条	xæ²⁴zɥæ⁴⁴t'iau³⁰	□鞋边的布条
鞋帮子	xæ²⁴paŋ²¹tsʅ³⁰	
鞋楦子	xæ²⁴ɕyæ⁴⁴tsʅ³⁰	
鞋带带	xæ²⁴tæ⁴⁴tæ³⁰	
袜子	va²¹tsʅ³⁰	袜子
裹脚布	kuo⁵²tɕyɛ²¹pu⁴⁴	男子用防冻的脚布片
脚布	tɕyɛ²¹pu⁴⁴	
手巾	sou⁵²tɕiei²¹	毛巾的总称
围脖	uei²⁴p'o²¹	围巾
耳朵暖暖	zʅ⁵²t'uo³⁰lyæ²⁴lyæ³⁰	耳套
项圈	xaŋ⁴⁴tɕ'yæ²¹	小孩脖子上的有装饰的金属圆圈，多为银质
耳朵挖挖	zʅ⁵²t'uo³⁰ua²¹ua³⁰	挖耳勺
别针	p'iɛ²⁴tʂei⁵²	别针儿
耳坠	zʅ⁵²ts'ɥei²¹	
裹脚	kuo⁵²tɕyɛ²¹	旧时妇女缠足布
伞	sæ̃⁵²	
拐拐	kuæ⁵²kuæ³⁰	拐杖

烟袋	iæ̃²¹tæ²¹	
烟布袋	iæ̃²¹pu⁴⁴t'æ²¹	盛烟叶用的袋子
烟袋钩搭	iæ̃²¹tæ²¹kou²¹⁻²⁴ta²¹	别烟锅用的金属钩
烟袋杆子	iæ̃²¹tæ²¹kæ⁵²tsʅ³⁰	烟袋杆儿
烟袋锅锅	iæ̃²¹tæ²¹kuo²¹kuo³⁰	烟袋锅儿
烟袋嘴子	iæ̃²¹tæ²¹tsuei⁵²tsʅ³⁰	烟袋嘴儿
火石	xuo⁵²ʂʅ²¹	撞击生火的石头
火腰	xuo⁵²iau⁴⁴	艾绳
麻纸	ma²⁴tsʅ⁵²	粗纸

十三、饮 食

饭食	fæ̃⁴⁴ʂʅ²¹	小吃
汤水	t'aŋ²¹ʂyei²¹	宴席
伙食	xuo⁵²ʂʅ²¹	
家常饭	tɕia²¹tʂ'aŋ²¹fæ̃⁴⁴	便饭
早起饭	tsau⁵²tɕ'i²¹fæ̃⁴⁴	早饭
晌午饭	ʂaŋ²¹u²¹fæ̃⁴⁴	午饭
喝汤	xuo²¹⁻²⁴t'aŋ²¹	晚饭
吃食	tʂ'ʅ²¹ʂʅ²¹	食品
零嘴	liŋ²⁴tsuei⁵²	零食
小锅饭	ɕiau⁵²kuo²¹fæ̃⁴⁴	
剩下饭	ʂəŋ⁴⁴xa²¹fæ̃⁴⁴	剩饭
冷饭	ləŋ⁵²fæ̃⁴⁴	剩下放凉的饭
凉饭	liaŋ²⁴fæ̃⁴⁴	凉后才吃的饭
撕气	sʅ⁵²tɕ'i²¹	饭菜等变味
锅底	kuo²¹ti⁵²	锅巴
面	miæ̃⁴⁴	面粉；面条
白面	p'ei²⁴miæ̃⁴⁴	白面粉；白面条
黑面	xei¹miæ̃⁴⁴	低于八五面粉的面粉；黑面条

第七章　铜川方言词汇

汤面	tʻaŋ²¹miæ̃⁴⁴	
面汤	miæ̃⁴⁴tʻaŋ²¹	
挂面	kua⁴⁴miæ̃³⁰	（名）挂成的细面条
挂面	kua⁴⁴miæ̃⁴⁴	(动)做挂面
清汤面	tɕʻiŋ²¹⁻²⁴tʻaŋ²¹miæ̃⁴⁴	
臊子面	sau⁴⁴tsʅ³⁰miæ̃⁴⁴	
臊子	sau⁴⁴tsʅ³⁰	
合和面	xuo²⁴xuo²¹miæ̃⁴⁴	有米的面
连锅面	liæ̃³⁰kuo²¹miæ̃⁴⁴	煮的时间较长的糊汤面
回锅面	xuei²⁴kuo²¹miæ̃⁴⁴	再次煮热的面条
捞面	lau²⁴miæ̃⁴⁴	（动）
	lau²⁴miæ̃²¹	（名）
扯面	tʂʻɤ⁵²miæ̃⁴⁴	（动）
扯面	tʂʻɤ⁵²miæ̃²¹	（名）
拖面	tuei⁴⁴miæ̃²¹	（名）
掸面	tæ̃⁴⁴miæ̃²¹	（名）
	tæ̃⁴⁴miæ̃⁴⁴	（动）
拉面	la²¹miæ̃⁴⁴	（名）
油泼面	iou²⁴pʻo²¹miæ̃⁴⁴	（名）
角	tɕyɛ⁵²	饺子
角角	tɕyɛ⁵²tɕyɛ³⁰	
扁食	piæ̃⁵²ʂʅ²¹	
麦仁	mei⁵²zei³⁰	大麦仁儿
别别	piɛ⁴⁴piɛ³⁰	爆玉米花儿
落花参	luo²¹xua²¹⁻²⁴sei²¹	花生
味	vei⁴⁴	味道、气味
芝麻油	tsʅ⁵²ma²¹iou²⁴	香油
猪油	tsʮ²¹iou²⁴	

酱油(渭)	tɕiaŋ⁴⁴iou²⁴	
酱	tiaŋ⁴⁴(洛)/tɕiaŋ⁴⁴(渭)	
黑糖	xei²¹tʻaŋ²⁴	红糖
调火	tʻiau²⁴xuo⁵²	调料
椒	tiau²¹(洛)/tɕiau²¹(渭)	花椒
葱花	tsʻuŋ²¹xua²¹	葱切成碎块状
姜末	tɕiaŋ²¹mo²¹	
蒜水水	ɕyæ⁴⁴sʮei⁵²sʮei³⁰	蒜汁儿
肉片片	zou²¹pʻiæ⁵²pʻiæ³⁰	
粉蒸肉	fei⁵²tʂəŋ²¹zou⁴⁴	
肘子	tʂou⁵²tsʅ³⁰	猪肘子
髈蹄	pʻaŋ⁵²tʻi²¹	猪蹄等
头蹄里物	tʻou²⁴tʻi²¹li⁵²vɤ²¹	猪头、蹄、内脏等
肝子	kæ²¹tsʅ³⁰	肝儿
腰子	iau⁵²tsʅ³⁰	猪腰花儿
鸡蛋	tɕi²¹tʻæ²¹	鸡蛋
荷包蛋	xuo²⁴pau²¹tʻæ⁴⁴(洛)/xuo²⁴pau²¹tæ⁴⁴(渭)	
鸡蛋汤	tɕi²¹tʻæ¹⁻²⁴tʻaŋ²¹/tɕi²¹tæ²¹⁻²⁴tʻaŋ²¹	
茶	tsʻa²⁴	茶水
煎水	tɕiæ²¹sʮei²¹	开水
泡茶	pʻau⁴⁴tsʻa²⁴	沏茶
凉水	liaŋ²⁴sʮei⁵²	生水
疙瘩	kw²¹ta³⁰	面疙瘩
老娃□	lau⁵²ua²¹sa²⁴	面疙瘩
麦饭	mei⁵²fæ³⁰	菜、面粉、碎馍末等一起蒸成的饭
馍	mo⁴⁴	
节节馍	tiɛ²¹tiɛ³⁰mo⁴⁴	平顶馒头

花馍	xua²¹mo⁴⁴	走亲戚的馍，上有花形装饰
卷卷	tɕyæ⁵²tɕyæ³⁰	花卷
油花卷卷	iou²⁴xua²¹tɕyæ²¹tɕyæ²¹	
煎馍	tɕyæ²¹mo²¹	煎饼
缠卷	tʂʻæ²⁴tɕyæ⁵²	菜卷
烙馍	luo⁵²mo²¹	名词，小薄烙饼
	luo²¹mo⁴⁴	动词
锅盔	kuo²¹kʻuei²¹	大厚烙饼
菜馍	tsʻæ⁴⁴mo⁴⁴	菜和上少许面粉蒸成的馍
腌下菜	ȵiæ⁴⁴xa²¹tsʻæ⁴⁴	咸菜
豆腐	tʻou⁴⁴fu³⁰ / tou⁴⁴fu³⁰	
豆腐脑	tʻou⁴⁴fu²¹nau²⁴/ tou⁴⁴fu²¹nau²⁴	
粉皮	fei⁵²pʻi²⁴	
凉皮	liaŋ²⁴pʻi²⁴	
面筋	miæ⁴⁴tɕiei²¹	
点心	tiæ⁵²ɕiei²¹	
馃子	kuo⁵²tsʅ³⁰	一种甜味食品，圆形
做对了	tsou⁴⁴tuei⁴⁴liau³⁰	完成了
做好了	tsou⁴⁴xau⁵²liau³⁰	
淘菜	tʻau²⁴tsʻæ⁴⁴	洗菜
择菜	tsʻei²⁴tsʻæ⁴⁴	择菜
和面	xuo⁴⁴miæ⁴⁴	
揎面	tsʻæ²¹miæ⁴⁴	揉面
擀面	kæ⁵²miæ⁴⁴	擀面条
切面	tʻiɛ²¹miæ⁴⁴	切面条
榉杖	kæ⁵²tʂʻaŋ²¹ / kæ⁵²tʂaŋ²¹	擀面杖
蒸馍	tʂəŋ²¹mo⁴⁴	动词，蒸馒头
	tʂəŋ²¹mo²¹	名词，馒头

起面	tɕ'i⁵²miæ̃⁴⁴	发面
酵子	tɕiau⁴⁴tsɿ³⁰	
酵头	tɕiau⁴⁴t'ou³⁰	
捏扁食	ȵie²¹piæ̃⁵²ʂɿ²¹	做扁食
捏角	ȵie²¹tɕyɛ⁵²	包饺子
包包子	pau²¹pau⁵²tsɿ³⁰	做包子

十四、红白喜事

亲事	tɕ'iei²¹sɿ³⁰	婚事
说媒	ʂuo²¹mei²⁴	提亲
媒人	mei²⁴ʐei³⁰	说婚的人
了媳妇	liau⁵²ɕi²¹fu³⁰	男子结婚
打发娃	ta⁵²fa²¹ua⁴⁴	女子结婚
出花	ts'ʯ²¹xua²¹ 女子结婚的前一天娘家招待客人且收拾嫁妆、打扮等称为"出花"	
相面	ɕiaŋ⁴⁴miæ̃⁴⁴ 一指男、女双方首次相会；二指看相貌卜前途的迷信说法	
见面	tɕiæ̃⁴⁴miæ̃⁴⁴ 男、女双方首次相会	
看屋里	kæ̃⁴⁴u²¹li³⁰ "见面"后正式相见，双方父母讲定彩礼等	
挂线	kua⁴⁴ɕiæ̃⁴⁴ "看屋里"后男方向女方交清彩礼，正式定亲	
轿	tɕ'iau⁴⁴ / tɕiau⁴⁴	花轿、喜轿
扶女的	fu²⁴ȵy⁵²ti³⁰	伴娘
新媳妇	ɕiei²¹ɕi⁵²fu²¹	新娘
新女婿	ɕiei²¹ȵy⁵²ɕi⁵²	新郎
陪方	p'ei²⁴faŋ⁵²	嫁妆
逛房	k'uaŋ²⁴faŋ²⁴	闹新房
回门	xuei²⁴mei²⁴	婚后第二天回娘家

二房	ər⁴⁴faŋ²¹	再次婚嫁的男子、女子
有（喜）了	iou⁵²ɕi⁵²liau³⁰	怀孕了
要娃婆婆	iau⁴⁴ua⁴⁴pʻo²⁴niaŋ⁵²	孕妇
小月	ɕiau²¹yɛ²¹	流产
坐月里	tsua⁴⁴yɛ²¹li³⁰	坐月子
满月	mæ̃⁵²yɛ²¹	
双生子	ʂʮaŋ⁴⁴səŋ²¹tsʅ³⁰	双胞胎
背生子	pei⁴⁴səŋ²¹tsʅ³⁰	遗腹子
暮生子	mu⁴⁴səŋ²¹tsʅ³⁰	
拾掇娃	ʂʅ²⁴tuo²¹ua⁴⁴	接生
乖	kuæ²¹	
亲	tɕʻiei²¹	（小孩）漂亮
□	kou²⁴	（小孩）漂亮
□	kæ̃²⁴	（小孩）漂亮、温顺
倩	tɕʻiæ⁴⁴	（小孩）温顺、听话
太生	ta⁴⁴səŋ²¹	（小孩）怕见生人
差生	tsʻa⁴⁴səŋ²	
不识闲	pu²¹ʂʅ²¹xæ̃²⁴	（小孩）不静静地呆着，总是在吵闹
爱拾翻	ŋæ⁴⁴ʂʅ⁴⁴fæ̃²¹	（小孩）好动
害羞	xæ⁴⁴ɕiou²¹	因见生人感到不好意思
生	səŋ²¹	生日
过生	kuo⁴⁴səŋ²	过生日
过寿	kuo⁴⁴ʂou⁴⁴	年岁长的人过生日
红事	xuŋ²⁴sʅ⁴⁴	喜事
白事	pʻei²⁴sʅ⁴⁴	丧事
孝子	ɕiau⁴⁴tsʅ³⁰	死者的晚辈
咽气	iæ̃²⁴tɕʻi⁴⁴	断气死去

老了	lau⁵²liau³⁰	死了
灵堂	liŋ²⁴tʻaŋ⁵²	人死后设的祭坛
引魂杆杆	iei⁵²xuei²⁴kæ²⁴kæ²⁴	送葬时，打在最前面的纸缕旗，俗说引死人灵魂而去
引魂灯	iei⁵²xuei²⁴təŋ²¹	床前灯，放在棺木头部
货（洛）	xuo⁴⁴	棺材
枋（渭）	faŋ²¹	棺材
寿材	ʂou⁴⁴tsʻæ²¹	生前预制的棺材
档板	taŋ⁴⁴pæ²¹	棺材两侧的板
顶板	tiŋ²¹pæ²¹	棺材两端的板
吊丧	tiau⁴⁴saŋ²¹	亲友吊唁、悼念死者
守丧	ʂou⁵²saŋ²¹	子女孙子们守灵
出殃	tsʻʅ²¹⁻²⁴n̠iaŋ²¹	在死者死后的七天里，便点蜡烛，关藏鸡鸭猫狗，人都离去，使死者的遗留魂魄、行踪尽去全消
人七	ẓei²⁴tʻi⁵²	丧事后七日，哭祭死者，再次悼念
打帕帕	ta⁵²pʻa²¹pʻa³⁰	死者的儿子（们）在日后，每隔 日，在晚上 点时分送纸送灵，共分三次，首在村边，次在中途，末在墓地
戴孝	tæ⁴⁴ɕiau⁴⁴	
孝	ɕiau⁴⁴	孝布，孝巾
孝衫	xau⁴⁴sæ²¹	孝衣、包括全身穿着

满孝	mæ̃⁵²ɕiau⁴⁴	服敬死者已满三年
祭文	tɕi⁴⁴vei²⁴	
纸扎	tsʅ²¹tsa²¹	纸质人、动物、物型等象征衣饰住行用具的模型，专用作祭奠
埋人	mæ²⁴zei²⁴	埋葬死者
寻短	ɕiei²⁴tuæ̃⁵²	企图自杀
寻死	ɕiei²⁴sʅ⁵²	
上吊	ʂaŋ⁴⁴tiau⁴⁴	
纸钱	tsʅ⁵²tɕʻiæ̃²⁴	冥钞

十五、迷信

天爷	tʻiæ̃²¹iɛ⁴⁴	老天爷
灶王爷	tsau⁴⁴uaŋ²¹iɛ⁴⁴	灶神
神	ʂei²⁴	男神
神仙	ʂei²⁴ɕiæ̃²¹	女神
香桌	ɕiaŋ²¹tsʯo²¹	陈放香炉的桌子
献	ɕiæ̃⁴⁴	上供
烛台	tsou²¹tʻæ²⁴	蜡烛高脚台座
烧香	ʂau²¹⁻²⁴ɕiaŋ²¹	
木鱼	mu²¹y²⁴	
布施	pu⁴⁴sʅ²¹	把财物等施舍给人
施舍	sʅ²¹ʂɤ⁵²	把财务施舍给穷人或出家人。多处于剥削阶级的伪善或迷信的"积德"思想
念经	ȵiæ̃⁴⁴tɕiŋ²¹	诵读经书
念佛	ȵiæ̃⁴⁴fo²⁴	诵读佛经
上庙会	ʂaŋ⁴⁴miau⁴⁴xuei⁴⁴	赶庙会
拜佛	pæ⁴⁴fo²⁴	向佛龛叩拜求得幸福

和尚	xuo^{24}ʂaŋ^{52}	
尼姑	ni^{24}ku^{21}	
道人	tau^{44}ʐei^{21}	道士
庙	miau^{44}	寺、庵、观、阁、祠的总称
土地爷	t'ou^{52}t'i^{21}iɛ^{44}	
龙王庙	luŋ^{24}uaŋ^{21}miau^{44}	
城隍庙	tʂ'əŋ^{24}xuaŋ^{52}miau^{44}	
阎王爷	yæ̃^{24}uaŋ^{52}iɛ^{44}	
小鬼	ɕiau^{21}kuei^{52}	
刀山	tau$^{21-24}$sæ̃^{21}	
鬼门关	kuei^{52}mei^{24}kuæ̃^{21}	
算卦先生	ɕyæ̃^{44}kua^{44}ɕiæ̃^{21}səŋ^{30}	
相面的	ɕiaŋ^{44}miæ̃^{44}ti^{30}	看寿命的人
教堂	tɕiau^{44}t'aŋ^{24}	天主教堂
教会	tɕiau^{44}xuei^{44}	天主教传教组织场所
信教的	ɕiei^{44}tɕiau^{44}ti^{30}	教徒
布道的	pu^{44}tau^{44}ti^{30}	布道人
神婆	ʂei^{24}p'o^{30}	巫婆
阴阳先生	ȵiei^{21}iaŋ^{24}ɕiæ̃^{21}səŋ^{30}	泛指以看相、占卜、相宅、相墓等为业的人，特指以办理良葬中相墓、选日等事务为业的人

十六、论事

打官司	ta^{52}kuæ̃^{21}sɿ^{30}	诉讼
断官司	tuæ̃^{44}kuæ̃^{21}sɿ^{30}	评判所讼事件
告状	kau^{44}ts'ɤaŋ^{44}	诉讼
状子	ts'ɤaŋ^{44}tsɿ^{30}	诉讼文
醒木	ɕiŋ^{52}mu^{21}	法庭上为引起注意、使人

		肃静的警告器具，木制长方体
退堂	tʻuei⁴⁴tʻaŋ²⁴	
过堂	kuo⁴⁴tʻaŋ²⁴	开审
人证	ʐei²⁴tʂəŋ⁴⁴	
物证	vɤ²¹tʂəŋ⁴⁴	
对质	tuei⁴⁴tʂʅ²¹	当面对证
民事	miei²⁴sʅ⁴⁴	公民间刑事诉讼
家务事	tɕia²¹vu⁴⁴sʅ⁴⁴	当庭中出现的纠纷
钱务	tʻiæ̃²⁴vu⁴⁴	花钱的计划安排
代写的	tæ⁴⁴ɕie⁵²ti³⁰	大人写状子的
服	fu²⁴	认错、认输
不服	pu²¹fu²⁴	不认错、不认输
上告	ʂaŋ⁴⁴kau⁴⁴	上诉
判	pʻæ̃⁴⁴	宣判、判决
认招	ʐei⁴⁴tʂau²¹	招认错误
认招安	ʐei⁴⁴tʂau²¹ŋæ̃²¹	
说出	sɥo²¹tsʻʮ²¹	供出同谋
犯法	fæ̃⁴⁴fa⁵²	
犯罪	fæ̃⁴⁴tsʻuei⁴⁴ / fæ̃⁴⁴tsuei⁴⁴	
口说	kʻou⁵²sɥo²¹	
诬告	vu⁵²kau⁴⁴ / u⁵²kau⁴⁴	诬告陷害
咬说	ȵiau²¹sɥo²¹	
放□	faŋ⁴⁴lia³⁰	释放、假释、保释的概称
清官	tʻiŋ²¹kuæ̃²¹ / tɕʻiŋ²¹kuæ̃²¹	
贪赃	tʻæ̃²¹⁻²⁴tsaŋ²¹	贪污受贿
塞黑食	sei²¹xei²¹⁻⁵²sʅ²¹	行贿
拿枪打□	na²⁴tɕʻiaŋ²¹ta⁵²lia³⁰	枪毙了

枪决	tɕ'iaŋ²¹tɕye⁵²	枪毙
带铐子	tæ⁴⁴k'au⁵²tsʅ³⁰/ tæ⁴⁴k'au⁴⁴tsʅ³⁰	戴手铐
带镣	tæ⁴⁴liau⁴⁴	带脚镣
吊起来	tiau⁴⁴tɕ'i²¹læ³⁰/ tiau⁴⁴tɕ'i²¹la³⁰	放下不管
坐监	ts'uo⁴⁴tɕiæ²¹	坐牢
蹲监狱	tuei²¹tɕiæ²¹⁻²⁴y²¹	
立字据	li²¹ts'ʅ⁴⁴tɕy²¹/ li²¹ts'ʅ⁴⁴tɕy⁴⁴	签字为证，以防反悔或抵赖
按手印	ŋæ⁴⁴ʂou⁵²iei⁴⁴	画押
课子	kuo²¹tsʅ³⁰	苛捐杂税
租	tsou²¹	租子
地契	t'i⁴⁴tɕ'i²¹	
纳税	na²¹sɿei⁴⁴	
告示	kau⁴⁴sʅ²¹	
路条	lou⁴⁴t'iau²⁴	允许经过的官方证明
路单	lou⁴⁴tæ²¹	说明历程及路线的通知单
命令	miŋ⁴⁴liŋ⁴⁴	军令
印	iei⁴⁴	官印
章子	tʂaŋ²¹tsʅ³⁰	私人印章
公章	kuŋ²¹⁻²⁴tʂaŋ²¹	政府机关印章
私访	sʅ²¹faŋ⁵²	官员私自下访
交代	tɕiau²¹tæ²¹	犯罪人向政府、官员陈述事实；托付
上任	ʂaŋ⁴⁴zei⁴⁴	任职
撤职	tʂ'ɤ⁵²tʂʅ	
文案	vei²⁴ŋæ⁴⁴	
文书	vei²⁴sɿ²¹	
秘书	mi²¹sɿ²¹	

办事员	pæ̃⁴⁴sʅ⁴⁴yæ̃²⁴	
干事	kæ̃⁴⁴sʅ⁴⁴	

十七、日常生活

起来	tɕʻi⁵²læ²¹	起床
	tɕʻi⁵²la²¹	
穿穿的	tsʻɥæ̃²¹⁻²⁴tsʻɥæ̃²¹ti³⁰	穿衣
穿衣服	tsʻɥæ̃²¹⁻²⁴ȵi²¹fu²¹	
梳头	sou²¹tʻou²⁴	梳头
梳□□	sou²¹tiɛ²¹⁻⁵²naŋ²¹	
梳鬏子	sou²¹tɕyɛ⁴⁴tsʅ³⁰	
梳子	sou²¹tsʅ³⁰	
篦梳	pʻi⁴⁴sou²¹	篦子
鬏子	tɕyɛ⁴⁴tsʅ³⁰	辫子
辫鬏子	pʻiæ̃⁴⁴tɕyɛ⁴⁴tsʅ³⁰	辫辫子
铰指甲	tɕiau⁵²tsʅ²¹tɕia²¹	剪指甲
剜耳塞	uæ̃²¹ʐʅ⁵²sei²¹	掏耳垢
下地	ɕia⁴⁴tʻi⁴⁴ (洛) / ɕia⁴⁴ti⁴⁴ (渭)	去田间干活
地里□	ti⁴⁴li³⁰tɕʻia²¹	
上班	ʂaŋ⁴⁴pæ̃²¹	
收工	ʂou²¹⁻²⁴kuŋ²¹	
下班	xa⁴⁴pæ̃²¹/ ɕia⁴⁴pæ̃²¹	
做活	tsou⁴⁴xuo²⁴	
出去	tsʻɥ²¹tɕʻi²¹/ tsʻɥ²¹tɕʻy⁵²	
回来	xuei²⁴læ⁵²	
□来	xɯ⁵²læ³⁰	
进来	tiei⁴⁴læ²¹ (洛) / tɕiei⁴⁴læ²¹ (渭)	
狂	kʻuaŋ²⁴	（小孩）戏耍

125

逛	kuaŋ⁴⁴	（大人）游戏
转嘎	tsʯæ̃⁴⁴ka³⁰	散散步，走一走
饥□	tɕi²¹lia³⁰	饿了
饿□	ŋuo⁴⁴lia³⁰	
亢了	kʻaŋ⁴⁴lia³⁰	渴了
吃着不香	tʂʻʅ²¹tʂʻuo²¹pu²¹⁻²⁴ɕiaŋ²¹	饭菜无味
吃早晨饭	tʂʻʅ²¹tsau⁵²ʂei²¹fæ̃⁴⁴	吃早饭
吃晌午饭	tʂʻʅ²¹ʂaŋ²¹u²¹fæ̃⁴⁴	吃中午饭
吃横晌饭	tʂʻʅ²¹xuŋ⁴⁴ʂaŋ²¹fæ̃⁴⁴	吃后晌（下午）饭
喝汤	xuo²¹⁻²⁴tʻaŋ²¹	吃晚饭
吃零嘴	tʂʻʅ²¹liŋ²⁴tsuei⁵²	吃零食
端饭	tuæ̃²¹fæ̃⁴⁴	
舀饭	iau⁵²fæ̃⁴⁴	盛饭
盛饭	ʂəŋ²⁴fæ̃⁴⁴	
操饭	tsʻau²¹fæ̃⁴⁴	把自己的面条等挑送给他人
操菜	tsʻau²¹tsʻæ̃⁴⁴	用筷子夹菜
就菜	tɕiou⁴⁴tsʻæ̃⁴⁴（洛）/ tɕiou⁴⁴tsʻæ̃⁴⁴（渭）	吃菜
咬不烂	ȵiau⁵²pu²¹læ̃⁴⁴	
噎住了	iɛ⁵²tsʻʅ²¹liau³⁰	
打嗝哩	ta²¹kɯ²⁴li³⁰	打嗝
争的吃	tsəŋ²¹ti³⁰tʂʻʅ²¹	抢着吃
尿	ȵiau⁴⁴	
屄	pa⁵²	大便
歇凉	ɕiɛ²¹liaŋ²⁴	乘凉
晒暖暖	sæ⁴⁴lyæ̃⁵²lyæ̃⁵²	晒太阳
燎火	ɕiɛ²¹xuo⁵²	烤火
歇嘎	ɕiɛ²¹ka³⁰	歇一会儿
瞌睡	kʻuo²¹sʯei²¹	

第七章　铜川方言词汇

丢盹	tiou²¹tuei⁵²	打盹
前丢后摇	t'iæ²⁴tiou²¹xu⁴⁴iou²⁴	打盹时前后摇晃的样子
瞌睡了	kuo²¹sɥei²¹liau³⁰	
暖床	lyæ⁵²ts'ɥaŋ²⁴	铺床
暖炕	lyæ⁵²k'aŋ⁴⁴	铺炕
脱穿的	t'uo²¹ts'ɥæ⁵²ti³⁰	脱衣
脱鞋	t'uo²¹xæ²⁴	
睡下	sɥei⁴⁴xa³⁰	躺下
睡着□	sɥei⁴⁴tʂuo²¹lia³⁰	睡着了
打鼾睡	ta⁵²xæ⁴⁴sɥei²¹	
打呼噜	ta⁵²xu²¹lou²¹	
睡□了	sɥei⁴⁴ʐʅ⁴⁴liau³⁰	睡迷糊了
睡失睡了	sɥei⁴⁴ʂʅ²¹sɥei⁵²liau³⁰	睡过头了
仰头睡	ȵiaŋ²¹t'ou³⁰sɥei⁴⁴	仰面睡
仄棱睡	tsei²¹ləŋ²¹sɥei⁴⁴	侧身睡
支腿睡	tsʅ²¹t'uei⁵²sɥei⁴⁴	侧睡拱腿
踡踡睡	tɕ'yæ²⁴tɕ'yæ⁵²sɥei⁴⁴	侧睡曲腿
抽筋	tʂou²¹⁻²⁴tɕiei²¹	腿肚子转筋
转筋	tsɥæ⁴⁴tɕiei²¹	
梦梦	məŋ⁴⁴məŋ⁴⁴	做梦
胡说	xu²⁴sɥo²¹	梦呓
说胡话	sɥo²¹xu²⁴xua²¹	
仰住了	ȵiaŋ⁵²ts'ɥ²¹liau³⁰	魇住了
熬夜	ŋau²⁴iɛ⁴⁴	
开夜车	k'æ²¹iɛ⁴⁴tʂ'ɤ²¹	晚间学习
赶夜工	k'æ⁵²iɛ⁴⁴kuŋ²¹	晚间干活

十八、交 际

| 应酬 | iŋ⁴⁴tʂ'ou²¹ | 接人待物办事 |

来往	læ²⁴uaŋ⁵²	保持亲戚关系
看人	k'æ⁴⁴ʐei²⁴	看望病人、长者
请帖	t'iŋ⁵²t'ie²¹ (洛) / tɕ'iŋ⁵²t'ie²¹ (渭)	
送人情	suŋ⁴⁴ʐeiʂ²⁴tɕ'iŋ²⁴	送礼行贿
接客人	tɕie²¹k'ei²¹⁻⁵²ʐei²¹	
（您）精神	n̠i⁵²tiŋ²¹ʂei²¹ (洛) // n̠i⁵²tɕiŋ²¹ʂei²¹ (渭)	问候语，您（身体）还好吧
您王好的哩木	n̠i⁵²xæ⁴⁴xau⁵²ti³⁰li²¹mu³⁰	
您□	n̠i⁵²xu²¹	您请进
您坐	n̠i⁵²ts'uo⁴⁴	您请坐
送客人	suŋ⁴⁴kei²¹ʐei²¹	送客
不送□	pu²¹suŋ⁴⁴lia³⁰	
对□	tuei⁴⁴lia³⁰	可以了，就此停手
待人不活	t'æ⁴⁴ʐei²¹pu²¹xuo²⁴	招待客人不灵活
礼当	li⁵²taŋ²¹	礼品
渿欞人	mu⁴⁴naŋ⁵²ʐei²⁴	麻烦人
嫑作假	po²¹⁻²⁴tsuo²¹tɕia⁵²	别客气
点心	tiæ⁵²ɕiei²¹	
馃子	kuo⁵²tsɿ³⁰	
倒茶	tau⁴⁴ts'a²⁴	
水烟	sɥei⁵²iæ²¹	
纸烟	tsɿ²¹iæ²¹	香烟
旱烟	xæ⁴⁴iæ²¹	
吃烟	tʂ'ʅ²¹⁻²⁴iæ²¹	吸烟
摆酒席	pæ⁵²tɕiou⁵²ɕi²⁴	设宴席
坐席	ts'uo⁴⁴ɕi²⁴	吃酒席
下帖	ɕia⁴⁴t'ie²¹	发请帖
主家	tsʅ⁵²tɕia²¹	主人

新亲	ɕiei²¹tɕ'iei²¹	新婚媳妇的亲人亲戚
上菜	ʂaŋ⁴⁴ts'æ⁴⁴	送上酒菜（用于酒席）
端菜	tuæ²¹ts'æ⁴⁴	送上酒菜（用于平常吃饭）
倒酒	tau⁴⁴tiou⁵²（洛）/tau⁴⁴tɕiou⁵²（渭）	斟酒
敬酒	tɕiŋ⁴⁴tiou⁵²（洛）/tɕiŋ⁴⁴tɕiou⁵²（渭）	
捎个信	sau²¹kɤ²¹ɕiei⁴⁴	捎封信儿
没名信	mo²¹miŋ²⁴ɕiei⁴⁴	匿名信
装疯卖傻	tsʅuaŋ²¹⁻²⁴fəŋ²¹mæ⁴⁴ʂa⁵²	
不对劲	pu²¹tuei⁴⁴tɕiei⁴⁴	
不啴活	pu²¹tʂ'æ⁵²xuo²¹	
不美气	pu²¹mei⁵²tɕ'i⁴⁴	
不说话	pu²¹⁻²⁴sʅuo²¹xuo⁴⁴	不和睦、不友好
不搭腔	pu²¹ta²¹⁻²⁴tɕ'iaŋ²¹	
对头	tuei⁴⁴t'ou²¹	冤家仇人
气不过	tɕ'i⁴⁴pu²¹kuo⁴⁴	气愤不过
背黑锅	pei⁴⁴xei²¹⁻²⁴kuo²¹	受屈受冤
作践	tsuo²¹tiæ²¹	讥笑
赏鲜	ʂaŋ⁵²ɕiæ²¹	讥讽人
打差	ta⁵²ts'a⁴⁴	打断别人的话
接舌	tɕie²¹ʂɤ²⁴	接别人的话茬
插前说话	ts'a²¹tɕ'iæ²¹sʅuo²¹xua⁴⁴	抢先讲话，打断别人的话语讲话
寻麻达	ɕiei²⁴ma²⁴ta²¹	挑别人的差错
装哩	tsʅuaŋ²¹li³⁰	装样子
捏哩	ȵie²¹li³⁰	捏造
摆下□	pæ²¹xa²¹lia³⁰	放任不管；摆架子
搬起□	pæ²¹tɕ'ie²¹lia³⁰	摆起架子
卖牌	mæ⁴⁴p'æ⁵²	自吹自擂

谝	p'iæ̃^{52}	吹嘘
吹	ts'ɥei^{21}	
耍阔里	sʅa^{52}k'uo^{52}li^{30}	耍排场
出洋相	ts'ʅ^{21}iaŋ^{24}ɕiaŋ^{44}	丢丑，出怪相
丢人现眼	tiou^{21}zei^{24}ɕiæ̃^{44}ȵiæ̃^{52}	
丢脸	tiou^{21}liæ̃^{52}	

十九、商业

牌子	p'æ^{24}tsʅ^{30}	招牌
办代销店	p'æ̃^{44}tæ^{44}ɕiau^{21}tiæ̃^{44}	开日用品小店
开药铺	k'æ$^{21-24}$yɛ^{21}p'u^{21}	办药店
贩子	fæ̃^{44}tsʅ^{30}	小商贩、商贩
摆摊摊	pæ^{52}tæ̃^{21}tæ̃^{30}	商贩设摊
摆摊子	pæ^{52}tæ̃^{21}tsʅ^{30}	
开门	kæ^{21}mei^{24}	开张或每日上班
关门	kuæ̃^{21}mei^{24}	停止营业或者每天下班
塌伙	t'a^{21}xuo^{21}	散伙
买主	mæ^{52}tsʅ^{21}	买东西的一方
卖主	mæ^{44}tsʅ^{21}	卖东西的一方
不还价	pu^{21}xuæ̃^{24}tɕia^{44}	
不要价	pu^{21}iau^{44}tɕia^{44}	任凭买主讲出价格来
贱	t'iæ̃^{44}(洛)/tɕ'iæ̃^{44}(渭)	便宜
贵	kuei^{44}	
老账	lau^{52}tʂaŋ^{44}	
陈账	tʂ'ei^{24}tʂaŋ^{44}	
记账	tɕi^{44}tʂaŋ^{44}	
登帐	tɕi^{44}tʂaŋ^{44}	登记近期当日开销收入
报账	pau^{44}tʂaŋ^{44}	汇报账目
收账	sou^{21}tʂaŋ^{44}	

出账	ts'ʅ²¹tʂaŋ⁴⁴	
欠账	tɕ'iæ̃⁴⁴tʂaŋ⁴⁴	
记账	tɕi⁴⁴tʂaŋ⁴⁴	欠别人的钱物登记备忘
算账	suæ̃⁴⁴tʂaŋ⁴⁴	清理账目或还清账目
存钱	tɕ'yei²⁴tɕ'iæ̃²⁴	
单据	tæ̃²¹tɕy⁵²	
收据	ʂou²¹tɕy⁵²	
盘子	p'æ̃²⁴tsʅ³⁰	算盘
打盘子	ta⁵²p'æ̃²⁴tsʅ³⁰	打算盘
戥子	təŋ⁵²tsʅ³⁰	
秤	tʂ'əŋ⁴⁴	钩秤
秤砣	tʂ'əŋ⁴⁴t'uo²⁴	
称钩	tʂ'əŋ⁴⁴kou²¹	
秤杆子	tʂ'əŋ⁴⁴kæ⁵² tsʅ³⁰	
秤盘盘	tʂ'əŋ⁴⁴p'æ̃²⁴p'æ̃³⁰	
秤星星	tʂ'əŋ⁴⁴ɕiŋ²¹ɕiŋ³⁰	秤杆上的星码
秤花子	tʂ'əŋ⁴⁴xua²¹tsʅ³⁰	
秤毫些	tʂ'əŋ⁴⁴xau²⁴ɕiɛ²¹	秤上的提绳
秤平斗满	tʂ'əŋ⁴⁴p'iŋ²⁴tou⁵²mæ̃⁵²	秤杆平直、升斗满梁，即买卖公平
开消	k'æ̃²¹ɕiau²¹	花费
盘缠	p'æ̃²¹tʂ'æ̃²¹	路费
本钱	pei⁵²t'æ̃²⁴⁻²¹	
利钱	li⁴⁴t'æ̃²⁴⁻²¹	利息
红利	xuŋ²⁴li⁴⁴	共同搞生意分得的利息
运气顺	yei⁴⁴tɕ'i²¹ʂei⁴⁴	运气好
争	tsəŋ²¹	欠
短	tuæ̃⁵²	

字	ts'ɿ⁴⁴ / tsɿ⁴⁴	铜钱有字的一面
谩	mæ̃⁴⁴	铜钱无字的一面
票子	p'iau⁴⁴tsɿ³⁰	钞票
典房子	tiæ̃⁵²faŋ²⁴tsɿ³⁰	赁房子
粮店	liaŋ²⁴tiæ̃⁴⁴	粮油店
煤台	mei²⁴t'æ²⁴	铁路煤库
煤厂	mei²⁴tʂ'aŋ⁵²	民用煤库
块煤	kuæ⁵²mei²⁴	块状煤
块炭	k'uæ⁵²t'æ̃⁴⁴	
面煤	miæ̃⁴⁴mei²⁴	碎末子煤
混煤	xuei⁴⁴mei²⁴	碎末煤、块煤混杂的煤
炭	t'æ̃⁴⁴	
银匠	ȵiei²⁴tɕ'iaŋ²¹	银匠
小炉匠	ɕiau⁵²lou²¹tɕ'iaŋ²¹	修日用器的人
下馆子	ɕia⁴⁴kuæ̃⁵²tsɿ³⁰	
八宝菜	pa²¹pau⁵²ts'æ⁴⁴	
油坊	iou²⁴faŋ⁵²	连做带卖的油店
油渣	iou²⁴tsa⁵²	榨油后，剩下的渣滓
油匠	iou²⁴tɕ'iaŋ⁵² / iou²⁴tɕiaŋ⁵²	油漆匠
画匠	xua⁴⁴tɕ'iaŋ⁵² / xua⁴⁴tɕiaŋ⁵²	油画匠
皮匠	p'i²⁴tɕ'iaŋ⁵² / p'i²⁴tɕiaŋ⁵²	做皮质品的匠人
绳匠	ʂəŋ²⁴tɕ'iaŋ⁵² / ʂəŋ²⁴tɕiaŋ⁵²	做绳索的匠人
泥水匠	ȵi²⁴sɥei⁵²tɕ'iaŋ²¹ /ȵi²⁴sɥei⁵²tɕiaŋ²¹	泥瓦匠
瓦刀	ua⁴⁴tau²¹	泥瓦匠用来砍砖、平整、加泥和灰的一种工具，铁质刀型，长柄。
泥页	ȵi²⁴iɛ²¹	泥瓦匠用来平整墙面的工具，铁皮光滑平面，铁质

		柄或木质柄
抹子	mo⁵²tsʅ³⁰	平整墙面的工具
模子	mu⁵²tsʅ³⁰	规定砖、泥基（见下）的模型
泥基	n̠i²⁴tɕi²¹	擎炕的泥板
擎炕	pʻæ̃²⁴kʻaŋ⁴⁴	做炕
□	kuaŋ⁴⁴	动词，待墙壁或地面微干撒少许水，用泥瓦抹光抹平
麻刀	ma²⁴tau²¹	切铡后搅乱的麻絮
灰斗子	xuei²¹tou⁵²tsʅ³⁰	泥瓦匠存和好的白灰等的斗形器具，有些带短木柄
灰槽子	xuei⁵²tsʻau²⁴tsʅ³⁰	
铁木业社	tʻiɛ⁵²mu²¹n̠iɛ²¹ʂɤ⁴⁴	铁器木器制造并卖出的店铺，因类似于代销店故名
裁缝铺	tsʻæ²⁴fəŋ⁵²pʻu⁴⁴	
剃头刀子	tʻi⁴⁴tʻou²⁴tau²¹tsʅ³⁰	
刮胡子刀刀	kua²¹xu²⁴tsʅ³⁰tau²¹tau³⁰	
洋楼	iaŋ²⁴lou²⁴	大背头
偏分	pʻiæ²¹fəŋ⁵²	偏分头
澡堂子	tsau⁵²taŋ²⁴tsʅ³⁰	
肉铺	zou⁴⁴pʻu⁵²	

二十、文化　教育

念书的	n̠iæ⁴⁴sʅ²¹ti³⁰	中小学生
念书娃	n̠iæ⁴⁴sʅ²¹ua⁴⁴	
上学的	ʂaŋ⁴⁴ɕyɛ²⁴ti³⁰	
学生娃	ɕyɛ²⁴səŋ²¹ua⁴⁴	
上学校的	ʂaŋ⁴⁴ɕyɛ²⁴ɕiau⁴⁴ti³⁰	大学生、中专学生
中专生	tsʅ̃əŋ²¹tsʅ̃æ²¹səŋ²¹	

上中专的	ʂaŋ⁴⁴tsʅəŋ²¹⁻²⁴tsʮæ̃²¹ti³⁰	
大学生	ta⁴⁴ɕyɛ²¹səŋ²¹	
上大学的	ʂaŋ⁴⁴ta⁴⁴ɕyɛ²¹ti³⁰	
书房	sʅ²¹faŋ²¹	小学校
学校	ɕyɛ²¹ɕiau⁴⁴	
报名	pau⁴⁴miŋ²⁴	
考场	kʻau⁵²tʂʻaŋ⁵²	
考试	kʻau⁵²sʅ⁴⁴	
卷子	tɕyæ̃⁵²tsʅ³⁰	试卷
交头名卷	tɕiau²¹tʻou²⁴miŋ⁵²tɕyæ̃⁴⁴	
交白卷	tɕiau²¹pʻei²⁴tɕyæ̃⁴⁴ / tɕiau²¹pei²⁴tɕyæ̃⁴⁴	
看卷子	kʻæ̃⁴⁴tɕyæ̃⁵²tsʅ³⁰	评阅试卷
改卷子	kæ̃⁵²tɕyæ̃⁵²tsʅ³⁰	
判卷子	pʻæ̃⁴⁴tɕyæ̃⁵²tsʅ³⁰	
头名	tʻou²⁴miŋ²¹	第一名
罢名	pa⁴⁴miŋ²¹	最后一名
考上□	kau⁵²ʂaŋ²¹lia³⁰	
上学	ʂaŋ⁴⁴ɕyɛ²⁴	
念书	ȵiæ̃⁴⁴sʅ²¹	
放学	faŋ⁴⁴ɕyɛ²⁴	
放假	faŋ⁴⁴tɕia⁵²	
收假	ʂou²¹tɕia⁵²	
写大字	ɕiɛ⁵²taʻ⁴⁴tsʻʅ⁴⁴	写毛笔字
刷网格	sʅ²¹vaŋ⁵²kei²¹	
打稿子	ta⁵²kau⁵²tsʅ³⁰	写（作文）底稿
誊清	tʻəŋ²⁴tɕʻiŋ²¹	誊写清楚
遗笔漏点	i²⁴pi²¹lou⁴⁴tiæ̃⁵²	少写笔画及标点符号
零分	liŋ²⁴fei²¹	

134

包子	pau²¹tsʅ³⁰	
鸡蛋	tɕi²¹tʰæ²¹	
零蛋	liŋ²⁴tʰæ⁴⁴	
蘸笔	tsæ⁴⁴pi²¹	蘸水钢笔
笔锋	pi²¹fəŋ²⁴	毛笔尖
砚窝	ȵiæ⁴⁴uo²¹	砚盘
粉碇子	fei⁵²tʰiŋ⁴⁴tsʅ³⁰	粉笔
牌刷	pʰæ²⁴sʅa²¹	板擦
板刷	pæ̃⁵²sʅa²¹	
课本	kʰuo⁴⁴pei⁵²	
书	sʅ²¹	
本子	pei²⁴tsʅ³⁰	
黑板	xei²¹pæ̃⁵²	
黑牌	xei²¹pʰæ̃²⁴	
黑板粉	xei²¹pæ̃⁵²fei⁵²	板漆
笔	pi²¹	
毛笔	mau²⁴pi²¹	
钢笔	kaŋ²¹⁻²⁴pi²¹	
复写笔	fu²¹ɕiɛ⁵²pi²¹	
圆珠笔	yæ̃²⁴tsʅ²¹pi²¹	
单立人	tæ̃²¹li²¹zei²⁴	"亻"旁
双立人	sʅaŋ²¹li²¹zei²⁴	"彳"旁
方框	faŋ²¹⁻²⁴kʰuaŋ²¹	"囗"旁
宝根	pau⁵²kei²¹	"宀"旁
竖心旁	sʅei²¹ɕiei²¹pʰaŋ²⁴	"忄"旁
反犬	fæ̃²¹⁻²⁴tɕʰyæ̃²¹	"犭"旁
软搭儿	zʅæ̃⁵²ta²¹ər³⁰	"阝"旁
硬搭儿	ȵiŋ⁴⁴ta²¹ər³⁰	"卩"旁

反文	fæ̃^{52}vei^{24}	"攵"旁
提土边	t'i^{24}t'ou^{52}piæ̃^{21}	"土"旁
竹字头	tsou^{21}ts'ɿ^{30}t'ou^{24}	"竹"旁
火字边	xuo^{52}ts'ɿ^{21}piæ̃^{21}	"火"旁
三点水	sæ̃^{21}tiæ̃^{21}sɥei^{52}	"氵"旁
两点水	liaŋ^{21}tiæ̃^{21}sɥei^{52}	"冫"旁
病字头	p'iŋ^{44}ts'ɿ^{21}t'ou^{24}	"疒"旁
走字底	tsou^{52}ts'i^{21}ti^{52}	"辶"旁
坐一船	ts'uo^{44}iɛ^{21}ts'ɥæ̃^{24}	"辶"旁
丝纽旁	sɿ^{21}ȵiou^{21}p'aŋ^{24}	"纟"旁
提手旁	t'i^{24}ʂou^{52}p'aŋ^{24}	"扌"旁
草字头	ts'au^{52}ts'ɿ^{21}t'ou^{24}	
罚操	fa^{24}ts'au^{21}	强使无故不上操者补操
罚站	fa^{24}tsæ̃^{44}	
罚劳动	fa^{24}lau^{24}tuŋ^{44}	

二十一、游戏

摸候逮	mau^{21}xu^{44}tæ^{24} / mau^{21}xu^{44}tæ^{21}	捉迷藏
拔河	p'a^{24}xuo^{24}	拔河
踢毽子	t'i^{21}tɕiæ̃^{44}tsɿ^{30}	踢鸡毛毽子
跳猴皮	t'iau^{24}xu^{24}p'i^{24}	跳皮筋
拿羊	na^{24}iaŋ^{24}	抓子儿
吹洋碱泡	ts'ɥei^{21}iaŋ^{24}tɕiæ̃^{21}p'au^{44}	把苕筒或橡皮筒插入肥皂水中，吹出泡花
吹泡涝	ts'ɥei^{21}p'au^{44}lau^{21}	吹泡泡
撇游	p'iɛ^{21}iou^{24}	在水面上掷瓦片使飘荡而落，飘荡次数越多越佳

打游	ta⁵²iou²⁴	
打水漂	ta⁵²sʅuei⁵²pʻiau²¹	
媳妇跳井	ɕi⁵²fu²¹tʻiau²⁴tiŋ⁵²	三边四点及中间交叉点，双方各两子，逼上死路的一方跳进另一方的"井"
狼吃娃	laŋ²⁴tʂʻʅ²¹ua⁴⁴	纵横六格，各三格，"狼"三"娃"十八，被吃完或逼上死路（团团围住），对方胜
跳房	tʻiau²⁴faŋ²⁴	四格以上，单腿用脚踢石片或沙包，不踩线地踢完全格或耍完花样为胜
踢房	tʻiau²¹faŋ²⁴	
翻交	fæ²¹⁻²⁴tɕiau²¹	双方把一回合的绳子轮番翻成各种形状，诸如中槽、马圈等
摔包	sʅuei²¹⁻²⁴pau²¹	将泥巴做成圆槽型，猛的反摔在石面上，穿底声响为佳，使对方泥巴填空为胜
猜帮猜	tsʻʯæ⁵²paŋ²⁴tsʻʯæ⁵²	石头、剪子、布
刺动刺	tsʻʅ⁵²tuŋ²⁴tsʻʅ⁵²	
出动出	tsʻʮ⁵²tuŋ²⁴tsʻʮ⁵²	
猜枚	tsʻæ⁵²mei²⁴	猜谜语
重重炮	tsʻʯəŋ²⁴tsʻʯəŋ³⁰pʻau⁴⁴	重炮将对方
重炮	tsʻʯəŋ²⁴pʻau⁴⁴	
肘猴胪	tʂou⁵²xu²¹lou²¹	木偶戏
肘娃娃	tʂou⁵²ua²¹ua³⁰	
全本戏	tɕʻyæ²⁴pei⁵²ɕi⁴⁴	
整本子戏	tʂəŋ⁵²pei⁵²tsʅ³⁰ɕi⁴⁴	

唱戏	tʂʻaŋ⁴⁴ɕi⁴⁴	演戏
影子戏	ȵi⁵²tsʅ³⁰ɕi²⁴	木偶戏
唱戏的	tʂʻaŋ⁴⁴ɕi⁴⁴ti³⁰	演员
花脸	xua²¹liæ⁵²	
丑角	tʂʻou⁵²tɕyɛ²¹	
耍丑的	sʮa²¹tʂʻou⁵²ti³⁰	"小丑"角色
老生	lau⁵²səŋ²¹	
小生	ɕiau⁵²səŋ²¹	
旦	tæ̃⁵²	旦角
老旦	lau⁵²tæ̃⁵²	老年女旦角
花旦	xua²¹tæ̃⁵²	年轻女旦角
小旦	ɕiau⁵²tæ̃⁵²	丫环之类女角色
跑龙套的	pau²⁴luŋ²⁴tʻau⁴⁴ti³⁰	男次要人物
翻猫跟头	fæ̃²¹mau²⁴kei²¹tʻou³⁰	翻跟头
栽立尻状	tsæ²¹li²¹⁻²⁴kou²¹tsʮaŋ⁴⁴	倒立
说书	sʮo²¹⁻²⁴sʅ²¹	
爆张	pau⁴⁴tʂaŋ²¹	鞭炮
鞭	piæ̃²¹	
响爆张	ɕiaŋ⁵² pau⁴⁴tʂaŋ²¹	放鞭炮
双响	sʮaŋ²¹ɕiaŋ⁵²	双响炮
戏迷	ɕi⁴⁴mi²⁴	
黑货	xei²¹xuo³⁰	花牌
花花	xua²¹xua³⁰	
抹黑货	ma²¹⁻²⁴xei²¹xuo³⁰	打花牌
抹花花	ma²¹⁻²⁴xua²¹xua³⁰	

二十二、动作

摇头	iau²⁴tʻou²⁴
摇□	iau²⁴sa²⁴

第七章　铜川方言词汇

晃脑	xuaŋ⁴⁴nau⁵²	
□仰起	sa²⁴n̠iaŋ²⁴tɕ'iɛ²¹	把头抬起来
头仰起	t'ou²⁴niaŋ²⁴tɕ'iɛ²¹	
□攒下	sa²⁴tsæ̃⁵²xa³⁰	头低下
头攒下	t'ou²⁴tsæ̃⁵²xa³⁰	
张嘴	tʂaŋ²¹tsuei⁵²	嘴张开
张口	tʂaŋ²¹k'ou⁵²	说出借什么借多少
嘴闭住	tsuei⁵²pi⁴⁴ts'ʅ²¹	把嘴合上
嘴滗滗下	tsuei⁵²pi⁴⁴pi³⁰xa³⁰	呶嘴
撅嘴	tɕye²¹tsuei⁵²	把嘴撅起来
骨都嘴	ku²¹tou²¹tsuei⁵²	
脸烧人	liæ̃⁵²ʂau²¹ʐei³⁰	因尴尬而感到难堪
脸红	liæ̃⁵²xuŋ²⁴	某事感到羞耻或不好意思
脸都白了	liæ̃⁵²tou²¹p'ei²⁴liau³⁰	因恐惧而脸色发白
脸下都没血了	liæ̃⁵²xa³⁰tou²¹mo²¹⁻²⁴ɕiɛ²¹liau³⁰	
吹胡子瞪眼	ts'ʮei²¹xu²⁴tsʅ³⁰təŋ⁴⁴n̠iæ̃⁵²	
睁白眼哩	tsəŋ²¹p'ei²⁴n̠iæ̃⁵²li³⁰	不听劝告而陷入困境的表情
瞪白眼哩	təŋ⁴⁴p'ei²⁴n̠iæ̃⁵²li³⁰	
挤眼哩	ti²¹n̠iæ̃⁵²li³⁰	使眼色哩
耳朵□□下	ʐʅ⁵²t'uo²¹tia⁵²tia³⁰xa³⁰	耳朵耷拉着
耳朵绺绺下	ʐʅ⁵²t'uo²¹tsou⁴⁴tsou³⁰xa³⁰	耳朵支起来仔细听
丢手	tiou²¹ʂou⁵²	放手不管
撒手	sa²¹ʂou⁵²	
摆手	iau⁵²ʂou⁵²	
松手	suŋ²¹ʂou⁵²	放开、松手
动手	tuŋ⁴⁴ʂou⁵²	开始（做某事）
拾掇	ʂʅ²⁴tuo⁵²	

拍手	p'ei²¹ʂou⁵²	
背着手	pei⁴⁴tʂuo²¹ʂou⁵²	手背在身后
手搭手	ʂou⁵²ta²¹ʂou⁵²	手搭在手上
不拉	pu⁵²la²¹	用手拨弄
捂住	u⁵²tsʻʅ²¹	用手盖住
扳指头算	pæ̃²¹tsŋ⁵²tʻou³⁰ɕyæ̃⁴⁴	数着指头计算
掐指头计算	tɕʻia²¹⁻²⁴tsŋ⁵²tʻou³⁰ɕyæ̃⁴⁴	
掸脚	tæ̃⁴⁴tɕyɛ²¹	跺脚
蹬腿	təŋ²¹tʻuei⁵²	
猫腰	mau²⁴iau²¹	
撂开腿	liau⁴⁴kæ²¹tʻuei⁵²	跨大步走
躐开	liɛ⁴⁴kʻæ²¹	躲开、闪开
擤	ɕiŋ⁵²	
喷嚏	pʻei⁴⁴tʻiɛ²¹	
打饱	ta²¹pau⁵²	打饱嗝儿
蹲	tuei²¹	
圪蹴	kɯ⁴⁴tiou²¹	
盘盘坐	pʻæ̃²⁴pʻæ̃³⁰tsʻuo⁴⁴	盘腿坐
绊倒了	pæ̃⁴⁴tau⁵²liau³⁰	摔倒跌倒
站下	tsæ⁴⁴xa³⁰	站住
狗吃屎	kou⁵²tʂʻʅ²¹sŋ⁵²	跌倒而爬在地上
前爬赴	tʻiæ²⁴pʻa²⁴pʻu⁵²	
仰头朝上	ȵiaŋ⁵²tʻou³⁰tʂʻau²⁴ʂaŋ⁴⁴	仰面躺倒
谝闲传	pʻiæ⁵²xæ²⁴tsʻʅ²⁴	谈天
吹牛皮	tsʻʅei²¹ȵiou²⁴pʻi²⁴	
打渣子	ta⁵²tsa²¹tsŋ³⁰	人家的话把，找人家的错话或在别人事中作梗，故意阻止某事进行

不言传	pu²¹ȵiæ²⁴tsʻʅæ²¹	不讲话或两人不和
招家（识）	tʂau⁵²tɕia²¹(ʂʅ²¹)	理睬
麻的太	ma²⁴ti²¹tæ⁴⁴	怠慢得很
麻圪嗖嗖	ma²⁴kɯ²¹sou²¹sou³⁰	怠慢的样子
麻麻的	ma²⁴ma²⁴ti³⁰	怠慢的
吱哇	tsʅ²¹ua³⁰	（贬）喊叫
挣叫	tsəŋ⁴⁴tɕiau²¹	
否咧	pʻi⁵²liɛ²¹	（贬）说话
咋呼	tsa⁵²xu²¹	
哄人	xuŋ⁵²ʐei²⁴	哄骗
骗人	pʻiæ⁴⁴ʐei²⁴	
日弄人	ʐʅ²¹luŋ²¹ʐei²⁴	
学	ɕyɛ²⁴	公婆把媳妇或媳妇把公婆的事讲述给别人，说起不周到不正确之处
给……说	kei⁴⁴……sʅo²¹	告诉（某人）
说悄悄话	sʅo²¹tʻiau⁵²tʻiau³⁰xua⁴⁴	
寻茬哩	ɕiei²⁴tsʻa²⁴li³⁰	找别人麻烦
寻事哩	ɕiei²⁴sʅ⁴⁴li³⁰	
找差哩	tsau⁵²tsʻa⁴⁴tsʅ³⁰	
寻茬哩	ɕiei²⁴tsʻa⁴⁴tsʅ³⁰	
抬杠	tʻæ²⁴kaŋ⁴⁴	为闲话争辩不休
驳驳	po²¹po³⁰	因不愿做某事而絮叨
咧咧	liɛ²¹liɛ³⁰	
嘟囔	tou²¹naŋ³⁰	
顶嘴	tiŋ²⁴tsuei⁵²	
□□	pia²¹pia³⁰	说闲话，聊天
煮	tsʅ⁵²	骂

伤	ṣaŋ²¹	斥责
凶	ɕyŋ²¹	
数落	sou⁵²luo²¹	
拾掇	ʂʅ²⁴tuo²¹	
挨煮加	næ²⁴tsʅ⁵²tɕia³⁰	将被骂
叫伤加	tɕiau⁴⁴ṣaŋ⁵²tɕia³⁰	将被批评、斥责
挨头子加	næ²⁴tʻou²⁴tsʅ²¹tɕia³⁰	将被斥责
收拾	ʂou⁵²ʂʅ²¹	
拾掇	ʂʅ²⁴tuo²¹	
煮仗	tsʅ⁵²tʂaŋ⁴⁴	吵架
打锤	ta⁵²tsʻɥei²⁴	打架
㨆	tiɛ²⁴	打
聒孽	kuo²¹⁻²⁴ȵiɛ²¹	打架吵架的总称
碰着	pʻəŋ⁴⁴tʂʻuo²¹	遇见
磕头	kʻuo²¹tʻou²⁴	
作揖	tsuo²¹i⁵²	
看	kʻæ̃⁴⁴	看望
串门子	tsʻɥæ̃⁴⁴mei²⁴tsʅ³⁰	到邻家谈天说笑
骚轻	sau²⁴tɕʻiŋ²¹	巴结奉迎；（贬）反驳
可憎	kʻuo⁴⁴tsəŋ⁴⁴	戏弄、讥讽别人
看重	kʻæ̃⁴⁴tsʻɥəŋ⁴⁴	看得起
惯	kuæ̃⁴⁴	宠、溺爱
迁就	tʻiæ̃²¹tɕʻiou²¹	
搞	kau⁵²	敷衍
烘	xuŋ²¹	姑息、纵容
应承	ȵiŋ⁴⁴tʂʻəŋ²¹	答应
不应承	pu²¹ȵiŋ⁴⁴tʂʻəŋ²¹	
撵出去	ȵiæ̃⁵²tsʻɥ²¹tɕʻi²¹	赶出去（只赶不喊）

轰出去	xuŋ²¹ts'ʅ²¹tɕ'i²¹	赶出去（连赶带喊）
搁	kuo²¹	
放	faŋ⁴⁴	
□	zŋ²¹	
兑	tuei⁴⁴	勾兑
掺	ts'æ²¹	
拣	tɕiæ̃⁵²	
挑	t'iau²¹	
遗了	i²⁴liau³⁰	丢了
寻着了	ɕiei²⁴tʂuo²¹liau³⁰	
找着了	tsau⁵²tʂ'uo²¹liau³⁰	
摞起来	luo⁴⁴tɕ'i⁵²læ²¹	
剩下	ʂəŋ⁴⁴xa³⁰	
刨	p'au²⁴	除去、减去
懂了	tuŋ²¹liau³⁰	明白了
会了	xuei⁴⁴liau³⁰	学会了
灵醒了	liŋ²⁴ɕiŋ⁵²liau³⁰	清醒了
解开了	ɕiæ⁵²kæ²¹liau³⁰	理解了；结被解开了
认_亲戚	zei⁴⁴	当作
思量	sʅ²¹liaŋ²¹	斟酌
想算	ɕiaŋ⁴⁴ɕyæ²¹	筹划、计划
尺算	tʂ'ʅ⁵²ɕyæ²¹	算计、盘算
尺模	tʂ'ʅ⁵²mo²¹ /tʂ'ʅ⁵²mu²¹	估计
大概来	ta⁴⁴kæ²¹læ³⁰	
猜摸	ts'æ²¹mo²¹	
料就	liau⁴⁴tɕ'iou⁴⁴	料定
照准	tsau⁴⁴tsʮei⁵²	果然
信	ɕiei⁴⁴	相信

想下	ɕiaŋ⁵²xa³⁰	怀疑是、估计是
小心	ɕiau⁵²ɕiei²¹	
留心	liou²⁴ɕiei²¹	
留神	liou²⁴ʂei²⁴	
提心吊胆	tʻi²⁴ɕiei²¹tiau⁴⁴tæ̃⁵²	
害怕	xæ⁴⁴pʻa⁴⁴	
怕	pʻa⁴⁴	
着忙	tʂʻuo²⁴maŋ²⁴	着急
着慌	tʂʻuo²⁴xuaŋ²¹	
着慌害忙	tʂʻuo²⁴xuaŋ²¹xæ⁴⁴maŋ²⁴	
心急得太	ɕiei²¹tɕʻi²⁴ti³⁰tʻæ⁴⁴	心情很着急
把……想的	pa²¹……ɕiaŋ⁵²ti³⁰	想念、惦念某人
盼望	pʻæ̃⁵²vaŋ²¹	
指望	tsɿ⁵²vaŋ²¹	
记着	tɕi⁴⁴tʂʻuo³⁰	
记的	tɕi⁴⁴ti³⁰	
想起啦	ɕiaŋ⁵²tɕʻiɛ²¹lia³⁰	记起来了
忘啦	vaŋ⁴⁴lia³⁰	
见不得	tɕiæ̃⁴⁴pu²¹tei²⁴ /tɕiæ̃⁴⁴pu²¹tei²¹	厌恶、讨厌（某人某物）
可憎	kʻuo⁴⁴tsəŋ⁴⁴	
稀罕	ɕi²¹xæ̃²¹	羡慕
害气	xæ⁴⁴tɕʻi⁴⁴	嫉妒、妒忌
夯槽	xaŋ²¹tsʻau²⁴	妒忌
闷气	mei⁴⁴tɕʻi⁴⁴	憋气
怄气	ŋou⁴⁴tɕʻi⁴⁴	生闷气
惜钱	ɕi²¹	爱惜
兴的	ɕiŋ²¹ti³⁰	高兴的

向（不偏谁，不向谁）	ɕiaŋ⁴⁴	偏袒
偏（不偏谁，不向谁）	p'iæ̃²¹	屈断
怨	yæ̃⁴⁴	
谢	ɕiɛ⁴⁴	
□	tsæ̃²⁴	为某事努力去做

二十三、方位

这达	tʂʅ⁴⁴ta³⁰	这里，近指
奈达	næ⁴⁴ta³⁰	那里，远指、也可中指
兀达	u⁴⁴ta³⁰	那里，中指
阿达	a²⁴ta³⁰	哪里，疑问代词
阿达	a²⁴ta³⁰	哪里，表否定，如：~~有哩嘛——哪里有这回事（根本就没有）。
上岸	ʂaŋ⁴⁴ŋæ̃³⁰	上边
囊顶	ŋaŋ²⁴tiŋ⁵²	
上首	ʂaŋ⁴⁴ʂou³⁰	
囊里	ŋaŋ⁵²li³⁰	最上边
下头	xa⁴⁴t'ou³⁰	下边
下岸	xa⁴⁴ŋæ̃³⁰	
下首	xa⁴⁴ʂou³⁰	
底里	ti⁵²li³⁰	最下面、下边
左岸	tsuo⁴⁴ŋæ̃³⁰	左边
右岸	iou⁴⁴ŋæ̃³⁰	右边
前头	tɕ'iæ̃²⁴t'ou³⁰	前边
前首	tɕ'iæ̃²⁴ʂou³⁰	
头里	t'ou²⁴li³⁰	
后头	xu⁴⁴t'ou³⁰	后边
后岸	xu⁴⁴ŋæ̃³⁰	

后首	xu⁴⁴ʂou³⁰	
里头	li⁵²t'ou³⁰	里边
里岸	li⁵²ŋæ̃³⁰	
里首	li⁵²ʂou³⁰	
□首	xɯ⁵²ʂou³⁰	
外头	uei⁴⁴t'ou³⁰	外面
外首	uei⁴⁴ʂou³⁰	
外岸	uei⁴⁴ŋæ̃³⁰	
外天	uei⁴⁴t'iæ̃³⁰	
东岸	tuŋ²¹⁻⁵²ŋæ̃³⁰	向东百里左右的地处
西岸	ɕi⁵²ŋæ̃³⁰	向西百里左右的地处
南岸	næ̃²⁴ŋæ̃³⁰	向南百里左右的地处
北岸	pei⁵²ŋæ̃³⁰	向北百里左右的地处
东头	tuŋ²¹t'ou²⁴	
西头	ɕi²¹t'ou²⁴	
南头	næ̃²⁴t'ou²⁴	
北头	pei⁵²t'ou²⁴	
当冲	t'aŋ²¹tsʰɥəŋ²⁴	正中间
停中	t'iŋ²⁴tsɥəŋ²⁴	
当中	taŋ²⁴tsɥəŋ²¹	
圪点	kɯ⁵²tiæ̃³⁰	近前、眼前
当下	taŋ²¹xa⁴⁴	眼下
崖畔	næ̃²⁴p'æ̃⁴⁴	崖边
埝畔	niæ̃⁴⁴p'æ̃⁴⁴	埝边
沟畔	kou²¹p'æ̃⁴⁴	沟边
渠畔	tɕ'y²⁴p'æ̃⁴⁴	渠边
河畔	xuo²⁴p'æ̃⁴⁴	河边
水畔	sɥei⁵²p'æ̃⁴⁴	

方大圆	faŋ²¹ta⁴⁴yæ̃²⁴	方圆
八十亩远	pa²¹ʂʅ²¹mu⁵²yæ̃⁵²	离该近的地方远
囗地方	sʮo⁴⁴tʻi⁴⁴faŋ²¹	什么地方
地下	tʻi⁴⁴xa³⁰	地上
跌地下囗	tiɛ⁵²tʻi⁴⁴xa³⁰lia³⁰	掉地上了
跌到地下囗	tiɛ⁵²tau²¹tʻi⁴⁴xa³⁰lia³⁰	掉到地上了
天下	tʻiæ̃²¹xa³⁰	天上
山下	sæ̃²¹xa³⁰	山上
路下	lou⁴⁴xa³⁰	路上
街下	tɕiæ²¹⁻⁵²xa³⁰	街上
街里	tɕiæ²¹⁻⁵²li³⁰	
墙下	tʻiaŋ²⁴xa³⁰	墙上
门下	mei²⁴xa³⁰	门上
窗门下	tsʻʮaŋ²¹mei²¹xa³⁰	窗子上
桌子下	tsʮo²¹tsʅ²¹xa³⁰	桌子上
板头下	pæ̃⁵²tʻou²¹xa³⁰	凳子上
楼下	lou²⁴xa³⁰	楼里；楼的二层以上
水下	sʮei⁵²xa³⁰	水上
手下	ʂou⁵²xa³⁰	手上
嘴下	tsuei⁵²xa³⁰	嘴上
房下	faŋ²⁴xa³⁰	房上
墙奈岸	tɕʻiaŋ²⁴næ⁴⁴ŋæ̃³⁰	墙那边
奈岸	næ⁴⁴ŋæ̃³⁰	那边（远指）
这岸	tsʅ⁴⁴ŋæ̃²¹	这边（近指）
兀岸	u⁴⁴ŋæ̃²¹	那边（中指）
阿岸	a²¹ŋæ̃²¹	哪边
这里	tsʅ⁴⁴li³⁰	这时

兀里	u⁴⁴li³⁰	那时（指过去或今后某时，较远）
奈里	næ⁴⁴li³⁰	那时（指过去式今后某时，较近）
这一	tʂʅ⁴⁴iɛ³⁰	这个（近指）
兀一	u⁴⁴iɛ³⁰	那个（中指）
奈一	næ⁴⁴iɛ³⁰	那个（远指）
阿一	a²¹iɛ³⁰	哪个
放□走	faŋ⁴⁴xɯ⁵²tsou⁵²	往里走
手□	ʂou⁵²xɯ³⁰	手里
门□	mei²⁴xɯ³⁰	门里边
房□	faŋ²⁴xɯ³⁰	房子里边
缸子□	kaŋ²¹⁻⁵²tsʅ³⁰xɯ³⁰	缸子里边
车□	tʂɤ²¹xɯ³⁰	车里边
□□	sa²⁴xɯ³⁰	脑子里边
窑口	iau²⁴xɯ³⁰	窑洞里边
楼口	lou²⁴xɯ³⁰	楼里边
天底里	t'iæ²¹ti⁵²li³⁰	天下
房底里	faŋ²⁴ti⁵²li³⁰	房下
山底里	sæ²¹ti⁵²li³⁰	山脚
门底里	mei²⁴ti⁵²li³⁰	门下
板头底里	pæ²¹tou³⁰ti⁵²li³⁰	凳子下
楼下	luo²⁴xa⁴⁴	说话者所在楼层的下面
床地里	ts'ɣaŋ²⁴ti⁵²li³⁰	床下
以前	i²¹t'iæ²⁴ ₍洛₎ /i²¹tɕ'iæ²⁴ ₍渭₎	
以后	i⁴⁴xu⁴⁴	
后来	xu⁴⁴læ²¹	

| 以东 | i⁴⁴tuŋ²¹ / i²¹tuŋ²¹ |
| 以西 | i⁴⁴ɕi²¹ / i²¹ɕi²¹ |

以南	i⁴⁴næ̃²⁴ / i²¹næ̃²⁴
以北	i⁴⁴pei⁵² / i²¹pei⁵²
以外	i⁴⁴uæ⁴⁴ / i²¹uæ⁴⁴
以内	i⁴⁴nei⁴⁴ / i²¹nei⁴⁴
在先	tsʻæ⁴⁴ɕiæ̃²⁴
在前	tsʻæ⁴⁴tʻiæ̃²⁴ （洛） / tsʻæ⁴⁴tɕʻiæ̃²⁴ （渭）
在后	tsʻæ⁴⁴xu⁴⁴

二十四、代 词

我	ŋuo⁵²		
你	n̠i⁵²		
他	tʻa⁵²		
她	tʻa⁵²		
它	tʻa⁵²		
我的	ŋuo²¹ti³⁰	我们	
咱的	tsʻa²⁴ti³⁰	咱们	
咱	tsʻa²⁴	指自己一人；咱们	
你的	n̠i²¹ti³⁰	你们	
他的	tʻa²¹ti³⁰	他们	
我	ŋuo²¹	我家、我们	
你	n̠i²¹	你家、你们	
他	tʻa²¹	他家、他们	
她	tʻa²¹	她家、她们	
□	n̠ia²⁴ （洛） / n̠ia⁴⁴ （渭）	他、她、它	
□的	n̠ia²⁴ti³⁰ / n̠ia⁴⁴ti³⁰	他（她）、他（她）们	
□	n̠ia²¹		

人□	ʐei²⁴ȵia²¹	人家、别人
你屋里	ȵi²¹u⁵²li³⁰	你家；你老婆
你老家	ȵi²¹lau⁵²tɕia²¹	你老人家
我屋里	ŋuo²¹⁻²⁴u²¹li³⁰	我家；我老婆
他屋里	tʻa²¹⁻²⁴u²¹li³⁰	他家；他老婆
她屋里	tʻa²¹⁻²⁴u²¹li³⁰	她家
□屋里	ȵia²⁴u²¹li³⁰ / ȵia⁴⁴u²¹li³⁰	他（她）家；他老婆
□老家	ȵia²⁴lau⁵²tɕia²¹	他（她）老人家、他（她）原籍
他老家	tʻa²¹lau⁵²tɕia²¹	他老人家、他原籍
她老家	tʻa²¹lau⁵²tɕia²¹	她老人家、她原籍
谁	siei²⁴ / ɕiei²⁴	
□人	sʅo⁴⁴ʐei²⁴	什么人？
□	sʅo⁴⁴	啥？（或"什么？"）
先生	ɕiæ̃²¹⁻⁵²səŋ²¹	称中医大夫和教师
我俩	ŋuo²¹⁻²⁴liaŋ²¹	
你俩	ȵi²¹⁻²⁴liaŋ²¹	
他俩	tʻa²¹liaŋ²¹	
她俩	tʻa²¹liaŋ²¹	
咱俩	tsʻa²⁴liaŋ²¹	
娘们俩	niaŋ²⁴mei²¹liaŋ²¹	
父子俩	fu⁵²tsʅ²¹liaŋ²¹ / fu²⁴tsʅ²¹liaŋ²¹	
爷孙俩	iɛ²⁴ɕyei⁵²liaŋ²¹	
婆孙俩	pʻo²⁴ɕyei⁵²liaŋ²¹	
姑侄俩	vu⁴⁴tʂʻʅ²⁴liaŋ²¹	
弟兄俩	tʻi⁴⁴ɕyŋ²¹liaŋ²¹	
吃头	tʂʻʅ²¹tʻou³⁰	值得吃
喝头	xuo²¹tʻou³⁰	值得喝

看头	kæ⁴⁴t'ou³⁰	值得看
干头	kæ⁴⁴t'ou³⁰	值得干
奔头	pei⁵²t'ou³⁰	
苦头	k'u⁵²t'ou³⁰	
甜头	t'iæ²⁴t'ou³⁰	
括头	k'uo⁵²t'ou³⁰	有获得利益的可能
咋囊向	tsuo⁵²naŋ³⁰ɕiaŋ⁴⁴	怎么样
咋囊	tsuo⁵²naŋ³⁰	
咋向	tsuo⁵²ɕiaŋ³⁰ / tsuo⁵²ɕiaŋ⁴⁴	
多忙些	tuo²¹maŋ²⁴ɕiɛ²¹	
咋囊些	tsuo⁵²naŋ³⁰ɕiɛ²¹	
多上	tuo²¹ʂaŋ³⁰	多少

二十五、形容词

好	xau⁵²	
强	tɕ'iaŋ²⁴	
不错	pu²¹⁻²⁴ts'uo²¹	
不咋囊向	pu²¹tsuo⁵²naŋ²¹ɕiaŋ⁴⁴	不怎么样
不顶事	pu²¹tiŋ⁵²sʅ⁴⁴	承担不了某种责任
瞎	xa²¹	不好，坏
烂	læ⁴⁴	差、破
将就	tiaŋ²¹tɕ'iou²¹/ tɕiaŋ²¹tɕ'iou²¹	勉强可以
能搞	nəŋ²⁴kau⁵²	
凑伙	ts'ou⁴⁴xuo²¹	
嫽	liau²⁴	漂亮、美
亲	tɕ'iei²¹	
倩	tɕ'iæ⁴⁴	
晳	ɕi²¹	白晳
晳样	ɕi²¹⁻⁵²iaŋ²¹	

人样好	zei²⁴iaŋ⁴⁴xau⁵²	人的貌相漂亮
难看	næ²⁴k'æ⁴⁴	丑
要紧	iau⁴⁴tɕi⁵²	紧急
结实	tɕie⁵²ʂʅ²¹	身体素质好；坚固；话语朴质且击中要害
净眼眼的	t'iŋ⁴⁴ȵiæ²¹ȵiæ³⁰ti³⁰	干净的样子
干净	kæ⁵²t'iŋ²¹	洁净
齷齪	u⁵²naŋ²¹	肮脏；无主见且懦弱
咸	xæ²⁴	
淡	t'æ⁴⁴ / tæ⁴⁴	
壮	tʂɥaŋ⁴⁴	肥、胖、粗；有钱
柴	tsʻæ²⁴	瘦、吝啬、粮食赃物多
饱	pau⁵²	
干	kæ²¹	瘦（人或物）、硬；没钱
水水的	ɥei⁵²sɥei²⁴ti³⁰	女子肌肤白皙；水果色美味甜；物上缀满水珠
水灵灵的	sɥei⁵²liŋ²¹liŋ³⁰ti³⁰	
□活	tʂʻæ⁵²xuo²¹	舒畅
□	naŋ²⁴	
□	tʂʻæ⁵²	
□	tsɥæ⁵²	舒服；（土地）平整、舒坦；合适
不美气	pu²¹mei⁵²tɕʻi⁴⁴	有病；关系不友善；不舒服
叵烦	pʻo⁵²fæ²¹	令人心烦
霢霂	mu⁴⁴naŋ²¹	动作慢、麻烦、烦乱
捣	tau⁵²	调皮
顽皮	væ²⁴pʻi²⁴	赖、调皮
不乖	pu²¹⁻²⁴kuæ²¹	小孩生病而精神不振；调皮
丧眼	saŋ²¹ȵiæ⁵²	肮脏的使人感到恶心；过分小气

灵	liŋ²⁴	聪明、精明
灵醒	liŋ²⁴ɕiŋ²¹	同"灵",多指小孩
鬼	kuei⁵²	(贬)狡猾
痴	tsʻʅ²⁴	蠢、笨
愣	ləŋ⁴⁴	蠢、笨
瓜	kua²¹	傻
憨	xæ̃²¹	过分老实,近乎傻
笨	mei⁴⁴	
实	ʂʅ²⁴	老实、不灵活;讲信用
实实的	ʂʅ²⁴ʂʅ²⁴ti³⁰	很不灵活;很严实
到路	tau⁴⁴lou⁴⁴	办妥某事
麻卡	ma²⁴kʻa⁵²	费周折、麻烦
麻眼	ma²⁴ȵiæ̃²¹	
瞎蛋	xa⁵²tʻæ̃²¹	坏事了
淘猫子	tʻau²⁴mau²⁴tsʅ³⁰	媳妇恣事生非
亮亮诓诓	liaŋ⁴⁴liaŋ³⁰kʻuŋ²¹kʻuŋ³⁰	教育少,言辞放肆
霂霂齉齉	mu⁴⁴mu³⁰naŋ⁵²naŋ³⁰	很不利索
棱里棱铮	ləŋ²⁴li³⁰ləŋ²⁴tsəŋ²¹	衣冠楚楚
扑气来害	pu²¹tɕʻi³⁰læ²¹xæ³⁰	衣服宽大脏乱
黑麻日揣	xei⁵²ma²¹ʐʅ²¹tsʅ̢æ⁵²	黑乎乎的
五抹六道	u⁵²ma²¹liou²¹tau⁴⁴	脏兮兮的
痴不呆呆	tsʻʅ²⁴pu²¹tæ⁵²tæ³⁰	反应迟钝
没汤条	mo²¹tʻaŋ⁵²tʻiau²¹	孱弱无力
没狼血	mo²¹laŋ²⁴ɕiɛ²¹	
丝丝蔓蔓	sʅ²¹sʅ³⁰væ̃²⁴væ̃³⁰	藕断丝连,该断不断
鸢	tiau⁴⁴	长、深
大	tʻuo⁴⁴	
碎	suei⁴⁴	小

脉气	mei²¹tɕ'i⁴⁴	风水佳好，迷信说法
端	tuæ̃²¹	
直	tʂ'ʅ²⁴	
端端的	tuæ̃²¹tuæ̃²¹⁻²⁴ti³⁰	直直的
直直的	tʂ'ʅ²⁴tʂ'ʅ²⁴ti³⁰	
端圪影影的	tuæ̃²¹kɯ⁴⁴ȵiŋ⁵²ȵiŋ³⁰ti³⁰	非常直
扭扭子	ȵiou⁵²ȵiou³⁰tsʅ³⁰	弯或不直的样子
弯弯子	uæ̃²¹uæ̃³⁰tsʅ³⁰	
斜斜子	ɕie²⁴ɕie³⁰tsʅ³⁰	
歪歪子	uæ²¹uæ³⁰tsʅ³⁰	
周正	tʂou²¹⁻⁵²tʂəŋ³⁰	端正
没相框	mo²¹ɕiaŋ⁴⁴k'uaŋ²¹	没点形状；没什么本事
一了斜	i²¹liau²⁴ɕie²¹	一直斜着而去
活	xuo²⁴	（人）灵活
死	sʅ⁵²	（人）呆板
歪	uæ²¹	女子脾气不好
□	ȵiau²⁴	女子脾气不好
撑	ts'əŋ⁴⁴	小孩脾气大、硬、凶
生	səŋ²¹	蛮横不讲理
撑撑的	ts'əŋ⁴⁴ts'əŋ⁴⁴ti³⁰	小孩子生硬的样子
生生的	səŋ²¹səŋ²¹ti³⁰	
牛	ȵiou²⁴	傲慢
牛牛的	ȵiou²⁴ȵiou²⁴ti³⁰	
生撑冷㑒	səŋ²¹ts'əŋ⁴⁴ləŋ⁵²tɕyɛ⁴⁴	言辞生硬、蛮横
没够时	mo²¹kou⁴⁴sʅ³⁰	贪婪、不满足
鸡蛋(子)眉眼	tɕi²¹t'æ²¹tsʅ³⁰mi²⁴ȵiæ̃⁵²	耍赖、自私的人
靓面子	tɕiŋ⁴⁴miæ̃⁵²tsʅ³⁰	
齐整	t'i²⁴tʂəŋ²¹	

第七章　铜川方言词汇

方净	faŋ²¹tɕin²¹	白暂
媷也	uo²⁴iɛ⁵²	美观
𦘒脏	zʅ²¹⁻²⁴tsaŋ²¹	不干净
奴	nou²⁴	脏
眉眼	mi²⁴ȵiæ̃⁵²	样子、规模
有眉有眼	iou⁵²mi²⁴iou⁵²ȵiæ̃⁵²	正确且有证据
富态	fu⁴⁴tʻæ²¹	胖
纳福	na²¹⁻²⁴fu²¹	胖
瓷实	tsʻʅ²⁴ʂʅ⁵²	结实
欢势	xuæ̃⁵²ʂʅ²¹	（老人）有精神
硬邦	ȵiŋ⁴⁴paŋ²¹	硬朗
饥瘦	tɕi⁵²sou²¹	瘦削
单薄	tæ̃⁵²pʻo²⁴	瘦小
枵	ɕiau²¹	薄、不结实
恓惶	ɕi²¹xuaŋ²¹	可怜
吓不得得的	xa⁴⁴pu²¹tei²⁴tei³⁰ti³⁰	（小孩）令人可怜的样子
溜舔奉敬	liou⁴⁴tʻiæ̃⁵²fəŋ⁴⁴tɕin⁴⁴	巴结奉迎
丧德	saŋ⁵²tei²¹	失去人格
贱尻子	tɕʻiæ⁴⁴kou²¹tsʅ³⁰	没有骨气的人
细	ɕi⁴⁴	吝啬
啬	sei²¹	吝啬
交麻勒里	tɕiau²¹ma²¹⁻²⁴lei⁵²li³⁰	关键时刻
悬乎	ɕyæ̃²⁴xu²¹	差点
没<u>拉敢</u>	mo²¹la²⁴kæ⁵²	没多大能力
无<u>拉敢</u>	vu²⁴la²⁴kæ⁵²	没意思
得罪脸吊	tei⁵²tsʻuei²¹liæ⁵²tiau⁴⁴	沮丧的样子
戴高帽子	tæ⁴⁴kau²¹mau⁴⁴tsʅ³⁰	过分赞扬别人，暗含贬义
戴二尺五	tæ⁴⁴ər⁴⁴tʂʅ²¹u⁵²	

戴按眼	tæ⁴⁴ŋæ⁴⁴ɲiæ²¹	
胡死麻察	xu²⁴sʅ⁵²ma²¹tsʻa³⁰	敷衍某事的样子
揭里麻擦	kʻɯ⁵²li³⁰ma²¹tsʻa³⁰	干净利索的样子
揭地麻擦	kʻɯ⁵²tʻi²¹ma²¹tsʻa³⁰	
干净麻利	kæ⁵²tɕʻiŋ²¹ma²⁴li⁴⁴	
料里麻斜	liau²⁴li²¹ma²¹ɕiɛ³⁰	晚辈嬉戏长辈的行为
痴麻圪丁	tsʻʅ²⁴ma²¹kɯ²¹tiŋ³⁰	呆滞的样子
毛手毛脚	mau²⁴ʂou⁵²mau²⁴tɕyɛ²¹	
大不咧咧	ta⁴⁴puʻ²¹liɛ²¹liɛ³⁰	
仄棱麻帕	tsei²¹ləŋ³⁰ma²¹pʻa³⁰	该平却不平坦的样子
仄棱暴翘	tsei²¹ləŋ³⁰pau⁴⁴tɕʻiau²¹	
倒肩卧项	tau⁵²tɕiæ²¹uo²¹xaŋ⁴⁴	坐卧不端正的样子
傲不唧唧	ŋau⁴⁴puʻ²¹tɕi²¹tɕi³⁰	骄傲的样子

二十六、副 词

闻早	vei²⁴tsau⁵²	趁早
亏当	kʻuei²¹tæ²¹	幸亏
胆无宁	tæ²¹vu⁴⁴ɲiŋ⁴⁴	故意
无宁	vu⁴⁴ɲiŋ⁴⁴	
本来	pei²¹læ²⁴	
着实	tʂʻuo²¹sʅ²¹	的确
平……(年纪)	pʻiŋ²⁴……	接近或刚满多少岁
共总	kuŋ⁴⁴tsuŋ⁵²	总共
嫑	po²¹	别，如：你~骂人！
白白地	pʻei²⁴pʻei²⁴ti³⁰	空空地、徒然地
咋	tsuo⁵²	硬（~让我去）、偏（~让我去）只用于自述
胡……	xu²⁴	任意地、存心不良地（做、干某事）
瞎……	xa⁵²	

乱⋯⋯	lyæ̃⁴⁴	
头里先去	tʻou²⁴li³⁰ɕiæ̃⁴⁴tɕʻi⁴⁴	先去
后首再来	xu⁴⁴ʂou³⁰tsæ⁴⁴læ²⁴	
再	tsæ⁴⁴	
一满	i²¹mæ̃⁵²	一共
一满□	i²¹mæ̃⁵²tsæ̃²⁴	

二十七、介词

教	tɕiau⁴⁴	让、给、被
抹	ma²¹	把
拿	na²⁴	被、让、给
对出	tuei⁴⁴tsʻʅ²¹	对着
对的	tuei⁴⁴ti³⁰	
按	ŋæ̃⁵²	照⋯⋯（做）
照	tʂau⁴⁴	
照出	tʂau⁴⁴tsʻʅ²¹	依（~我看）、据（~我想）
顺出	sʮei⁴⁴tsʻʅ²¹	顺着
给	kei²¹	被
跟	kei²¹	和、与、同
干	kæ̃²¹	
做碎	tsou⁴⁴suei⁴⁴	从小、自小

二十八、量词

| 一处 | i²¹uæ²¹ | 相当于普通话的"一把（刀）、一匹（马）、一道（沟）、一顶（帽子）、一件（事）、一朵（花）、一条（毛巾）、一辆（车）、一盏（灯）、一张（桌子）、一床（被子）、一杆（枪）、一管（毛）、一棵（树）、一颗（米）、一块（砖）、一口（猪）、一架（飞 |

		机）、一桩（事）、一根（萝卜）、一条（橡）、一位（客人）"等
□	ie^{21}	为"一外"的合音
一疙瘩	i$^{21-24}$kɯ^{21}ta^{30}	相当于普通话"一点（墨水）、一粒（米）、一颗（珠子）、一块（馍）、一笔（债）、一朵（花）、一节（粉笔）"等（括号内同"一外"
一干干	i$^{21-24}$kæ̃^{21}kæ̃^{30}	一帮子，同流
一伙伙	i^{21}xuo^{52}xuo^{30}	
一杠子	i^{21}kæ̃^{52}tsʅ^{30}	一伙
一窝子	i^{21}uo^{21}tsʅ^{30}	同胞的一组，如"一窝子猫，一窝子狗"等；用于人，则含贬义，可包括同族、同伙的一组
一溜子	i^{21}liou^{44}tsʅ^{30}	一行、一条；同伙
一拃	i^{21}tsa^{52}	大拇指与中指张开的长度
一停	i^{21}t'iŋ^{24}	多少分之一
一脸	i^{21}liæ̃^{52}	满脸
一身	i^{21}ʂei^{21}	满身
一肚子	i^{21}t'ou^{44}tsʅ^{30}	满肚子
一来回	i^{21}læ^{24}xuei^{52}	一个往返全程
一会会	i^{21}xuei^{44}xuei^{30}	一会儿
一眼	i^{21}ȵiæ̃^{52}	一下子
一阵子	i^{21}tʂei^{44}tsʅ^{30}	
一家伙	i^{21}tɕia^{21}xuo^{21}	
一捆子	i^{21}kuei^{52}tsʅ^{30}	
一缸子	i^{21}kaŋ^{52}tsʅ^{30}	
一摞子	i^{21}luo^{44}tsʅ^{30}	
一溜溜	i^{21}liou^{44}liou^{44}	一行行，一挪挪

| 一摆摆 | i²¹pæ⁵²pæ³⁰ | 一行，一排 |
| 一挑线 | i²¹k'uaŋ⁴⁴ɕiæ̃⁴⁴ | 一"拐子"线（拐子是绕线的工具） |

三十、数字

初口	ts'ou²¹ʐ̩⁴⁴	初二
老大	lau⁵²t'uo⁴⁴	老大
老口	lau⁵²ʐ̩⁴⁴	老二
大哥	t'uo⁴⁴kɤ²⁴	大哥
口哥	ʐ̩⁴⁴kɤ²⁴	二哥
老罢	lau⁵²pa⁴⁴	老末、老小
老碎	lau⁵²suei⁴⁴	
二百五	ər⁴⁴pei²¹u⁵²	二百五十；傻子
百九六十	pei²¹tɕiou⁵²liou⁵²ʂ̩²¹	傻子
千一	tɕ'iæ̃²¹⁻²⁴i²¹	一千一百
千二	tɕ'iæ̃²¹ər⁴⁴	一千二百
千三	tɕ'iæ̃²¹⁻²⁴sæ̃²¹	
千四	tɕ'iæ̃²¹s̩⁴⁴	
千五	tɕ'iæ̃²¹u⁵²	
千六	tɕ'iæ̃²¹liou²¹	
千七	tɕ'iæ̃²¹⁻²⁴t'i²¹	
千八	tɕ'iæ̃²¹pa²¹	
千九	tɕ'iæ̃²¹tɕiou⁵²	
百一	pei²¹⁻²⁴i²¹	一百一十
百二	pei²¹ər⁴⁴	一百二十
百三	pei²¹⁻²⁴sæ̃²¹	
百四	pei²¹s̩⁴⁴	
百五	pei²¹u⁵²	
百六	pei²¹⁻²⁴liou²¹	

百七	pei²¹t'i²¹	
百八	pei²¹pa²¹	
百九	pei²¹tɕiou⁵²	
几外	tɕi²¹uæ²¹	几个
好几外	xau⁵²tɕi²¹⁻²⁴uæ²¹	好几个
好几十	xau⁵²tɕi²¹⁻⁵²ʂʅ²⁴	
好几百外	xau⁵²tɕi²¹pei²¹uæ²¹	好几百个
一些	i²¹ɕie²⁴	许多
一些个	i²¹ɕie²¹kɤ²¹	许多个

第二节　词汇特点

一、铜川方言与普通话词义相同，词形有别。

在铜川方言中，有些词与普通话所表示的意义是相同的，但词形却有区别。具体情况如下：

1.铜川方言和普通话所表示的意义相同，但书写形式完全不同。例如：

娃衣——胎盘　　　上会——赶集
夜个——昨天　　　蛐蛐——蟋蟀
洋芋——马铃薯　　炭——煤
洋碱——肥皂　　　碎——小
硬雨——冰雹　　　长虫——蛇

2.铜川方言和普通话所表示的意义相同，书写形式部分相同，部分不相同。例如：

歇凉——乘凉　　　年时——去年
蚍蜉蚂——蚂蚁　　围脖——围巾
造谎——撒谎　　　眼窝——眼睛
天爷——天　　　　急赶——赶快

脖项——脖子　　　毛老鼠——松鼠

3.铜川方言和普通话所表示的意义相同，但在是否有后缀方面存在着差别。有两种情况：

（1）铜川方言有后缀，而普通话没有后缀。例如：

角子——角色　　　狐子——狐狸

喂子——磨　　　　碑子——墓碑

墓子——坟墓　　　洋柿子——西红柿

鸡蛋子——鸡蛋　　腔子——胸脯

（2）铜川方言没有后缀，而普通话有后缀。例如：

裤——裤子　　　　虱——虱子

虮——虮子　　　　被——被子

针管——针鼻儿　　枣——枣儿

二、铜川方言与普通话词形相同，词义有别。

有些词，铜川方言与普通话的书写形式相同，但词的意义却有区别。情况如下：

1.同一个词，铜川方言与普通话词形相同，但词义范围大小不同。例如：

男[næ²⁴]女[ȵy⁵²]　铜川方言和普通话一样都表示性别，但铜川方言除了指人，还可用来指某种动物。如：男猫（公猫）、女猫（母猫）。

甜[t'iæ²⁴]　铜川方言除了表示甜味外，还可表示淡味。如：这盘菜咋的这囊甜该？再加些盐？（这盘菜怎么这样淡呢？再加些盐）。

水[sɥei⁵²]　铜川方言除了有跟普通话相同的义项外，还可用来指"汗"和"钱"。如：他出了一口[sa²⁴]水（他出了一头汗）。今年你盖房还得些水出（今年你盖房还得花些钱）。

瞎[xa²¹]　铜川方言除了"失明""盲目"等义外，还可表示"坏"。如：咧人瞎的太（那人坏得很）。

161

抬[tæ²⁴]　铜川方言不仅表示"举""搬"等义，还可表示"留"和"藏"。如：桌子上的苹果是给你抬下的（桌子上的苹果是给你留下的）。把钱抬起来（把钱藏起来）。

2.同一个词，铜川方言与普通话词形相同，但词义完全不同。例如：

奶奶[næ²¹næ³⁰]普通话指祖母，铜川方言则指乳房。

老婆[lau⁵²p'o²⁴]普通话口语指妻子，铜川方言则指曾祖母。

婆[p'o²⁴]普通话指丈夫的母亲，铜川方言则指祖母。

果木[kuo⁵²mu²¹]普通话指果树，铜川方言则指水果。

3.同一个词，铜川方言与普通话词形相同，但在具体运用方面却不尽相同，表现在有的名词铜川方言还可以借作形容词、动词，词义也因此会发生变化。例如：

腰[iau²¹]因腰在身体的中部，所以铜川方言用来指"（拦腰）切断"的意思。如：把这棍从中间腰了（把这根棍字从中间切断）。

牛[ȵiou²⁴]　因牛力气大，性情倔犟，所以铜川方言用来形容倔犟、傲慢的人。如：他的脾气牛的很，□[ts'uei²⁴]管你咋囊说，他都不听（他的脾气犟得很，不管怎么说，他都不听）。你看小王牛的，见了我连话都不说（你看小王傲慢的，见了我连话都不说）。

鬼[kuei⁵²]　鬼本是迷信的人所说的人死后的神秘莫测的灵魂，因此，铜川方言用来形容神秘、精灵的人。如：咻人做事鬼的太，猜不透他要弄什么（那人做事儿神秘得很，猜不透他要干什么）。小刘鬼的太，你憂想占他的便宜（小刘精得很，你别想占他的便宜）。

猴[xou²⁴]（洛区读[xu²⁴]）因其生性好动，所以铜川方言用来形容人性情好动，独往独来。如：咻娃猴的怕怕，老一个人就逛去了（那娃特别好动，总是一个人就玩去了）。

三、铜川方言保留了大量的古语词，我们可以从古代的韵书，文学作品等有关著作中查出它们的来源。这些词普通话不再使用，铜川人民却经常使用。

例如：搉[kʻuo²¹]以为"击"。如：覅拿棍棍搉枣（不要用棍子打枣儿）！《广韵》入声觉韵苦角切："搉，击也。"

濺[tsæ⁴⁴] 以为"溅"。如：水濺了我一脸。《广韵》去声翰韵则旰切："濺，水溅。"

謑[sæ²¹] 以为声音嘶哑。如：我的声謑了，说话声低，自己还不好受（我的声音嘶哑了，说话声低，自己还不好受）。《广韵》平声，佳韵，山佳切："謑，语失也。"

恶水[ŋuo²¹sʅei²¹] 义同"泔水"。《元曲选·秋胡戏妻》剧第二折《滚绣球》曲后白："奶奶，想秋胡去了十年光景。我与人家担好水换恶水，养活着奶奶。你怎么把梅英又嫁与别人。"《元曲选·神奴儿》第三折《迎仙客》曲夹白："【茶旦云】是泼下的恶水。"

四、铜川方言词的地域色彩。

我们知道，用什么样的词来指称什么事物，各地不尽相同，往往受制于一定的自然环境、文化传统、社会历史和人们对客观事物的主观认识，从而影响到各方言的词汇系统和面貌。就铜川方言来说，有些词所表达的概念是比较独特的，它们或者反映了当地的某些特殊事物，或者反映了当地经济、文化、习俗的独特面貌。如：

梦环[mei⁴⁴xuæ²¹]是当地用来打水的一种器具，由若干个铁环儿相接而成，系于井绳端头。使用时，用镢钩或环套把水桶系住，再放入水井吊水。

厦房[sa⁵²faŋ²⁴] 安间[ŋæ²¹tɕiæ²¹] 分别指两种不同样式的房屋。前者为一面坡一面直的房子；后者为两面坡的房子。

后院[xu⁴⁴yæ²¹] 指厕所。因为当地"厕所"多在后院，故得名。

出花[tsʻʅ²¹⁻²⁴ xua²¹] "花"常是女子的代名词，因而铜川方言称女子出嫁为"出花"，进而发展为一种风俗——女子出嫁前一天，女方家庭整理嫁妆，并且摆设酒席款待亲朋好友。

五、铜川方言词的生动形象性。

铜川方言中，许多词是通过形象的比喻和联想来表示某种对象的意义的。表现了当地人民创造新词的一种方式。例如：

普通话的"车前草"意思比较平淡、抽象，而铜川方言称之为"猪耳朵"[tsʅ²¹zʅ⁵²tʻuo³⁰]，"车前草"的形状就具体地表现出来了。普通话的"瓢虫"虽然从形状上揭示了这种动物的特征，但却忽视了它更为突出的色彩特征，铜川方言正是弥补了这一缺陷，称为"花媳妇"，因为新婚媳妇都穿着红底黄花的衣衫。普通话的"驼背"意思主要体现在"驼"字上，但铜川地区从古到今都无有"骆驼"的历史，于是人们就用"背锅子"（背着锅的汉子）比喻"驼背"。又如称"知心朋友"为"挨己"，称"妇女"为"屋里人"，称"妯娌"为"先后"称"男子"为"外前人"等等，都体现了地方地理变迁，历史沿革，人文演化的色彩。

六、铜川方言的同义词。

铜川方言具有非常丰富的同义词。有些事物和现象的表现方式，普通话比较笼统、概括，而铜川方言则比较具体、细致。也就是说，就某些概念而言，铜川方言比普通话具有更多的同义词来表达。这样就使铜川方言在运用过程中生动活泼，富于变化，具有很强大表现力。

例如："曳"[iɛ²¹]，"拽"[tsʅɣæ⁴⁴]、"扽"[tuei⁴⁴]、"□"[tsʻɣei⁴⁴]，这四个词都有"拉"的意义，但在具体运用过程中却有细微差别。"曳"强调"拖着拉"，如："老牛曳犁还曳耙。""拽"强调"人拉"，而且是拉一两下，或者扯着别人衣袖让人家带着走，如："把娃拽嘎，小心跌下去了。"（把孩子拉一拉，小心掉下去了。）"扽"在于施事者所发出的动作比较快，具有短暂性，它的后面一般要跟表示结果或数量的补语,如:"把绳子抮紧"(把绳子拉紧)。"□[tsʻɥei⁴⁴]"着重于拉住某物使之固定于某一状态,如:"担子一头轻一头重,就得把轻的一头□[tsʻɥei⁴⁴]住"(担子一头轻一头重,就得把轻的一头拉住)。

  上述同义词是相对同义词,也可说是近义词,它们的基本意义是相同的,但在具体意义方面却有细微的差别。这类词在铜川方言中大量存在。要说的是还有一些同义词使人难以看出差异,群众认为它们没有什么不同之处。这些词似乎是绝对同义词或者说是等义词。例如:扑稀[pʻu²¹ɕi²¹]、来稀[læ²¹ ɕi²¹]、拉稀[la²¹ ɕi²¹]、拉洒[la²¹ sa²¹]、拉踏[la²¹ tʻa²¹],都是形容词,表示"不整洁且不利落"的意思,近乎普通话的"邋遢":

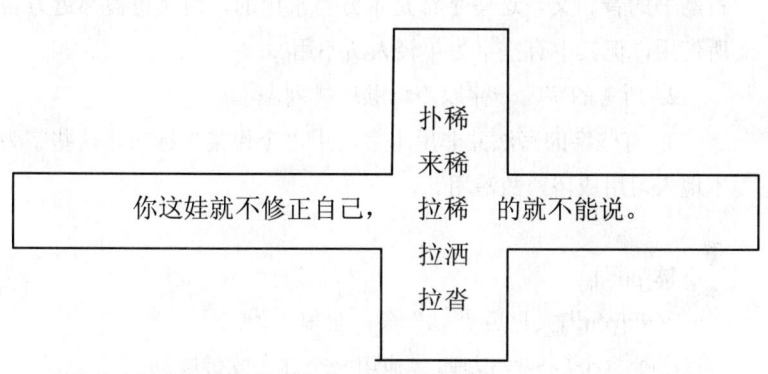

你这娃就不修正自己,{扑稀/来稀/拉稀/拉洒/拉沓}的就不能说。

(你这娃一点不修饰打扮自己,邋遢的就不能说。)

第八章 词语考证

第一节 《广韵》《集韵》中的铜川方言词

说 明

1. 口语里那些有音有义而无适当的字来书写的方言词，给人们日常生活中书面交际带来不小的麻烦。本节就是要考证并解释方言里的本字，确定这类字的写法。凡所考释的字，先列字，用国际音标注明方言读法，再释义并举例具体说明用法，最后写出古韵书的音、义。这些字都是本方言常用的，而且也被邻近方言所使用，但其中有些字为年轻人所不用。

2. 所考的字，一律以声母顺序排列。

3. 有些字的写法并非用本字，用"今作某"标明。这些字为本地人习用成俗，故沿用。

钵[po²¹]_bo

又音[p'u²¹]_pu，见后"瓿"条。食器。如：

①他拿个～～吃饭哩。（他用一个钵子吃饭呢。）

②叫我把你家的捣蒜～子用嘎。（让我把你家我捣蒜钵子用一下。）

《广韵》入声末韵，钵，北末切，"～器，又盋，食器也"。

佖[pie²¹]_bie

义同"胀"，亦指饱。如：

①我吃的太多了，肚子～太。

②豌豆角越长越～。

《集韵》屑韵必结切："佖，满貌。"

𩨜[luŋ²¹]₍ₗₒₙ𝓰₎

今作"拢",遮盖。如:

①你赶快把头巾～下,小心着风受凉。

②把娃别捂～的太紧了。

《广韵》平声东韵,"克塞貌","音龙"。

髼[pʻəŋ²¹]₍ₚₑₙ𝓰₎

今作"蓬"。头发乱且直竖,引申指柴草杂乱。如:

①头发夅[tsa⁴⁴]～～的。

②你把奈些枣刺摧平,没了的就夅～～,毛草草,很难看。(你把那些荆棘收拾平整,要不然就参差不齐,很难看。)

《广韵》平声东韵,髼,薄红切,"髼鬆,发乱貌"。《集韵》平声,东韵,髼,蒲蒙切,"《字林》'髼鬆,发乱貌'"。

躃[pʻiɛ²¹]₍ₚᵢₑ₎

肢体不健全或行走不规。如:

①他是个～～腿。

②你走过来半～不刺的。(你走起来歪倒不平的。)

《广韵》入声昔韵,躃,必益切,"跛躃,人不能行也"。

䁲[mi⁴⁴]₍ₘᵢ₎

藏起来偷看,如:

①你一个人～在我这做啥哩?(你一个人藏在这偷看是为了什么呢?)

②狼～在草丛中,争着能叫他吃的东西路过。

《广韵》平声脂韵,䁲,武悲切,"伺也"。

糉[mæ⁴⁴]

种植。如:

①今早晨我两一共～了两畦畦辣子。

②我和小李明天得～几畦畦烟苗。

《集韵》去声换韵,"糉,莫半切,《博雅》'种也'"。

𰂔 [fa⁵²]_fa

将谷物碾去粗皮后再舂一次，使更精细。如：

①你碾的糁子又大又不干净，还得叫我再去～一回。

②麦仁～给一下，喝去就光了。

《广韵》月韵房越切伐纽："𰂔，舂米。"《一切经音义》卷十八引《通俗文》："捣细曰舂。"

妠 [fæ⁴⁴]_fan

今作"蕃"，繁殖生育。如：

①你一次抱一点点个，跑来跑去走过场，小心人家骂你是"猫～儿子"。

②这几天那个鸡～窝哩。

《广韵》去声愿韵芳万切："妠，息也。"

瘐 [tiou⁴⁴]_diu

缩小、蜷缩。如：

①这条裤～短了。

②他冷的都～到一搭了。

《广韵》去声宥韵侧救切："瘐，缩小。"《集韵》去声宥韵即就切："瘐，缩也。"本方言洛区把普通话的[tɕ]读[t]。

窵 [tiau⁴⁴]_diao

深。如：

这洞～的厉害。

《广韵》去声啸韵，窵，多啸切，"～窅，深也。"

打 [tiŋ⁵²]_ding

今作"顶"，椎打。如：

①一见面就把他～了两槌头（拳头）。

②打墙要把土～实。

《广韵》迥韵都挺切顶纽："打，击也。又都冷切。"

𢱧 [tuŋ²¹]_dong

不美观。如：

①你竟然把白面沾了一腿，白～～的真难看！

②这书皮本来白净白净的，你才看了一两天，就摸的黑～～的。

《广韵》平声东韵，䵴，德红切，"丑貌"。

咥[tiɛ²⁴]_die

吃，如：

①今天～的太饱了。

②你～的西瓜太多了。

《广韵》入声黠韵，咥，徒结切，"笑也，啮也"。

揲 [tiɛ²⁴]_die

打（人）。如

①小心我～你。

②他想去～人家，反叫人家～了一顿。

《广韵》入声屑韵，徒结切："揲，搪也。"

舕[tʻæ⁴⁴]

今作"探"，伸出。如：

①娃舌头～～下，像个傻子一样。

②别把头～出去，小心车辆

《集韵》去声阚韵，舕，吐滥切，"吐舌貌"。

大[tʻuo⁴⁴]_tuo

意义有二：①兄弟中排行为长者，称老～；②同普通话"大"。如：

①他是老～。

②他比小李～两岁。

③这座楼比以前的旧楼～的多。

《广韵》箇韵唐佐切驮纽，开一，定母，全浊声母。铜川方言读如送气透母。《五方元音》驼韵斗母去声："大，巨大。"

怔 [tʻuŋ²¹]_tong

惶恐。如：

我这一会心里跳得～～的。哎，吓死人了。

《广韵》平声东韵，怔，徒冬切，"惶也。"《集韵》平声东韵，憧，他冬切，"博雅'怔憧，俱也'。"

停 [tʻiŋ²⁴]_ting

亦作"亭"。适中，平均，相等的。如：

①担水担子两头～，担下水来不胡拧。

②给他几个把这分～，要不非惹事打搥骂架不可。

《广韵》青韵特丁切庭纽，开四定母。《史纪·张汤列传》："补廷尉史，亭疑法。"索隐："亭，平也，使之平疑事也。"《淮南子·原道》："甘立而五味亭矣。"后来改写为"停"，有"平分"之义。

㧎 [la²¹]_la

今作"拉"。意义有二：①抚摸；②使衣物、纸张等平整。如：

①哎呀，不要在我身上乱拨～。

②你把课本拨～一下，要不然就打皱了。

《广韵》入声曷韵，㧎，卢达切，"拨㧎，手披也"。

挒 [lie²¹]_lie

拗，争斗。如：

①胳膊～不过大腿。

②那人犟得很，我～不过他。

《集韵》入声　韵，挒，力结切，"拗也"。

奓 [tsa⁴⁴]_za

举、竖。如：

①你把手～起来。

②一声巨响，吓得兔子耳朵～了起来。

《广韵》去声祃韵陟加切："奓，张也；开也。"

第八章 词语考证

剿[tsau²¹]_zao

割，截。如：

①明天你带他几个去～谷。

②～稻黍时，你要小心些。

《广韵》上声小韵，剿，子小切，"绝也"。

《集韵》上声筱韵，剿，子了切，"绝也"。

晬[tsuei⁴⁴]_zui

义同"岁"，但只指小孩或牲畜。如：

①你娃几～了？——八～了。

②你买的牛几咮～了。（注：指牲畜必有"咮"，若没有，则是"几"与"咮"的合音[tɕie²¹]_jie）

《广韵》去声对韵子对切："晬，周年子也。"

𩠐 [tsəŋ⁵²]_zeng

齐整。如：

①庄稼长的齐～～的。

②学生真遵守纪律，队伍站得齐～～。

③小李的头发剪得齐～～的。

《广韵》上声隐韵，𩠐，仄谨切，"草木众齐，本又音蓁"。

傖[tsəŋ²¹]_zeng

亦读[tsʻəŋ²¹]_ceng，（责斥某人）粗野、盛气凌人、逞能。如：

①他几个骂人骂的～得很！

②你别逞能，别人不干你为啥干呢？发的咮（那）～有啥用处？

③留长头发、小胡子的向前一走，神情怕人。我心想：这家伙～～的。要小心。

《广韵》庚韵助庚切："傖，楚人别种也。" 傖作贬义词，用来讥嘲他人，起自魏晋南北朝以来：南北政权分立，时相攻战，敌视对方，南人北人互相鄙视，有时江东以此讥嘲楚人，楚人骂北人亦以此。如《晋书·周玘传》：“将卒，谓子勰曰：'杀我者傖子，能复之乃吾子也。'吴人谓中州人曰傖，故云耳。"又《左思传》："陆机与弟云（按：吴人）书：'此间有父（按指齐人左思）欲作《三都赋》，须其成，当以覆酒瓮耳。'"《老学庵笔记》卷九："南朝谓北人曰傖父，或谓之㾕父。"元曲《气英布》之三《滚绣珠》："元来这子房也是傖头。"国民党闻人叶楚傖[ts'aŋ]，陕人戏呼为"楚傖[tsəŋ²¹]"，以为笑谈。

濽[tsæ̃⁴⁴]

义同"溅"，如：

水～了我一身，真没运气。

《广韵》去声翰韵则旰切："濽，水溅。"看来，"濽"更合铜川方言，因为"溅"普通话读[tɕiæ̃⁵¹]，而铜川方言这一意义音节为[tsæ̃⁴⁴]。

坴[ts'ɿ⁴⁴]ci

结实、牢固；喻人老实过度、愚钝，多含贬义。如：

①你把电杆边里的虚土顶（打）～。
②这娃身体好，胳膊和腿都是～的。
③地太～了，犁起来真难。
④这娃没心计，反应慢，真有点～。
⑤他那人，看来聪明，其实最～，光吃亏。

《广韵》平声脂韵，坴，疾资切，"以土增道"。同组字里还有"稜"，义为"积木"。

甐 [ts'æ̃⁵²]

与"钵（方音[p'u²⁴]pu）"组成一词"钵～"，亦为家养猪狗的食器。如：

①别倒了，（猪）钵～都满了。
②（狗）钵～里怎么有土了？

《广韵》去声鉴韵，甐，楚鉴切，"甖属"。

第八章　词语考证

抄 [tsʻau²¹]

用筷子夹拾菜、饭。如：

①给你把菜～上。

②饭稀德～不上筷子。

③面条最好用筷子～的吃。

《广韵》肴韵楚交切澡纽："抄（钞），略也。"《说文》金部："钞，叉取也。"徐铉曰："今俗别作抄。楚交切。"《六书故》卷十四"人部"之七："抄，初交切，从旁取也，故匕抄取粒物亦曰抄。"可见，也可指用除筷子外的餐具夹拾。古书例如《墨子·辞过》："今则不然，厚作敛于百姓，以为美食刍豢蒸炙鱼鳖，……目不能遍视，手不能遍操，口不能遍味。"

襊 [tsʻau²¹]_cao

与"蚀"组成"蚀～"一词，义为两种或两种以上颜色衣服放在一起洗，颜色互相侵蚀污染。如：

这一下坏了，白衫子蚀～了，蓝㦮的。

《集韵》平声豪韵，襊，财劳切，"说文'㦮也，一日衣失浣'"。

掫 [tsʻou²¹]_cou

扶助，举起。如：

我上树不行，得叫人～起来。

《广韵》平声尤韵，掫，楚鸠切，"手掫。"

擨 [tsʻɿæ⁴⁴]

义同"舂"。如：

①你去～米。

②快去～些麦仁。

《广韵》去声愿韵叉万切："擨，小舂也。亦作𥯤。"《五方元音》天韵合口，擨，虫母，去声，"小舂也，除谷芒也"。

"擨"亦作"磼" [tsʻɿæ⁵²]。如：

①你抽空把谷～一下

②你几个～稻黍去。

《广韵》上声养韵，磢，初两切，瓦石洗物。上两者可选用后者"磢"。

靸 [sa²¹]_sa

把鞋后帮踩在脚后跟下，如穿脱鞋。如：

①看他把鞋～下像个啥样子。

②平时不能把鞋～到脚下。（平时不能将鞋拖着。）

《广韵》入声磕韵，私磕切："靸，靸鞋。"

嘥 [sæ²¹]_sai

声音嘶哑。如：

我的声都喊～了。

《广韵》平声佳韵，山佳切："嘥，语失也。"

潲 [sau²⁴]_sao

扫视，瞥。如：

①他～了一眼别人，又看起书来了。

②老李对人慢（怠慢）得很，连客人～都不～。

《广韵》平声素何切："偷视也。"

掫 [tʂou⁵²]_zhou

扶住或揪住。如：

①你把犁耙～得牢牢的。

②把娃（小孩）的时候，要把娃脖项～住。

《集韵》上声有韵，掫，止酉切，"执也"。

挦 [tʂæ̃²¹]

沾取，获取。如：

①这没咱的份，咱连边～都不上。

②你是～你达（爸）官大的光了。

《广韵》平声盐韵，挦，视占切，"～取"。

抻[tṣ'ei⁴⁴]

拉（平）、扯（平）。如：

①把电线～展后再架。

②把衣服袖子～一下，要不然这边长那边短，看起来不好看。

《集韵》平声痴邻切："申也，引戾也。"

吃[tɕiɛ²¹]_jie_

结巴，口吃。如：

①他说话～得厉害。

②刚见教授，我们都过分紧张，说话前言不搭后语，～～巴巴的。

《集韵》月韵居谒切："吃，语难。"《广韵》迄韵居乙切讫纽，注："语难。《汉书》曰：'司马相如～而善著者也。'"（按：其实《史记》《汉书》中称"口吃"的不只这一例，他如《史记·老子韩非列传》："非为人口～，不能道说，而善著书。"）《说文》口部："吃，言蹇难也。"居乙切。《五方元音》地韵桥母入声："吃，言蹇难也。人口吃，不能道。"

袪[tɕ'y⁵²]_qu_

绪。如：

你打的结是个活～头还是个死～头？

《集韵》上声语韵，结，口举切，"绪也"。

揭[tɕ'iɛ²⁴]_qie_

又音[tɕ'iɛ⁵²]，扛、举。如：

你能不能把碌碡～起来？

《广韵》月韵其谒切："揭，担物也。本亦作揭。"《说文》手部："揭，高举也。去列切，基竭切。"《广雅·释诂》："扛、檐、揭，举也。"

《庄子·胠箧》："然而巨盗至，则负匮、揭箧、擔囊而趋。"释文："揭，徐其揭反，又音桀。"贾谊《过秦论》："（陈涉）

斩木为兵，揭竿为旗。"李善注引《埤仓》："揭，高举也。巨列切。"

瘹[tɕ'iau⁴⁴]_qiao

久置不易而退化、受潮或湿木受光变形变态。如：

①好久没说普通话，今天说起来，～得连嘴都张不开。

②你把板放在潮窑里，不～才怪呢！

③你这家具～了，是木料没干，并不是木质不好。

《广韵》去声效韵，瘹，侧教切，"缩也，小也，亦作瘷"。

勍[tɕ'iŋ⁴⁴]_qing

尽力。如：

你～吃□[lia³⁰]_lia(按"了呀"的合音)，别管其他人。

你～做□[lia]_liang，别管别人是怎做。

《广韵》平声庚韵，勍，渠京切，"强力"。

瀙 [tɕ'iŋ⁴⁴]_qing

今作"清"。意义有二：①冷而凝固；②气氛紧张。如：

①洋腊滴到石头上了——～起了。（歇后语）

②让大家讲自己的看法，怎么又～起了？（因紧张而沉默，称～）

《广韵》去声映韵，瀙，楚敬切，"冷也"。

炝[ɕie²¹]_xie

亦作"燲"。为简便，用"炝"。近火烤。如：

炉子太红，把馍放上炉子，肯定就～着了。

《集韵》入声锡韵，炝，先的切，"干貌"。

𪘏 [k'uei²¹]_kui

咬着吃。如：

①骨上的肉就得～，才能吃净。

②小娃不懂啥，把西瓜皮～来～去。

③驴～脖子—工夦工。（歇后语）

176

《广韵》平声𪭢韵，苦昆切，"㮟，啮也。"

攉[k'uo²¹]_kuo

用根棒抽打别人。如：

你再骂人，小心我～你一棍。

《广韵》入声觉韵，苦角切："攉，击也。"

楎[xuei²⁴]_kui

整个。如：

①不要把面条不嚼就～咽了。

②你要个～瓜还是要半落（半个）瓜？

《广韵》平声魂韵，户昆切："楎，大木未剖。"

诇[ɕyŋ⁴⁴]_xiong

斥责，责备。如：

队长把我（狠狠）～了一顿。

《广韵》上声许拱切："诇，吓也。"

第二节　古代白话著作中的铜川方言词语

所考古代白话著作中的铜川方言词，依下列音序编排：

p ts' t ər f k x tɕ k' m ŋ p' tɕ' ʐ s t'
u v ɕ l ts tʂ ʂ

每条光列铜川方言词语，再注方音，加以解释，附白话著作例句，末尾括号内注明引文出处。

p

巴拉[pa²¹la³⁰]

同"疤"。例：

你当初说的是什么话？恼杀咱！将头砍掉，碗口大～。（《醒世姻缘传》第四十四回）

把把[pa²¹pa²⁴]

小孩屎，《现代汉语词典》作"㞎㞎"。例：

①晁夫人一只手拿着他两条腿替他擦～，他乌搂楼的睁着眼，东一眼西一眼的看人，炤着晁夫人的脸和鼻子，碧清一泡尿雌将上去，笑的一个家不知怎么样的。（《醒世姻缘传》第二十一回）

②被窝中自己放个屁熏得还要恶心头疼，撞见一个粪担还要跑不及回避，如今自己挑了黄忽忽的一担～，这臭气怎生受得？（《醒世姻缘传》第三十三回）

按："把把"应为"巴巴"，1920年河北石家庄童谣有"天不怕，地不怕，只怕飞鸡拉巴巴"（见《天津大公报》）。

巴巴[pa⁴⁴pa³⁰]

①吃剩的食物；②锅底干腊的食物。清·钱大昕《恒言录》云："凡物之干而腊者皆曰巴。"方言例如："谁吃你剩下咻巴巴？没向！""我最爱吃锅巴巴，那干那脆！"

把他娘的[[pa²¹tʻa²¹ȵiaŋ²⁴ti³⁰]

骂人语，今为"把他妈的。""把他妈□ʂʅ³⁰了的"。例：

狗腿常来给俺没体面，嘴里翻边又卷沿，眼儿恶钉珠儿转，～好难看！（《聊斋俚曲集·穷汉词》）

摆制[pæ⁵²tʂʅ²¹]

摆布、支使。例：

他得了晁无晏的全分家事，一个六七岁的孩子，他还要～杀他哩！（《醒世姻缘传》第五十七回）

白[pei²⁴]（洛区为pʻei²⁴）

竟，竟然。例：

晁夫人道："我到也想他的，～没个信儿。"（《醒世姻缘传》第九十四回）

白刺刺[pei²⁴la²¹la³⁰]（洛区为pʻei²⁴）

很白的样子。例：

敬济道："你又不是老人家，～的要他做什么？"金莲道："你

管他怎的？戴不的，等我往后有孝戴！"（《真本金瓶梅》第五十一回）

百日[pei²¹ər²¹]

人死后的一百天，叫"百日"，为死者祭日。例：

①当日西门庆和妇人用毕早饭，约定八月初六日，是武大郎～，请僧烧灵；初八日晚，娶妇人家去。（《真本金瓶梅》第八回）

②如意儿道："前日娘的～，请姥姥，怎的不来？门外花大妗子、吴大妗子，都在这里来，十二道士念经，好不大吹大打，扬旛到场，水火炼度，晚上才去了。"（《真本金瓶梅》第七十八回）

巴巴[pa²¹pa³⁰]

（贬）说。郊区又音□□[pia²¹pia³⁰]。例：

适才胡挠胡抓的做了两碗菜，已是完了一天的大事，且找个人去～瞎话。（《聊斋俚曲集·禳妒咒》第二十四回）

班辈[pæ̃²¹pei²¹]

行辈。例：

也不管两家门第攀得攀不及，也不论～差与不差，也不论年纪若与不若，只凭媒婆口里说出便是。（《醒世姻缘传》第十八回）

般配[pæ̃²¹pʻei⁴⁴]

亦作班配、搬陪，指结亲的双方相称。例：

①咱是谁他是谁？他家绸缎剁成堆，咱是穿着粗布衣，可也合他不般配。（《聊斋俚曲集·翻魇殃》第六回）

②西门庆道："只因舍亲吴大妗那里说起，和乔家做了这门亲事，他家也只这一个女孩儿，论起来也还不班配，胡乱亲上做亲罢了。"（《真本金瓶梅》第四十七回）

③我只待掘他娘一阵！既嫌俺班配不上，退了婚我就起身。（《聊斋俚曲集·禳妒咒》第四十一回）

半死辣活[pæ̃⁴⁴sʅ⁵²la²¹xuo²⁴]

半死不活。例：

走到什么深沟大涧的所在，忙跑几步，好失了脚吊得下去，好跌得烂酱如泥，免得～，受苦受罪。(《醒世姻缘传》第七十五回)

半揸[pæ̃⁴⁴tsa⁵²]

亦作"半㩻[tsa²¹]""半踏""半扠""半扎"，一拃的一半，形容短小。揸，指张开的拇指与中指指尖之间的最大距离。这个距离叫"揸"。人们常以"揸"作为长度或粗细的计算单位。例：

①口里一口糯米牙，头上一头好头发；脸儿好象芙芙子苗，金莲不够半揸大。(《聊斋俚曲集·禳妒咒》第一回)

②吊在地上叫呱呱，成了个小娃娃，手脚没有半㩻大。(《聊斋俚曲集·塞森曲》)

③上穿一身红袖袄，绿罗裙上石榴花，红绣鞋窄半踏大。(《聊斋俚曲集·增补幸运曲》第十三回)

④薛嫂见妇人立起来，就趁空儿轻轻用手掀起妇人裙子来，正露出一对刚三寸恰半扠尖尖趫趫金莲莲脚来，穿着双大红遍地金云头白绫高低鞋儿，西门庆看了，满心欢喜。(《真本金瓶梅》第七回)

⑤身子儿沉，手脚儿麻，一步儿刚挪的半扎。(《海浮山堂词稿·黄钟醉花阴·听钟有感》)

半晌[pæ̃⁴⁴ʂaŋ⁴⁴]

本义指上午的一半时间，有时并非实指，而指一段时间，相当于普通话的"好一会儿"，"好长时间"，用于因等待时间过长而不耐烦地指责被等待者的语境。例：

①諕的他～只茫然。又无那八棒十枷罪。止不过三交两句言。(《元曲选·望江亭》第四折《得胜令》)

②蔡福听罢，吓的一身冷汗，～答应不的。(《西游记》1975年印本 867 页倒 7 行)

③小小的缠着两只脚儿，怀里抱着个够三四个月的女儿。(《醒

世姻缘传》第四十九回）

爆张[pau⁴⁴tʂaŋ²¹]

鞭炮。例：

蜡烛称几斤，～买几两盘。（《庄农日用杂志》）

逼[pi⁵²]

同"滗"，挡住渣滓或挡着泡着的东西把液体倒出。例：

水饭要吃那精硬的生米，两个碗扣住，～得一点汤也没有才吃。（《醒世姻缘传》第二十六回）

彪[piau²¹]

勇敢利落。

按：成语"虎有三子，必有一彪"，意思是说，虎生幼仔，其中之一为"彪"，是小老虎，但最凶恶，甚至吃"同胞兄弟姐妹"，所以老虎特别小心提防幼仔不被彪吃掉。后来人们借此谚语比喻子女中必有一人特殊，或喻众人中必有性格不同的，方言中用"彪"一词形容某人勇敢利落，是形容词，如："小张彪得很啊！"在《葵辛杂识》中有段话云："谚云：'虎生三字，必有一彪。'彪是最犷恶，能食虎子也。予闻猎人云，凡虎将三子渡水，虑先往则子为彪而食，则必先负彪以往彼岸；既而挈一子往焉。最后始挈以去。盖极关防，性恐食其子。"

扁[piæ⁵²]

掖、揣。例：

①张鸿渐见他说的有理，只有二两银子，～在腰里，就与娘子作别，好叹人也！（《聊斋俚曲集·富贵神仙》第二回）

②他那里还有什么地，还有什么房里！那叫老婆都卖了钱～在腰里走了！（《醒世姻缘传》第五十七回）

貶[piæ⁵²]

同"扁"字。例：

①粮食留够吃的，其余的都槀了银钱，～在腰里。（《醒世姻

缘传》第五十三回)

扁食[piæ⁵²ʂʅ²¹]

饺子。例：

①这供养的～和酒，也不要收到后边去，你每吃了罢。(《真本金瓶梅》第七十二回)

②银匠说是卖～的五二。(《聊斋俚曲集·墙头记》第二回)

③年下蒸馍包～是俺的麦子，增补房子是俺的稻草。(《醒世姻缘传》第九回)

鳖瞅蛋[piɛ²¹tsʻou⁵²tʻæ⁴⁴]

（贬）死盯着某物，传说鳖产卵后，躲在某一地方紧盯着它的卵，直到孵化出小鳖以后才停止，人们称鳖的这种动作为"鳖瞅蛋"，借喻人。例：

①说我操军我不恼，二鳖瞅蛋好难禁！(《聊斋俚曲集·增补幸运曲》第二十回)

②二姐謝[tɕiA⁴⁴]起万岁网子来说："大姐姐，你看这网子上是二龙戏珠。"大姐说："也是二鳖瞅蛋罢了。"（同上）

不认的[pu²¹ʐei⁴⁴ti³⁰]

不认识。例：

既～他，你怎就知他是个姑子？(《醒世姻缘传》第八回)

不上数[pu²¹ʂaŋ⁴⁴sou⁴⁴]

数不上，不计。例：

金莲道："李萍儿是心上的，奶子是心下的；俺们是个心外的人，～。"(《真本金瓶梅》第六十七回)

不是[pu²¹ʂʅ³⁰]

用在句末起着加强肯定前面的动作行为或某一（些）事物的作用。例：

①金莲道："你看这老婆子，这等张睛，俺猫在屋里，好好儿的卧着～。你每乱道，怎的把孩子諕了，没的赖人起来。"

(《真本金瓶梅》第五十九回)

②他不在家,左右有他老婆会扎,教他扎～!(《真本金瓶梅》第七十八回)

不是的[pu²¹sʅ³⁰ti³⁰]

义同"不是"。例:

你说你这般威势,把一个半个人命打死了,不放在意里,那个拦着你的手儿不成,你打～?(《真本金瓶梅》第四十三回)

不是人养的[pu²¹sʅ⁴⁴zei²⁴iaŋ⁵²ti³⁰]

(贬)不是人生的。例:

若敢把娘子曲技坏了一点儿,相公回来,把我们看做狗畜生,～。(《醒世姻缘传》第十四回)

不算[pu²¹ɕyæ⁴⁴]

不算做,不算完。例:

①他娘老子可领一大伙汉子老婆的来了家里,打打括括的把小女采打～,呼的身上那屎,可是没受气都受勾了。(《醒世姻缘传》第八十一回)

②西门庆道:"好贼好歪刺骨,我亲自听见你在厨房里骂,你还搅缠别人,我不把你下截打下来,也～?"(《真本金瓶梅》第十一回)

③我捞着他不打一个够也～!(《醒世姻缘传》第四十回)

④我要不使的他发昏致命,软瘫热化的～!(《醒世姻缘传》第六十四回)

不信[pu²¹ɕiei⁴⁴]

怀疑、不相信。例:

这等一个大去处,～没斋粮!(《水浒》第六回)

不在[pu²¹tsʻæ⁴⁴]

"死"的委婉说法;亦作不在了。例:

①大尹道:"晁老先生是几时～的?"夫人道:"这妾二月初

二收，这夫是三月二十一～的。"(《醒世姻缘传》第二十回)

②张大说没什么病，今早就不在了。(《聊斋俚曲集·墙头记》第四回)

③只是有钱两个字梗在秦参政的心头，放丢不下，听见晁老不在了，正在出丧，要假借了与他吊孝，要自己看看他家中光景，不好自己相看晁大舍的人材。(《醒世姻缘传》第十八回)

ts'

插和[ts'a²¹xuo³⁰]

搀和，不一齐。例：

虽不知轻重如何，雪花银倒有些～，每人只分了百十个。(《聊斋俚曲集·姑妇曲》第三段)

叉把扫帚[ts'a²¹pa²¹sau⁴⁴ts'ʅ²¹]

①广义指农家日常应用的农具，叉即扠；把即筢。②狭义指夏收所用的叉、木锨、扫帚等收获工具。例：

虽没有什么坚甲利兵，只一顿～撵的那贼老官兔子就是他儿。(《醒世姻缘传》第三十二回)

查儿硬[ts'a²⁴n.iŋ⁴⁴]

权大势强。例：

端银灯，端过银灯，拿过笔砚就写呈，先告赵阎罗，不怕他～。(《聊斋俚曲集·翻魇殃》第四回)

揸儿[ts'a²⁴]

差错、不正当的男女关系。例：

伯爵听了，点了点头儿，说道："原来你五娘和你姐夫有～，看不出人来！"(《真本金瓶梅》第八十七回)

诧生[ts'a⁴⁴səŋ²¹]

感到陌生。例：

初来不～，尝新不犯重，几乎险把残生送。(《海浮山堂词稿·中吕粉蝶儿·李争冬有犯》)

184

绰[tṣ'ou²¹]

用手猛抓，快抓。例：

穿了甲胄，～刀在手，与众妖出得门来。(《西游记》第二回)

搀话接舌[ts'æ²¹xua⁴⁴tiɛ²¹ṣə²⁴]

（贬）插言。例：

晁大舍说什么，唐氏也便～的。(《醒世姻缘传》第十九回)

长挑[tṣ'aŋ²⁴t'iau⁵²]

亦作"长跳"，(身材)细高。例：

①见这蓝氏，年约不上二十岁，生的长挑身材，打扮的如粉妆玉琢，头上珠翠堆满。(《真本金瓶梅》第七十八回)

②他浑家，乃是宰牲口王屠妹子，排行卞儿，生的长跳身材，瓜子面皮紫膛色，约二十八九年纪。(《真本金瓶梅》第三十三回)

趁早[tṣ'ei⁴⁴tsau⁵²]

尽早，尽快。例：

你～与我搬出去罢，再迟些时，连我这两间房子尚且不勾你还人。(《金瓶梅词话》第十九回)

撑[ts'əŋ⁴⁴]

吃，含贬义。例：

你达达无正经，捞着饼饭尽着～，给他碗腥汤就会尽了命。(《聊斋俚曲集·墙头记》第一回)

成……成……[tṣən²⁴tṣən²⁴]

整…整…，表示多。例：

除大家吃了，还要成群合伙瞒了主人成斗成石的偷将出去卖铜钱，换酒会！(《醒世姻缘传》第二十六回)

吃食[tṣ'ʅ²¹ʂʅ²⁴]

家畜家禽吃东西。例：

且是那狗这二日不～，留着拌点糠喂他喂。(《聊斋俚曲集·墙

头记》第一回)

吃厌了[tʂʻɿ²¹iæ⁴⁴liau³⁰]

吃得厌烦了；不想吃了。例：

王六儿笑道:"爹老人家别的酒～,想起来,又要吃南烧酒了。"(《真本金瓶梅》第五十回)

跐[tsʻɿ²¹]

踩、踹。例：

宋江仰着脸,只顾踏将去,正～在火锨柄上,把火锨里炭火都掀在那边脸上。(《水浒》第二十二回)

翅膀硬了[tsʻɿ⁴⁴paŋ⁵²n̦iŋ⁴⁴liau³⁰]

有独立生活或工作的本领了。例：

生了两个儿子,一个叫大怪,一个叫二怪。因他～,终日淘气,早早分他出去了。(《聊斋俚曲集·墙头记》第一回)

t

搭剌[ta²¹la³⁰]

亦作"搭喇",下垂。例：

①通花汗巾儿袖中儿边搭剌,香袋儿身边低挂。(《真本金瓶梅》第二回)

②脖搭喇抬不起,眼皮肿闭也难睁,浑身晕不知是那里病。(《聊斋俚曲集·磨难曲》第二十八回)

搭子[ta²¹tsɿ³⁰]

口袋分别缝制在两端,搭在肩上的盛物用具。例：

故朋接过～去,殷勤替他上了肩,一心要去胡突干。(《聊斋俚曲集·俊夜叉》)

达[ta²⁴]

对父亲的称呼。例：

①他有～妈人两个。我有俺～一个人；虽然叫～一样叫,俺～不如他～亲。(《聊斋俚曲集·墙头记》第一回)

②且休讲这光棍子百般的琐碎，万般的凄凉，只有一个孩子叫呱呱的，没了他娘，就只是找他～呀。(《聊斋俚曲集·慈悲曲》)

达达[ta^{24}ta^{30}]

父亲的同胞弟弟及堂兄弟，或音[ta^{44}ta^{30}]。例：

①西门庆一只手搭伏着他的肩膀上，口中喃喃呐呐说道："小淫妇儿，你～今日醉了，收拾铺我睡也。"(《真本金瓶梅》第七十九回)

②省了点子给那老婆孩子吃了穿了，他还叫声～，没有说叫人～，还贴上吃穿的。(《聊斋俚曲集·墙头记》第二回)

打倒[ta^{21}tau^{21}]

达到。例：

那道袍的身倒只～膝盖上。(《醒世姻缘传》第八十回)

打光棍[ta^{52}kuaŋ^{21}kuei^{44}]

没有妻子的人。例：

①～实势难，炉少火灶少烟，衣脏袜破鞋儿绽。(《聊斋俚曲集·慈悲曲》第一段)

②以理论起来，既有了儿，就不娶也可以罢了，可只是～也是难呢？(《聊斋俚曲集·慈悲曲》第一段)

打平夥[ta^{52}p'iŋ^{24}xuo^{52}]

一个或数个人的钱物被大家花掉用光。例：

果是厉害，如今幸得无事，弟兄们，且～，吃酒压惊去。(《今古奇观》第三十六卷《十三郎五岁朝天》)

打呼卢[ta^{52}xu^{21}lou^{21}]

打鼾。例：

①周龙皋不知真醉假醉，靠椅背上～。(《醒世姻缘传》第七十二回)

②那猫吃的饱饱的，闭着眼，朝着那本经睡着～。(《醒世姻缘传》第七十二回)

打圈[ta⁵²tɕʻyæ⁴⁴]

母猪发性。例：

再有那一样歪拉邪货，心里边即与那～的猪，走草的狗，起骒的驴户一样，口里说着那王道的假言。(《醒世姻缘传》第三十六回)

打撒手儿[ta⁵²sa⁵²ʂou⁵²]

(贬)放手不管，放任自流。例：

昨日七月内王皇庙打中元醮，连我只三四个人到，没个人拿出钱来，都～，为吴道官晚夕谢将，又叫了个说书的，甚是破费他。(《真本金瓶梅》第三十五回)

大扠步[ta⁴⁴tsʻa⁵²pʻu⁴⁴]

大踏步。例：

①这刘二～上楼来，敬济正与金室在阁儿里面饮酒，做一块快活，把房门关闭，外边帘子挂着。(《真本金瓶梅》第九十四回)

②这刘二那里依听，～撞入后边韩道国屋里，一手把门帘扯去半天，看见何官人正和王六儿并肩饮酒，心中大怒，便骂何官人。(《真本金瓶梅》第九十九回)

大模大样[ta⁴⁴mo²¹taʻ⁴⁴iaŋ⁴⁴]

高傲且满不在乎的样子。例：

谁知晁大舍这班人肩膀不齐了,然也还勉强接待，相见时，～，冷冷落落，全不是向日洽谈的模样。(《醒世姻缘传》第一回)

大小[ta⁴⁴ɕiau⁵²]

偏义复词，大。例：

张丙之说："虽然也养活他那～哩，还得察访他的察访。"(《聊斋俚曲集·慈悲曲》第二段)

大眼看小眼[ta⁴⁴ȵiæ⁵²kʻæ⁴⁴ɕiau⁵²ȵiæ⁵²]

面面相觑。例：

养娘婢女，拌唇撅嘴。～，说了几句淡话，空茶也拿不出一钟。(《醒世姻缘传》第三回)

倒蹬[tau⁵²t'əŋ²¹]

翻腾，运出，引申为想法做事挣钱。例：

①剩了他娘四个在那屋里，支锅做饭吃着，每日～那粪土。(《聊斋俚曲集·翻魇殃》第十回)

②那屋壁破墙垣，四下透黑浪烟，一行～一行叹。(《聊斋俚曲集·翻魇殃》第十回)

倒过气来[tau⁵²kuo⁴⁴tɕ'i⁴⁴læ²¹]

缓过气来，今多喻经济上得到恢复。例：

只见珍歌的脸紫张的说道："肚子胀饱，又使被子蒙了头，被底下又气息，那砍头的圣怪铺腾酒气，差一点儿就鳖杀我了！如今还不曾～哩！"(《醒世姻缘传》第四回)

倒栽葱[tau⁵²tsæ²¹⁻²⁴ts'uŋ²¹]

头朝下跌倒。例：

①张春大怒，劈脸带腮只一拳，捣了个～，拾起块石头来打打！(《聊斋俚曲集·富贵神仙》第七回)

②待了一会，咳嗽了几声，砉的吐出了几碗鲜血，从骡子上一个头晕，～跌在地上，昏迷不省人事。(《醒世姻缘传》第三十九回)

倒没的[tau²⁴mo²¹ti³⁰]

亦作"到没的"，莫非是，岂不是。例：

①只怕他一时使将小厮来看见，到家学了，又是一场儿，倒没的弄的我也上不的门！(《真本金瓶梅》第八十六回)

②你去倒没的替他长志哩！(《醒世姻缘传》第四十回)

③头上就将就戴着罢了；身上有数那两件旧片子，怎么好穿出去见人的，到没的羞刺刺？(《真本金瓶梅》第四十一回)

滴溜溜[ti²¹liou²¹liou³⁰]

旋转的样子。例：

①那枝箭风也似来，杨志那时也取弓在手，用弓梢只一拨，那枝箭～拔下草地里去了。(《水浒》第十三回)

②那只船～在水面上转，扑刀有搠将下水去了。(《水浒》第六十一回)

提溜[ti²¹liou²¹]

亦作提留、滴溜、抵溜，"提"义。例：

①任拘你怎么端相，那木匠提溜墨斗，也只是看一眼。(《聊斋俚曲集·富贵神仙》第一回)

②不消一日，素姐骂到自己门前，张氏卷了卷袖，紧了紧裙，手提留着个棒槌，往外就跑。(《醒世姻缘传》第八十九回)

③西门庆道："我不怕他，我不管什么徐内相、李内相，好不好我把他小厮提留在监狱里坐着，不怕他不与我银子。"(《金瓶梅话词》第六十七回)

④那老头儿提留那孩子的顶脖，揪去了。(《醒世姻缘传》第五十七回)

⑤第二日清早，我滴溜着这猫往市上来，打那里经过，正一大些人围着讲话哩。(《醒世姻缘传》第六回)

⑥真神仙不费事把人来打救，伸过来一只妙手儿把官人抱挡，就象是二三岁的孩子，轻轻的一把儿抵溜。(《聊斋俚曲集·富贵神仙》第六回)

提溜秃卢[ti²¹liou³⁰t'ou²¹lou³⁰]

亦作"狄良突卢"，形容眼睛转来转去。例：

①喜的他两意儿奚丢胡突，慌的他两头儿低羞笃速，谎的他两眼儿提留秃卢。(《僧尼共犯》第二折)

②那个小孩子才下草，也不知道羞，明睁着两个眼，狄良突卢的乱看。(《醒世姻缘传》第二十一回)

低留苔腊[ti²¹liou³⁰ta²¹la³⁰]

低垂的样子。例：

奶儿长～，孩儿多皮愁扒查，只等待眼儿昏花，腿儿塌撒。（《山堂词稿·十劣·问年》）

第二的[t'i⁴⁴ər⁴⁴ti³⁰]

兄弟中排行第二的人。例：

①～不知高低，气不愤走来这里放水，被他撞见了，拿到衙门里，打了个臭死，至今再不敢来了。（《真本金瓶梅》第三十八回）

②我等三口儿，各自逃生，投到清河县，寻找兄弟～；不想～把房儿卖了，流落不知去向。（《真本金瓶梅》第九十八回）

蹎[tiæ̃⁵²]

又作**趒**[tiæ̃⁵²]，跑中跳跃越过障碍物。例：

①这里大家正吃着血酒看见女兵到了慌极，都爬墙蹎了。（《聊斋俚曲集·禳妒咒》第一回）

②往外飞趒，往外飞趒，舍了孩子去挣钱；无论他死活，只出上个看不见。（《聊斋俚曲集·慈悲曲》第一段）

腆[tiæ̃⁵²]

亦作"掭"，厚着脸皮，含贬义。例：

①姜娘子连忙拉起来，长吁了一口气，说："罢么！我～着这不害羞嚣的脸，合姐姐去。我到那里，可在娘那屋里睡，可不会他同房。"（《聊斋俚曲集·翻魇殃》第九回）

②三姐凑凑～起脸，骂声强人你瞎了眼！（《聊斋俚曲集·俊夜叉》）

③他爹做了场老教官，两个兄弟掭着面，戴着顶头巾，积泊的个姐姐这们等。（《醒世姻缘传》第六十八回）

掂量[tiæ̃²¹liaŋ²¹]

亦作"搋量"，意义有二：

一是用手托着东西上下晃动来估量轻重。例：

①掂量着你沉沉的，端相着你俊俊的。(《聊斋俚曲集·穷汉词》)

②我撅量着有十来两银子(《聊斋俚曲集·增补幸运曲》第十回)

二是"斟酌"义。例：

贾老二掂量这个亲事倒也做得。(《老残游记》第十五回)

敦[tuei²¹]

意义有二：

一表示"蹲"。例：

刚才要不是你～着定，雌着嘴吃，怎么得少了鸡，起这门祸？(《醒世姻缘传》第四十八回)

二表示"重重的一放"。例：

吃毕了才把碗一～，叫他来刮那饭盒，你把天理全伤尽！(《聊斋俚曲集·慈悲曲》第三段)

敦敦实实[tuei²¹tuei³⁰ʂʅ²¹ʂʅ³⁰]

粗短结实。例：

狄学生虽不生得标致，都也明眉大眼，～的。(《醒世姻缘传》第二十五回)

多话[tuo²¹xua⁴⁴]

多说了话。例：

甚懊悔当时～，到如今可待如何？(《聊斋俚曲集·磨难曲》第二十九回)

掇[tuo²¹]

有两个意义：

一是"端"。例：

①妇人道："你洗，我教春梅～水来。"不一时，把浴盆～到房中，注了汤，二人相继浴毕。(《真本金瓶梅》第二十九回)

②端茶～饭，都是周媳妇伏事。(《醒世姻缘传》第四十八回)

192

二是"搬"。例：

①没多时，庄客～张桌子，放了一盘牛肉，三四样菜蔬，一双筋，放在鲁智深面前。(《水浒》第五回)

②这西门庆～过一张桌凳来踏着，暗暗扒过墙来，这边已安下样子。(《真本金瓶梅》第三十回)

③忽然先生走了回来，热得通身的汗，解了衣服，叫学生～了一把椅子，放在树下乘凉！(《醒世姻缘传》第三十三回)

耳巴[ər⁵²pa²¹]

巴掌。例：

①我一时愤恨，打了他两～。(《聊斋俚曲集·磨难曲》第十五回)

②我合他可没有一定的方法，恼了脸也顾不的什么是嘎，若是迭不的攥拳，劈脸就是一～。(《聊斋俚曲集·禳妒咒》第十六回)

耳瓜[ər⁵²kua²¹]

亦作"耳掴[kuei²¹]"，义同"耳巴"。例：

①吴起杀妻挂了帅印，顶灯的裴瑾倒捱些耳瓜！(《本皮词》第十八页)

②手腕曲轴逐大拇指，耳掴巴掌拳头伸。(《蒲松龄集·日用俗字·身体章》)

耳刮子[ər⁵²kua²¹tsʅ³⁰]

义同"耳巴"。例：

潘金莲到房中，使性子，没好气，明知道西门庆在李萍儿这边，因秋菊开的门迟了，进门就打了两个～。(《真本金瓶梅》第四十一回)

耳朵尖[zʅ⁵²tʻuo²¹tɕiæ̃²¹]

洛区[tɕiæ̃²¹]为[tiæ̃²¹]，听觉灵敏。例：

西门庆道："今日你众娘每，大节间叫他来赏重阳玩耍，偏你

这狗才～，听的见。"(《真本金瓶梅》第六十一回)

二不棱登[ər⁴⁴pu²¹ləŋ²¹təŋ²¹]

亦作"而不冷腾"，愣头愣脑的样子。例：

①惟独一个二不棱登的妇人，制伏得你狗鬼听提，先意承志，百顺百从。(《醒世姻缘传》第六十回)

②他心里一般的愁肠，又不能做个主意，而不冷腾的，是个什么像！(《聊斋俚曲集·慈悲曲》第一段)

二房[ər⁴⁴faŋ²¹]

继室。例：

这是俺家的～，临清娶的，谁家的少女嫩妇许你们些汉子看？(《醒世姻缘传》第五十一回)

二尾子[ər⁴⁴i²¹tsʅ³⁰]

两性人或用以辱骂，办事犹豫不决，说话像女人样的人。例：

①又一人说："你相他相，倒象个兄弟？"一人说："倒象个～。"(《真本金瓶梅》第九十六回)

②老严嵩惯着他儿子作老了孽，使坏了贤德聪明的好老婆。大启朝又兴了不男不女的～货，和他奶母子客氏滚成窝。(《本皮词》第四十一页)

③没的那姑子是～，除了一个×，不长出一个×来了？(《醒世姻缘传》第八回)

f

翻交[fæ²¹⁻²⁴tɕiau²¹]

亦作"翻绷"，幼儿游戏的一种，可以线绳在双手手指间翻成多种物态，诸如牛槽，褥单等等。例：

①来来，我正等着你翻交哩。(《聊斋俚曲集·禳妒咒》第二回)

②咱且坐坐翻个交，看我翻个老牛槽。(《聊斋俚曲集·禳妒咒》第二回)

③剩下两根还要使，儿女偷去又翻縧。(《蒲松龄传·日用俗字·裁缝章》)

饭食[fæ̃⁴⁴ʂʅ²¹]

饭。例：

①（蕙莲）又替他换了衣裳，安排～与他吃，睡了一觉起来，又是日西时分。(《真本金瓶梅》第二十五回)

②却说那厮们磨快了刀枪，吃饱了饭食，时已五更天气。(《西游记》第五十六回)

③次日，天明起来，讨些～吃了，打拴那包裹撇在房中，跨了腰刀，提了衮刀，又和小喽啰下山过渡投东山路上来。(《水浒》第十一回)

犯嘴[fæ̃⁴⁴tsuei⁵²]

吵嘴；争吵。亦作"犯牙儿"[fæ̃⁴⁴niA²⁴]。例：

①两个又犯了回嘴，不一时拿将寿面来，西门庆让吴大舅、温秀、伯爵吃。(《金瓶梅词话》第七十三回)

②贼奴才，还要说嘴哩，我可不这里闲着，和你犯牙儿哩。(《真本金瓶梅》第四十六回)

犯疑影[fæ̃⁴⁴ni²⁴niŋ⁵²]

亦"疑、影"二字合一，为[niŋ³]，因为二字声母皆为[n]故。义为"怀疑"。例：

两个哥哥～，家前院后打寻来，井里去打捞遍。(《聊斋俚曲集·寒森曲》第三回)

风风势势[fəŋ²¹fəŋ³⁰ʂʅ²¹ʂʅ³⁰]

疯疯癫癫，冒冒失失。例：

①李铭道："爹这里不管，就了不成；俺三婶老人家，～的，干出什么事！"(《真本金瓶梅》第五十二回)

②二姐听罢心忙乱，看长官～，谁придет有这样的丝絃。(《聊斋俚曲集·增补幸运曲》第十六回)

富态[fu⁴⁴t'æ²¹]

肥胖的样子,亦作"富胎"。例:

①曲九州道:"没的是和尚,有这么白净,这么富态?"(《醒世姻缘传》第八回)

②战袍巧绣盘龙凤,形比哪吒更～。(《西游记》第四回,1972年印本,594页倒3行)

k

秆草[kæ²¹ts'au²¹]

亦作"杆草",谷子的秸秆。例:

①场园结实压,苦子杆草编。(《庄农日用杂志》)

②乍离农床鸳鸯枕,土炕上无席铺杆草,半头砖又垫上檐毡帽。(《聊斋俚曲集·增补幸运曲》第五回)

炯 [kaŋ⁴⁴]

若刀、铡、锨等钝了,用火烧红、锤薄其刃,经过淬火,以使更快。这个动作称"炯"。例:茅根蔓巴都拾净,大镶～剾 [tʂou⁵²]地边。

割蹬[kɯ²¹təŋ²¹]

一只脚着地跳行,或一只脚着地,另一只脚轻点,(因病或故意)跳行称此。例:

说话中间,小和尚拿着奶子的一只鞋,飞也似的跑了来。奶子跷着一只脚,～着赶。(《醒世姻缘传》第三十六回)

割拉[kɯ²¹la³⁰]

说,议论,含贬义。例:

晁大舍道:"一个钱的物儿?你可看的!"随藏入袖中去了,说道:"拿茶来,吃了睡觉,休要～老鼠嫁女儿!"(《醒世姻缘传》第四回)

矻啾[kɯ²¹ts'ou²¹]

（因发怒、发愁）紧皱着脸皮。例：

①（伯爵）不想这一下子打重了，把金钏疼的要不的，又不敢哭，～着脸，待要使性儿。(《真本金瓶梅》第五十四回)

②那小娘真个依他了，不多时，拴得疼了不好过，～这玄在门前。(《真本金瓶梅》第五十四回)

咯嘣嘣[kɯ²¹pəŋ⁴⁴pəŋ³⁰]

象声词，用牙咬东西发出的声。例：

拿在手里化不了，捏了捏又挺硬吃着甜思思，咬着～。(《聊斋俚曲集·磨难曲》第二十三回)

格地地[kɯ²¹ti²¹ti³⁰]

形容猛一刺激而颤抖的样子。例：

如今就是诸般儿称不上你的心，题起他来，就疼的你这心里～，拿别人当他醋汁儿下面，也欢喜的你要不的！(《真本金瓶梅》第七十三回)

割磣[kɯ²¹sei²¹]

亦作"硌磣""砢磣"，寒磣的样子，用以表现人的神态。例：

①童奶奶说寄姐道："俺小姑娘，你待怎么，只是要他？叫他说的割磣杀我了！"(《醒世姻缘传》第八十四回)

②叫的好妹妹，亲妹妹，燕语莺声，听着也甚嫌砢磣。(《醒世姻缘传》第九十五回)

③爱月儿道："那张懋德好行货子，麻着个脸弹子，蜜缝两个眼，可不砢磣杀我罢了，只好蒋家，百家好儿接他。"(《真本金瓶梅》第六十八回)

嗝嗝[kɯ²¹kɯ³⁰]

公鸡的叫声。例：

～鸡鸣鸡惊睡梦，母鸡氓蛋满篮筐。(《蒲松龄集·日用俗字·禽鸟章》)

蛤[ka²⁴]

197

（或音[kuɯ²⁴]）钱。例：

又贪又酷人人骂，全不论理只要～，有了钱，人命官司也不怕。(《聊斋俚曲集·磨难曲》第四回)

公母[kuŋ²¹mu⁵²]

雌雄。例：

厚薄不分茧大小，～只看顶尖圆。(《蒲松龄集·日用俗字·养茧章》)

骨都都[ku²¹tou²¹tou³⁰]

象声词，大口连着喝水的声音。例：

那衙役去的人那大小，那里捞着这个东西！端起来～，好似灌凉水。(《聊斋俚曲集·富贵神仙》第六回)

骨突着嘴[ku²¹tou³⁰tʂou³⁰tsuei⁵²]

（因不高兴而）嘴噘的样子。亦作"骨突""鼓突"。例：

常恨那科道们，～儿，该把他眼挖！(《聊斋俚曲集·富贵神仙》第十三回)

顾揽[ku⁴⁴læ²¹]

照管。例：

到日后，对门并狮子街两处房子，都卖了罢，只怕你娘儿们～不过来。(《金瓶梅词话》第七十九回)

呱呱[ku²⁴ku³⁰]

形容大笑的声音。例：

那日该他家司会，见个人来，叫说一阵，惹的那些人～的笑。(《醒世姻缘传》第七回)

挂拉[kua⁴⁴la²¹]

亦作"刮剌"，牵连、连及。例：

①只是珍姨没到咱家时，可一象那班里几个老婆，他没有一个不挂拉上的。(《醒世姻缘传》第四十三回)

②我说与你罢，西门庆刮剌上卖炊饼的武大老婆，每日只在

县西街,王婆茶坊里坐的,这咱晚多定只在那里。(《真本金瓶梅》第四回)

怪道[kuæ⁴⁴tau²¹]

难怪,怪不得。例:

①唐氏道:"～要这们些银子!我就没想到会唱哩。"(《醒世姻缘传》第十九回)

②两个媒人道:"爷呦,～童奶奶合爷说的上话来,都是一样性儿!"(《醒世姻缘传》第五十五回)

怪剌剌[kuæ⁴⁴la²¹la³⁰]

怪里怪气,剌剌,起加强语气的作用。例:

①媳妇子,～的什么样子?(《真本金瓶梅》第五十五回)

②文嫂儿道:"怪小短命,我又不是你影射的,街上人看着,～的!"(《真本金瓶梅》第六十八回)

棺材楦子[kuæ²¹tsʻæ²¹ɕyæ⁴⁴ts]³⁰]

楦子是制鞋用的楦子。人死后放在棺材内,就像楦子头放在鞋里一样,故把死尸叫棺材楦子。方言里用以比喻行将死亡的人。今方言"棺材板子"。例:

再不想自己七老八十的个棺材楦子,他那身强火盛的妖精,却是恋你那些好处?(《醒世姻缘传》第三十六回)

灌角[kuæ⁴⁴tɕyə²¹]

用来给有病的牲口灌药汤的牛角。例:

捌木鼻拳与～,准备遭瘟㗖药汤。(《蒲松龄集·日用俗字·老兽章》)

光棍[kuaŋ²¹kuei⁴⁴]

没有妻子的成年人。例:

①哄俺弟子,都做～,一世没个老婆。(《僧尼共犯》第一折)

②俗气迎人去,村官逐水流;西风梧叶落,～好逢秋。(《醒世姻缘传》第四回)

199

光棍子[kuaŋ²¹kuei⁵²tsʅ³⁰]

即"光棍"。例：

且休讲这～百般的琐碎，万般的凄凉，只有一个孩子叫呱呱的没了他娘，就只是找他达呀。(《聊斋俚曲集·慈悲曲》第一段)

撗[kuaŋ⁴⁴]

来回平抹。例：

墁墙泥版～三遍，盤炕宽刀压几回。(《蒲松龄集·日用俗字·泥瓦章》)

果不然[kuo⁵²pu²¹zæ̃²⁴]

果然。例：

一个说成十个，瞎话说是真言。～动了第二位乡约的膽心。(《醒世姻缘传》第三十四回)

过逾[kuo⁴⁴y²¹]

过份。例：

别太～了，"墙倒众人推！"(《红楼梦》第六十九回)

过给[kuo⁴⁴tɕi⁴⁴]

过房，过继。例：

你再生个儿，过给你哥，你偏偏不肯生。(《醒世姻缘传》第九十回)

过门[kuo⁴⁴mei²⁴]

姑娘出嫁。例：

妇人："谁想张生负了俺家，去卫尚书家做女婿去，今日不负老相公遗言，还招郑恒为婿。今日好个日子，过门者，准备下筵席，郑恒敢待来也。"(《西厢记》第五本第四折)

X

哈话[xa²¹xua⁴⁴]

蠢话，丢人话。例：

行者道："老儿，莫说～。我们出家人，不走回头路。"(《西

游记》第二十回)

下梢[xa⁴⁴sau²¹]

末了、最后、结局。例：

到此没了～。（《西游记》第十五回）

害[xæ⁴⁴]

感到，患。例：

①我没为怎么，我实不～冷。（《醒世姻缘传》第七十九回）

②一经把壶来斟酒，一回推～热。（《金瓶梅词话》第四回）

合该[xuo²⁴kæ²¹]

应该。例：

①都说是："无道昏君，～死，"把一个"新殿龙爷"称又尊。（《本皮词》第二十八页）

②嘱付了俊俏秀才，你忒无情，俺也～，赤紧的典了衣服，花了网帽，破了靴鞋。（《海浮山堂词稿·十劣·闭户》）

③快快上去，～你不死，遇着好人。（《桃花扇》第二十七出）

黑邓邓[xei²¹təŋ²¹təŋ³⁰]

黑乎乎，"邓邓"为词尾。例：

短巷长街送车马，～飞尘乱撒。（《海浮山堂词稿·黄忠醉花阴·听钟有感》）

胡踢蹬[xu²⁴t'i²¹təŋ²¹]

盲无目的无秩序的瞎折腾。例：

瞎王留引定火乔男女，～吹笛擂鼓。（《全文散曲·高祖还乡》）

后晌饭[xu⁴⁴ʂaŋ²¹fæ⁴⁴]

晚饭。例：

夜来打的那柴误了赶集，还没有～哩。（《聊斋俚曲集·增补幸运曲》第五回）

呼卢[xu²¹lou²¹]

骗人。例：

差人道："我拿票子到他家呼卢他呼卢！"晁大舍道："我是这般说；咱惹那母大虫做甚！你看不见大爷也有几分馋他？"（《醒世姻缘传》第十回）

忽剌[xu²¹la²¹]

忽然。例：

怪小淫妇儿，马回子拜节来到的，就是锅儿是铁打的，也等慢慢儿的来。预备下熬的粥儿又不吃，～又新兴出来要给烙饼做汤，那个是肚里蛔虫？（《真本金瓶梅》第十一回）

捍[xæ̃⁵²]

拿、带。例：

后来渐渐的越发作梗起来，嫌粥吃了不耐饥，定要道士再～上几个饼。（《醒世姻缘传》第二十六回）

花花黎黎[xua²¹xua³⁰li²⁴li³⁰]

亦作"花花厘厘"，色彩鲜艳。例：

①小的和玳安、琴童哥三个，跟俺爹从一座大门楼进去，转了几条街巷，到个人家，只半截门儿，都用锯齿儿镶了；门里立着个娘娘，打扮的花花黎黎的。（《真本金瓶梅》第五十九回）

②二姐抬头看见，打了一个罕：这长官说话风张风势的，他的东西到有些古怪，花花厘厘的这是什么？便问："姐夫，你拿的是什么？"皇爷说："是我擦嘴的点浇汗巾。"（《聊斋俚曲集·增补幸运曲》第十六回）

还醒[xuæ̃⁴⁴ɕiŋ²¹]

死而复苏称"还醒"等。例：

①我且在此听听，看他还醒过来赖咱。（《聊斋俚曲集·塞森曲》第三回）

②正乱哄着，素姐才还省过来。（《醒世姻缘传》第六十三回）

③那狗死过了半日，蹬摆蹬摆的，渐渐的还性过来，趴起一恍一跃的走了。（《醒世姻缘传》第五十八回）

第八章　词语考证

还惺还惺[xuẽ⁴⁴ɕiŋ²¹xuẽ⁴⁴ɕiŋ²¹]

苏醒苏醒。例：

先生说："我使的慌了，你且拿下去想想，待我～再教！"(《醒世姻缘传》第三十三回）

换亲[xuẽ⁴⁴tɕ'iei²¹]

两家互换子女做儿媳称换亲。例：

当初原是～，他既休了你姐姐，他也就把你媳妇儿休了。(《醒世姻缘传》第七十三回）

会脓[xuei⁴⁴nəŋ²¹]

感染化脓。例：

我的儿！这是几时签上的来？又咱～了。(《聊斋俚曲集·慈悲曲》第一段）

tɕ

鸡力谷碌[tɕi²¹li³⁰ku²¹lou²¹]

象声词，形容听不懂的词语语调。例：

一伙把大门的皂隶拥将上来，盘诘阻拦，～，打起四川的乡谈，素姐小浓袋一些也不能懂得。(《醒世姻缘传》第九十四回）

峻 [tɕi²⁴]

男孩子的生殖器。例：

①落了草叫 谨 谨，摸摸有～甚喜欢，细想来也是精扯淡。(《聊斋俚曲集·墙头记》第二回）

②女奶儿～犹可说，止言屙不村。(《蒲松龄集·日用俗字·身体章》)

赍子[tɕi²¹tsɿ³⁰]

即"峻"。例：

①只见里面走出来一个半老女人来说道："好读书的小相公！人家这么大闺女在此，你却扯去'赍子'来对着溺尿！"唬得狄希陈尿也不曾溺完，夹了半泡，提了裤子就跑。(《醒世姻缘传》第

203

三十七回)

②俺娘从里头出来说:"好读书的小相公!人家放着这们大的闺女,照着他扯出~来溺尿!"(《醒世姻缘传》第四十回)

咭哩呱啰[tɕi²¹li³⁰kua²¹luo³⁰]

形容滔滔不绝且语速过快听不清晰听不懂。例:

(雯青和蓁如)正在出神,忽见对面走出来一个外国人,后头跟一个中国人,年纪四十余岁,两眼如玛瑙一般,颔上微须亦作黄色,坐在亭子内。两人~,说着外国话。雯青、蓁如茫然不知所谓。(清·曾朴《孽海花》第二回)

极躁[tɕi²⁴tsau⁴⁴]

焦躁。例:

到了七日,发不出汗来,只是~。(《醒世姻缘传》第三十六回)

……家[tɕia²¹]

助词,"……的样子""……的比例"。例:

我若得多的,你也得少的,你和我四六家分。(《元曲选·色待制陈州粜米》)

脚面[tɕyə²¹miæ̃⁵²]

脚的上面。例:

六月暑伏最难堪,汗珠淌到~。(《聊斋俚曲集·禳妒咒》第二十四回)

界墙[tɕiæ⁴⁴tɕ'iaŋ²⁴]

两邻交界墙。例:

这后墙是小人自己的~。(《醒世姻缘传》第三十五回)

今黑[tɕie²¹⁻²⁴xei²¹]

今天晚上。例:

我就问他几时去,他就答应在~。(《聊斋俚曲集·禳妒咒》第十五回)

第八章　词语考证

精[tɕiŋ⁴⁴]

全、都。例：

①玳安道："～是囊气的营生，一遍生活两遍做，这咱又往家里跑一遭。"(《真本金瓶梅》第四十六回)

②(张大瞧了说)精狗屁圈子！(《聊斋俚曲集·墙头记》第三回)

净办[tɕ'iŋ⁴⁴pæ²¹]

清静。例：

①[卜儿云]老的也，既然他两个要去，等他自措盘缠求官去来，省得在我耳朵跟边，终日子曰子曰，伊哩乌芦的这般闹炒，倒也～。(《元曲选·冻苏秦》楔子)

②[卜儿云]左右我的女儿在家，也受不得这许多气，便等他嫁人去，倒也～……(《元曲选·灰阑记》楔子)

③我怨你时，当初你在清河县里，要便吃酒醉了，和人相打，如常吃官司，教我要便随衙听候，不曾有一个月～，常教我受苦，这个便是怨你处。(《水浒传》第二十四回 1975 年印本 306 页倒 9 行)

镟刃[tɕyæ⁵² zei²¹]

刀镰等刃卷了起来，同"卷刃"。例：

试试䃜刺旦或～，手段平常要假充。《蒲松龄集·日用俗字·铁匠章》

k'

克落[k'ei⁴⁴luo²¹]

克扣。例：

小衙内云：你是斗子，我分付你：现在钦定价是十两银子一石米，这个数内，我们再～一毫不得的；只除非把那秤私下换过了，斗是八升的斗，秤是加三的大秤，我若得多的，你也得少的，我和你四三家分。(《元曲选·包待制陈州粜米》)

尅化[kʻei⁵²xua²¹]

消化。例：

则是你那肌肚皮不～黄韭菜。不教他休要睬。不到那二更过敢挣了天灵盖。(《元曲选·伍梅香》第四折《驻马听》曲末)

磕打[kʻuo⁵²ta²¹]

斥打。例：狄员外虽因狄希陈已回，病觉略有转头，毕竟有了年纪的人，不禁～，几场气，病势入了膂理，不过挨四子而已。(《醒世姻缘传》第六十七回)

骒骡[kʻuo⁴⁴luo²¹]

母骡。例：

①嫂子，你叫人把咱那黄～备上我骑骑，我连夜赶他去。(《醒世姻缘传》第五十三回)

②因没盘费，在淮安金龙大王庙里卖掉了一头～，今止剩得两个，要寻主顾发脱。(《醒世姻缘传》第八十八回)

搭络[kʻuo²¹luo²¹]

纺线后绕成的线团。例：

被褥未成拐一场，～先纺线几条。(《蒲松龄集·日用杂字·裁缝章》)

开剥[kæ²¹po²¹]

剥皮剖腹。例：

①我如今指麾军将亲征讨，拿住公孙活～。(《元曲选·伍员吹箫》第四折《么篇》)

②这个鸟大汉却也会戏弄老娘，这等肥胖，好做黄牛肉卖。这两个瘦蛮子，只好做水牛肉卖。扛进去先～这厮。(《水浒传》第二十七回，75年印本370页7行)

③那人看罢包裹，却再包了，且去门前望几个火家来～。(《水浒传》第三十六回)

第八章 词语考证

1

来头[læ²⁴t'ou²⁰]

后台，靠山，体统。例：

大娘你看他，没个没～的行货子，如何吃到酒，看见扮戏的哭起来？（《真本金瓶梅》第六十三回）

老婆家[lau⁵²p'o²¹tɕia²¹]

对年岁大的妇女的一般称呼。"家"，词尾。例：

一个～，虽是娼妓出身，既从了良，怎么穿了戎衣，跟了一伙子汉子打围？（《醒世姻缘传》第二回）

老气[lau⁵²tɕ'i⁴⁴]

老成，年幼却一付老大人样。例：

那潘金莲嘴快，插几口道："好～的孩儿，谁这里替你磕头哩？俺们磕着头，你站着，羊角葱靠南墙，越发老辣，若不是大姐姐带携你，俺们今日与你磕头！"（《真本金瓶梅》第二回）

撩[liau²⁴]

意义有二：

一是"扔、抛、掷"。例：

①这手里打来那手里～，家无片瓦合根椽，没个板查（按：钱渣）称百万。（《聊斋俚曲集·增补幸运曲》第二十四回）

②小和尚拿着鞋，把手逼在脊梁后头，扑在晁夫人怀里把那鞋照着他奶子一～。（《醒世姻缘传》第六十八回）

二是"缝"。例：

这晁天晏只见他东瓜似的搽一脸土粉，抹了一嘴红土胭脂，滴滴拉拉的使了一头棉种油，散披倒挂的梳子个雁尾，使青棉花线～着。（《醒世姻缘传》第五十三回）

撂[liau⁴⁴]

亦作"料"，扔、撂。例：

①我的娇，我的娇，你的贤惠我尽知道，你怎么不怕死，就

把我残生～？（《聊斋俚曲集·姑妇曲》第一段）

②万岁爷面带器，伸龙爪解开包，取出金银桌上料，五个好钱你拿去。（《聊斋俚曲集·增补幸运曲》第三回）

肋肢[lei⁵²tsʅ²¹]

肋骨。例：

武松恐怕他挣扎，先用油靴，只顾踢他的～，后用两只脚踏他两只肐膊，便说："淫妇自说你伶俐，不知你心怎么生着？我试看一看！"（《金瓶梅词话》第八十七回）

连手[liæ²⁴ʂou⁵²]

互相勾连，也指互为帮手。例：

嗔道叫我拿帖儿请他，他还说人生面不熟，他不肯来，怎知和他有～？（《真本金瓶梅》第七十九回）

裂拉[liɛ⁵²la²¹]

胡说、乱讲。例：

赵找大姑说："卖布的净了店，——你没嘎～—～。该小讷子那腿事么？……"（《聊斋俚曲集·慈悲曲》第三段）

挒[liɛ⁵²]

抓住。例：

～木鼻并与灌角，准备遭瘟啖药汤。（《蒲松龄集·日用俗字·走兽章》）

另过[liŋ⁴⁴kuo⁴⁴]

另起炉灶过日子。例：

不如我自己～，饥和饱与你无关。（《聊斋俚曲集·墙头记》第一回）

碌轴[lou⁵²tsʻou²¹]

碌碡。例：

分付已完，这牛顺驯而去。那日正在打场，将他套上～，他也不似往时踢跳，跟了别的牛沿场行走。（《醒世姻缘传》第七十

208

第八章　词语考证

九回）

㞎[lou⁵²]

搂、抱。例：

那腥臊烂臭的邋遢兔，鸡飞店里那无赖徒，青天白日把蚕蛾婆。磣杀人这般模样，还想着要把人～！（《聊斋俚曲集·增补幸运曲》第十二回）

笼头[luŋ²⁴t'ou²¹]

役使畜牲头部的羁绊。例：

一个汉子的心，如同没了～的马一般，他要欢喜那一个，只欢喜那个，谁敢拦他？（《真本金瓶梅》第七十六回）

笼嘴[luŋ²⁴tsuei⁵²]

戴在牲口嘴上，防止它乱吃东西的铁（或竹）质罩子。例：撒绳皮抓口，～荆条编。（《庄农日用杂志》）

m

抹下脸来[ma²¹xa³⁰liæ⁵²læ²¹]

恼怒变脸色。例：

二姐说："妈娘，你不在后房自在，来南楼何事？"老虔婆～说："我没事就不来！人家那当姐儿的老是当姐儿，春里是春衣，夏里是夏衣；你也是个姐儿，我来问你要几两银子使使。"（《聊斋俚曲集·增补幸运曲》第十回）

麻力[ma²⁴li⁴⁴]

快、迅速、利落。例：

那老董叹口气道："玉大人官却是个清官，办案也实在～，只是手太辣些。"（《老残游记》第四回）

忙揭[maŋ²⁴tɕiɛ²¹]

忙碌。例：

每日晚来，就自家找着那活路～半宿，他娘叫着他也不听。（《聊斋俚曲集·慈悲曲》第四段）

209

忙劫劫[maŋ²⁴tɕiɛ²¹tɕie³⁰]

忙忙碌碌，方言为"忙忙劫劫"。例：

挨次种完了棉花萏秋，黍稷谷粱，种了稻秧，已是四月半后天气；又～打草苫，拧绳索，收拾割麦。(《醒世姻缘传》第二十四回)

猫[mau²⁴]

弯。例：

王玉瓒同一连连长王世民迅速冲进蒋卧室，发现被子献着，床上没人，就急猫腰朝床下看，创下也没人，而衣帽、黑斗篷还挂在衣架上，桌上有一只杯子里还放着假牙。(刘平安《西安事变第一枪是谁打响的》摘自《陕西日报》1986年12月14日第二版)

毛草[mau²⁴tsʻau⁵²]

慌张，不沉着。例：邓九公便道："老弟！你可别硬作呀；不是我～，他那脾气性，可真累赘！"(《儿女英雄传》第十六回)

没大没小[mo²¹ta⁴⁴mo²¹ɕiau⁵²]

意指对长者不尊敬，无礼貌，无长幼尊卑观念。例：

月娘道："恁不合理的行货子，生生把个丫头，惯的恁～，还嗔人说哩！……"(《真本金瓶梅》第七十五回)

没好气[mo²¹xau⁵²tɕʻi⁴⁴]

心里窝火。例：

江城～，露出胳膊来——舒说："你！"(《聊斋俚曲集·禳妒咒》第九回)

没了王的蜜蜂[mo²¹liau³⁰uaŋ²⁴ti³⁰mi²¹fəŋ²¹]

喻无人领导的一帮人或两三人。例：

今计氏死了，那珍哥就如～一般，在家里喝神断鬼，骂家人媳妇，打丫头。(《醒世姻缘传》第十一回)

磨牙斗嘴[mo²⁴nia²⁴tou⁴⁴tsuei⁵²]

耍嘴皮子、吵闹。例：

沿门子～，谁知他别有安排。(《聊斋俚曲集·增补幸运曲》第九回)

磨牙费嘴[mo²⁴nia²⁴fei⁴⁴tsuei⁵²]

办事不礼，多费口舌。例：

我的姓儿你是知道的，我是合你～的人么？(《醒世姻缘传》第五十五回)

没了[mo²¹liau³⁰]

夭折。例：

①月娘道："姐姐，你还不知道来兴儿那媳妇，害病～。"(《真本金瓶梅》第九十六回)

②娘子是多咱～？(《醒世姻缘传》第七十二回)

眉眼[mi²⁴ȵiæ⁵²]

眉目。例：

①这报仇有点～，单看那按院如何。(《聊斋俚曲集·磨难曲》第十回)

②近来不知问你何如，想是有了～。(《聊斋俚曲集·磨难曲》第十二回)

n

衲[na²¹]

缝。例：

不看我千补百～，弎两朋朋出来见人。(《聊斋俚曲集·俊夜叉》)

压趔趔[ȵia⁴⁴luo⁴⁴luo³⁰]

一个压着一个，喻人多。例：

正看着，忽然一阵风来，把个婆儿灯烧了下半截，妇人看见，笑个不了。引惹的那楼下看灯的人，挨肩擦背，仰望上瞧，通挤匝不开，都～。(《真本金瓶梅》第十五回)

牙花[ȵia²⁴xua²¹]

211

齿龈。例：

桂姐骂道："怪攘刀子，好干净的嘴儿，把人的～也磕了，爹，你还不打与他两下子哩，你看他恁发讪！"（《真本金瓶梅》第三十三回）

耐饥[næ⁴⁴tɕi²¹]

抗饥。例：

后来渐渐地越发作梗起来，嫌粥吃了不～，定要道士再捏上几个饼。（《醒世姻缘传》第二十六回）

难拿[næ̃²⁴na²⁴]

难以掌握。例：

妇人这性儿～，汗珠儿教人通身下！（《聊斋俚曲集·快曲》第二联）

扨 [ȵiei⁵²]

做棉衣、被褥时，为避免絮的棉花滚成团，在上面按一定距离缝几道，这种缝线方式，叫"扨"。例：

被褥未成扨一场，搇络先绷线几条。（《蒲松龄传·日用杂字·裁缝章》）

硬柴[ȵiŋ⁴⁴tsʻæ²⁴]

木柴。例：

[做抬正末丢下科云]大嫂，搬将柴来，堆在窑门首，待我去烧起火来。这腿骨头上，多放几块～。（《元曲选·盆儿鬼》第一折《赚煞》曲后白）

硬撑[ȵiŋ⁴⁴tsʻəŋ⁵²]

竭力支持。例：

老马听的方二爷会了二甲进土，也就不大敢～了，吩咐请出方娘子来，慢慢使轿送他回家。（《聊斋俚曲集·富贵神仙》第四回）

年时[ȵiæ̃²⁴sɿ²¹]

去年。例：

太太说："好鲜果子！今年比～到的早。不知进过万岁爷没有？收到我卧房里去。"（《醒世姻缘传》第七十一回）

眼睁睁[ȵiæ⁵²tsəŋ²¹tsəŋ²⁴]

[屠世雄云]我屠世雄并不曾抢他母亲![正旦唱]～现放着俺亲身证。[金御使云]屠世雄，你不实话呵，等甚么那？（无名氏《冯玉兰夜月泣江舟》四折，《元曲选》下四十八册三十六页）

眼见的[ȵiæ⁵²tɕiæ⁴⁴ti³⁰]

眼看到的。例：

月娘道："又没人陪他，莫不平白的自家吃酒？～就两样话！头里韩道国的小厮，来寻他做什么？"（《真本金瓶梅》第五十回）

眼眨毛[ȵiæ⁵²tsa²¹mau²⁴]

睫毛。

例：～长毻 [ta²¹] 毢 [sa³⁰]丑，颧骨高大衬粗唇。（《蒲松龄集·日用俗字·身体章》》

念诵[ȵiæ⁴⁴suŋ²¹]

念叨。例：

你吃你那饭罢，你嚼说我待怎？我往后只面红耳热的，都是你两口子～的。（《醒世姻缘传》第三十二回）

尿尿把把[ȵiau⁴⁴ȵiau³⁰pa⁵²pa³⁰]

撒尿拉屎。例：

行者说："也罢，我缚着你，若要～，须和我说。"（《西游记》第四十回）

ŋ

挨抹[ŋæ²¹mo³⁰]

亦作"挨磨"，估计。例：

①从此每日晚间～到三四更才去，没等到五更就往晁夫人屋里来脚头一觉，成了旧规。（《真本金瓶梅》第六十八回）

②我的马走的快,你步行,赤道挨磨到多咱晚,不惹的爹说,你也上马,咱两个迭骑着罢。(《醒世姻缘传》第四十九回)

按住葫芦抠子[ŋæ⁴⁴tsʻʅ²¹xu²⁴lou²¹kʻou²¹tsʅ²¹]

形容蛮横地强逼人,今多用"按住葫芦要子哩"句。例:

①那象如今听见那乡里有个富家,定要寻件事～,定要挤他个精光。(《醒世姻缘传》第二十四回)

②杨春说:"他打哩真个申到县哩,那官～儿,可怎么办?"(《醒世姻缘传》第三十四回)

㨈[ŋei²¹]

靠、连;挨。例:

①盼邮亭,巴堆子,一步㨈一步。(《元曲选·荆楚臣重对玉梳记》第三折)

②这无情棒教我㨈不住的。(《窦娥冤》第二折)

恶水[ŋuo²¹sɥei²¹]

泔水。例:

奶奶,相秋胡去了十年光景,我与人家担好水换～,养活着奶奶。你怎么把梅英有嫁与别人。(《元曲选·秋胡戏妻》第二折)

额颅盖[ŋei⁵²lou²¹kæ⁴⁴]

前额。例:

①又一刀砍去,砍去～,那军门在唓哼。 (《聊斋俚曲集·磨难曲》第十七回)

②唐氏扯脖子带脸的通红,瞅了小鸦儿一眼,道:"你怎么有这们些臭声!人家的那个长在～上来!你到明白,就搬到一个四顾无人的所在去往,省得人要你的老婆!"(《醒世姻缘传》第十九回)

鼻弅[pʻi²⁴tɕʻyæ²¹]

穿在耕牛鼻子上的铁(或木)环。例:

第八章　词语考证

捌木～与落角,准备遭瘟唁药汤。(《蒲松龄集·日用杂字·走兽章》)

拃[p'u⁴⁴]

亦作"㧘",动词兼量词。例:

①不脱衣服,不脱衣服,白黑一个替身无。就是待溺泡尿,也叫他儿来拃。(《聊斋俚曲集·姑妇曲》第二段)

②我仔说了够一把,你就抉了一大拃。(《聊斋俚曲集·俊夜叉》)

③我虽穷,也没到了拃瓢。(《聊斋俚曲集·慈悲曲》第二段)

赴水[p'u⁵²sɥei⁵²]

游泳。例:

①李逵正在江里探头探脑,假挣扎～。(《水浒》第三十八回)

②小娇春也只得跳在湖里逃命,可是不会～,汩没得象个雏凫一般。(《醒世姻缘传》第六十六回)

婆娘[p'o²⁴ɲiaŋ⁵²]

已婚妇女。例:

①那～只道张三郎慌忙起来,把手掠一掠云鬓,口里喃喃的骂道:"这短命,等得我苦也!老娘先打两耳刮子着!"(《水浒》第二十一回)

②我是个不带头巾的男子汉,叮叮当当响的～,却是拳头上也立得人,膊上走得马,不是那腲脓血搦不出来的鳖老娘!(《真本金瓶梅》第三回)

③婆婆也,须是自做下,怨他谁!劝普天下前婚后嫁～每,都看取我这般傍州例。(《窦娥冤》第二折)

④没要紧,却了一伙～,男女混杂的,打什么围?(《醒世姻缘传》第三回)

扑塌[p'u²¹t'a²¹]

亦作"扑喊",象声词,喻重物落地声。例:

215

①浑身象是没骨头，抗将起来软丢当，只待扑塌把你放。（《聊斋俚曲集·墙头记》第二回）

擎炕[pʻæ²⁴kʻaŋ⁴⁴]

砌土炕。例：

墁墙泥版㨄三遍，～䆴刀压几回。（《蒲松龄集·日用俗字·泥瓦章》）

盘缠[pʻiæ²⁴tʂʻæ³⁰]

路费。例：

莺莺："红娘取银十两来，就与他～。"（《西厢记》第五本第一折）

谝谝[pʻiæ⁵² pʻiæ³⁰]

夸、谈。例：

这贼人夸他的汗巾子，我也有条汗巾子，拿出来～罢。（《聊斋俚曲集·增补幸运曲》第十六回）

tɕʻ

掐出水来[tɕʻia²¹tsʻʅ²¹ʂuei⁵²læ²¹]

喻皮肤细嫩。例：

①你十七进学，还是～的小秀才哩。（《醒世姻缘传》第三十八回）

②贩鲜的担着柳杌子鱼话，我就好说，～的乜孩子，禁什么降？（《聊斋俚曲集·禳妒咒》第十六回）

掐着指头算[tɕʻia²¹tʂuo³⁰tʂʅ⁵²tʻou²¹ɕyæ⁴⁴]

数指头算时间。例：

①任直～了一算，说道："景泰三年生——是几月？"（《醒世姻缘传》第四十七回）

②我～，那留下的，都不是小主子们歪哩。（《醒世姻缘传》第三十四回）

䶢[tɕʻia⁵²]

东西卡在咽喉。例：

儿童大把唵青麦，麦芒～着叫欢欢。（《蒲松龄集·日用杂字·庄农章》）

前不着村，后不着店[t'iæ²⁴pu²¹tʂ'uo²⁴tɕ'yei²¹,u⁴⁴pu²¹tʂ'uo²⁴tiæ⁴⁴]

今方言为此，白话著作为"前不巴村，后不着店"或"前不巴村，后不巴店"二者。"巴"，附着，黏合意，上古言"傅"，亦作"薄""搏"：古无轻唇音，故三字同纽；古"鱼""歌"韵大都读"麻"，故二字都读如"巴"；且因口语持久不变，后来便假"巴"为之矣。本词义为走到周围无着落、无人帮忙的地方，且遇上了天灾人祸。例：

①天色已晚，又遇风雨，前不巴村，后不着店，怎生得好？（《元曲选·桃花女破嫁周公》第一折）

②小人母子二人贪行了些路程，错过了宿店，来到这里，前不巴村，后不着店，欲投贵庄借宿一宵。（《百回本水浒》第二回）

穷嫌富不爱[tɕyŋ²⁴ɕiæ²⁴fu⁴⁴pu²¹ŋæ⁴⁴]

指嫌弃穷人，又不被富人喜欢。例：

觅汉道："要不将银子去，另外坐我的工食哩。我要这～的杭杭子做什么？"（《醒世姻缘传》第六十七回）

权当[tɕ'yæ²⁴taŋ²¹]

意义有二：

一是"当作"。例：

①拜佛席～了象牙床，偏衫袖也做的鲛绡帕。（《僧尼共犯》第一折）

②素姐心里还指望狄希陈晚上进房，寻思不能动身打他，那牙口还是好的，借他的皮肉咬他两口，～那相大妗子的心肝。（《醒世姻缘传》第六十回）

二是"权且、姑且"。例：

217

①百岁消磨春夏秋，夏凉冬暖迎风斗，到晚来蒲团高卧，～做布被蒙头。（《海浮山堂词稿·中吕粉蝶儿·五岳游囊杂泳》）

②咱每没有什么孝顺，拿着施主人家几个供佛的果子，～献新。（《真本金瓶梅》第五十七回）

人生面不熟[ʐei²⁴sən²¹miæ⁴⁴pu²¹sou²⁴]

人地两生。例：

①大嫂，咱到这里～，投奔谁是？（《元曲选·生金阁·楔子》）

②素姐虽与许多人同走，未免多是～的。（《醒世姻缘传》第六十九回）

搬绳[sa⁵²ʂəŋ²⁴]

用来捆绑车辆货物的粗麻绳，方言也有叫"撇绳"[pʻiɛ⁵²ʂəŋ²¹]的。例：

钐刀劐[po²¹]来网包接，～捆绑积如山。（《蒲松龄集·日用俗字·庄农章》）

煞尾[sa²¹vei⁵²]

结尾。例：

（第一本第四折）剧中结尾时曲调名："路丝娘～。"（《西厢记》）

撒 [sa²¹]

漏。例：

一个手儿招，一个眼儿～，背地里听不上腌臜话。（《僧名共犯》第一折）

三姑六婆[sæ²¹ku²¹liou²¹pʻo²⁴]

喻亲朋中令人生厌的一帮妇女，原义指这贩卖人口的妇女及巫婆等。例：

吴之祥道："吾闻贵地有～，一经招引入门，妇女无知，往往为其所害，或哄骗银钱，或拐带衣服。"（清朝李汝珍《镜花

缘》）

按：明陶宗仪《辍耕录》第十卷中云："三姑者，尼姑、道姑、封姑也；六婆者，牙婆（贩卖人口的妇女）、媒婆、师婆（女巫）、虔婆（鸨母）、药婆、稳婆（接生婆）也。"本义当此，今方言有引申，读者可自明。

生疼[səŋ²¹tʻəŋ²⁴]

很疼。例：

张姑娘!女孩儿家怎么这么蠢啊！拉的人胳膊生疼！（《儿女英雄传》第二十七回）

书房[ʂʮ²¹faŋ²¹]

学校。例：

这庄里有个小～，我着他去上学，够半月哩。（《聊斋俚曲集·慈悲曲》第三段）

嗖[sei²¹]

本意为不光滑，借喻讲高于自己身份、能力、成绩的话，含贬义。例：

【正耕】亏你不害口～，说出这等话来。（《元曲选·儿女团圆》第一折《鹊踏技》曲后）

搧[ʂæ²¹]

用巴掌打。例：

我为什么才～了他两巴掌来？（《醒世姻缘传》第七十八回）

晌饭[ʂaŋ²¹fæ⁴⁴]

午饭。例：

①你不必找他，他待来家中吃～哩。（《聊斋俚曲集·慈悲曲》第三段）

②我和你三婶说了，叫焰着数儿换给我哩！快些倒下换上，家里还等着碾了吃～哩！（《醒世姻缘传》第三十二回）

晌午[ʂaŋ²¹u²¹]

中午。例：

①未及～，马已到来，员外便请鲁提辖上马，叫庄客担了行李。（《水浒》第四回）

②早晨间放开仓库，～里绰扫了花园，未傍晚我又索执料厨房。（《元曲选·生金阁》第二折）

湿达达[ʂʅ²¹ta²¹ta³⁰]

湿漉漉。例：

珍哥依方吃了，将有半顿饭时，觉得下面～的，摸了一把，弄了一首烉紫的血。（《醒世姻缘传》第四回）

拾掇[ʂʅ²⁴tuo⁵²]

意义有二：

一是"收拾"，此义亦作"拾扬"。例：

①你别要管他，丢着罢，亦发等他来拾掇，歪蹄泼脚的，没得展污嫂子的手。（《金瓶梅词话》第二十三回）

②姜娘子听说，辞拜了婆婆，拾掇了拾掇出来。（《聊斋俚曲集·翻魇殃》第四回）

③（张讷）到学里看了看张诚，回来上外边屋里扫了扫，拾扬了一个铺。（《聊斋俚曲集·慈悲曲》第四段）

二是"修理"。例：

耩子拾掇就，种金尖又尖。（《庄农日用杂志》）

臊子[sau⁴⁴tsʅ³⁰]

肉末或多种菜料作成的烩菜，用于面、饺等饭食为佐料。例：

奉着经略相公钧旨："要十斤精肉，切做～，不要见半点肥的在上面。"（《水浒》第二回）

梳头匣子[sou²¹tʻou²⁴xa²⁴tsʅ³⁰]

盛化妆用品的小木匣。例：

你长大出嫁的时节，我与你打簪环，做铺盖，买～，我当自家闺女一般，接三换九。（《醒世姻缘传》第六十六回）

塌[tʻa²¹]

亦作"搨",同"溻"。汗水浸透(或湿)衣物。例:

①一伙差人连跑两回,还没歇过来,喘吁吁的,把衣服都搨了。(《聊斋俚曲集·磨难曲》第六回)

②(看那陈师娘)穿着汗塌透的衫裤,夏布上雪白的铺了一层虮虱,床上齷齷齪齪,差不多些象狗窝。(《醒世姻缘传》第九十二回)

七老八十[tʻi²¹lau⁵²pa²¹sʅ²¹]

年逾七十、八十。例:

再不想自己～的个棺材楂子,他那身强火盛的娇精,却是恋你的那些好处?(《醒世姻缘传》第三十六回)

题名道姓[tʻi²⁴miŋ²⁴tau⁴⁴ɕiŋ⁴⁴]

亦作"提名抖姓",义为指名道姓。例:

①这个穷弟子孩儿,要钱则要钱,题名道姓怎的?(《元曲选·忍字记》第一折)

②当原先俺死的那个娘,也没曾失～叫我声玉簪儿;你进门几日,就题名道姓叫我,我是你手里使的人也怎的?(《真本金瓶梅》第九十一回)

③你骂我罢了,你提名抖姓的叫晁源待怎么?(《醒世姻缘传》第四十三回)

替样子[tʻi⁴⁴iaŋ⁴⁴tsʅ³⁰]

把鞋底、鞋绑的样式,附在应一张纸上按原规格裁下来。例:

他到明日过来与你磕头,还要替你做鞋,昨日使丫头替了吴家的样子去了。(《真本金瓶梅》第十三回)

裉子[tʻiɛ⁴⁴tsʅ³⁰]

尿布。例:

～撇开大事毕,不用裁缝动剪刀。(《蒲松龄集·日用俗字·裁缝章》)

添[t'iæ²¹]

生。例：

我那日听见说了声～了侄儿，把俺两口子喜的就象风了一般。（《醒世姻缘传》第二十一回）

听说[t'iŋ²¹sʮo²¹]

听从劝告。例：

童奶奶道："也是个不～的孩子；他见不的我么，只传言送语的？你请了他来，我自家合他说。"（《醒世姻缘传》第七十五回）

u

揻[ua²¹]

用升、瓢、碗、勺侧插入粮食和面粉里取出。例：

羌娘子做了饭，打发他婆婆迟了，才～了升麦子碾了㨳了㨳，烙了两个黑饼。（《聊斋俚曲集·翻魇殃》第三回）

刀[ua⁴⁴tau²¹]

泥瓦匠工具，刀型、长柄。例：

墁墙泥板横三遍，擎炕～压几回。（《蒲松龄集·日用俗字·泥瓦章》）

王留[uaŋ²⁴liou²⁴]

亦作"留"，喻轻佻者，以哄骗人而戏弄人者。例：

瞎王留引定火乔男女，胡踢蹬吹笛擂鼓。（《全元散曲[般涉调]高祖还乡》，睢景臣作）

v

纹溜[vei²⁴liou⁵²]

物体上的皱痕。例：

（伯爵）问郑春："这泡螺儿，果然是你家月姐亲手拣的？"郑春跪下说："二爹，莫不小的敢说谣？不知月姐费了多少心，只拣了这几个来孝顺爹。"伯爵道："可也亏他，上头～，就象

222

螺儿一般,粉红纯白两样儿。"(《真本金瓶梅》第六十七回)

ç

希乎[ɕi²¹xu²¹]

几乎,差点。例:

你看他好事的吵来,好世的骂;又把你～捆煞,几乎勒杀!(《聊斋俚曲集·磨难曲》第十九回)

希流刷拉[ɕi²¹liou³⁰sʅA²¹lA²¹]

亦作"悉留刷拉",象声词,形容物体摩擦的声音。例:

①到了深夜,那符希留刷拉的怪响,只说是那狐精被天师的符捉住了。(《醒世姻缘传》第二回)

②唐氏听见了,慌忙开门出来,接近晁源房去,悉留刷拉,不知干些什么事。(《醒世姻缘传》第十九回)

媳妇子[ɕi²¹fu²¹tsʅ³⁰]

媳妇。例:

①～,怪剌剌地什么样子?(《真本金瓶梅》第二十五回)

②(公子上,太公公)我儿,听说～把你那奶奶(乳房)都铰去了,你怎么受来?(《聊斋俚曲集·禳妒咒》第二十七回)

吸铁石[ɕi⁴⁴tʻiɛ⁵²ʂʅ²⁴]

磁铁。例:

狄希陈就象～引针的一般,跟到房中。(《醒世姻缘传》第五十六回)

相彷[ɕiaŋ²¹faŋ⁵²]

相当、相对,"彷"同"仿"。例:

张生:"夫人太虑过,小生空妄想,郎才女貌才～。"(《西厢记》第一本第二折)

响头[ɕiaŋ⁵²tʻou²⁴]

磕头时,前额触地发出响声,以示恭敬或驯服。例:

把老侯让到上面,两把椅子坐着,素姐在下面四双八拜,叩

了一十六个～。（《醒世姻缘传》第六十九回）

想头[ɕiau⁵²tou³⁰]

希望。例：

二相公，你在外头要做些有～的事。（《儒林外史》第十八回）

小器[ɕiau⁵²tɕʻi⁴⁴]

小气，吝啬。例：

（方相公爬起来说道）老师，你好～，那杯水值什么呢？（《聊斋俚曲集·磨难曲》第六回）

烚[ɕiɛ²¹]

烤，此字不见字书。例：

莫笑火～如灰鬼，十个铁匠九不穷。（《蒲松龄集·日用俗字·铁匠章》）

学[ɕyɛ²⁴]

有两个意义：

一是把听到的话告诉别人，多指难以告人的话。例：

终日起来吵呵也么呵，骂的话儿口难～。（《聊斋俚曲集·禳妒咒》第十回）

二是把看到的事告诉别人，多指不想叫人知道的事。例：

①跟的人回去了，～了那个光景，许多人大眼看小眼的不了。（《醒世姻缘传》第二十七回）

②只怕他一时使将小厮来看见，到家～了，又是一场儿，倒没的弄的我也上不的门（《真本金瓶梅》第八十六回）

i

夜来[iɛ⁴⁴læ²¹]

昨天。例：

①此间有个歌者顾玉香，我有心与他作伴，～见了那妈妈，今日使个梅香来请，事必谐矣。（《元曲选·对玉梳》第一折）

②我～算了一命，道我有百日血火之灾，只除非去东南上一千里之外躲避。（《水浒》第六十一回）

③～还是支使的，今日出来当奴才。（《聊斋俚曲集·磨难曲》第一回）

严严的[ȵiæ²⁴ȵiæ²⁴ti³⁰]

亦作"沿沿"，紧密。例：

①前边若堵塞～的，后头再追逼的紧，别说是人，就是狗也生生没法来。（《醒世姻缘传》第十回）

②奶子轿子里，用红稜小被把官哥儿裹得沿沿的，恐怕冷，脚下还蹬着铜火炉儿。（《真本金瓶梅》）

严严实实[ȵiæ²⁴ȵiæ³⁰ʂʅ⁵²ʂʅ³⁰]

意思是很紧密。例：

要遇着个歪斜刻薄的东西，把往衙里去的角门封锁的～的。（《醒世姻缘传》第八十三回）

扬旛道场[iaŋ²⁴fæ²¹tau⁴⁴tʂ'aŋ⁵²]

形容盛大热闹。例：

如意儿道："前日娘的百日，请姥姥，怎的不来！门外花大妗子、吴大妗子，都在这里来，十二个道士念经，好不大吹大擂，～，小火炼度，晚上才去了。"（《真本金瓶梅》第七十八回）

阳沟[iaŋ²⁴kou²¹]

亦作"洋沟"，路边及田间水道。例：

①把与那穷人端了去，吃在人的肚里，也还是好；他却不肯，大盆的饭都倒在泔水瓮里！还有恐怕喂了猪，便宜了主人，都倒在～里面流了出去！（《醒世姻缘传》第二十六回）

②不提防鲁华又是一拳，仰八叉跌了一跤，险不倒栽入洋沟里，将发散开，巾帻都污浊了。（《真本金瓶梅》第十九回）

一个锅里轮勺[i²¹kɤ⁴⁴kuo²¹li²¹lyei²⁴ɕye²⁴]

又作"一个锅里轮杓"，比喻弟兄妯娌几个在一起过日子。

225

方言作"一个锅里轮勺把"。例：

①他端的是他的碗盏，咱穿的是咱的衣裳，一下里叫爷，两下里叫娘，不合他一个锅里轮勺，象这等还有什么话讲？（《聊斋俚曲集·慈悲曲》第六段）

②慧娘说道也不错，俺是兄弟你是哥，若不然怎么叫做一堆过？这才是一个锅里轮杓，怎么分的这个那个？（《聊斋俚曲集·翻魇殃》第十回）

一溜子[i²¹liou⁴⁴tsʅ³⁰]

同伙。例：

狄周的字是说他助着大厨子为恶，合他～，庇护他。（《醒世姻缘传》第五十六回）

一闷棍[i²¹mei⁴⁴kuei⁴⁴]

乘人不备的一棍。例：

那安童正要走时，吃翁叭～打落水中。（《真本金瓶梅》第四十七回）

一头撞到南墙[i²¹tʻou²⁴tsʻɑŋ⁴⁴tau⁵²næ²⁴tʻiaŋ²⁴]

喻指倔强、固执的人。例：

你差不多儿做半截汉子儿罢了，只顾"～"的！（《醒世姻缘传》第八回）

一窝子[i²¹uo²¹tsʅ³⁰]

指同一家族或弟兄几个，贬义。例：

俺们连自家还多着个影儿哩，要他什么？家中～人口要吃穿，巴劫的魂也没了！（《真本金瓶梅》第六十七回）

一划新[i²¹tsʻæ⁵²ɕiei²¹]

一概都是新的。例：

【正末唱】画阁兰堂～。（《元曲选·东堂老》第四折）

胰子[i⁴⁴tsʅ³⁰]

用猪胰脏与适量碱面、淀粉混在一起砸烂，弄成块状，冬天

洗手洗脸,既可去垢,又可防止皮肤皲裂。例:

貑猪髎牙不上圈,㺀猪～洗辁疮。(《蒲松龄传·日用杂字·走兽章》)

圆成[yæ²⁴tʂʻəŋ⁵²]

亦作"谚诨",意为劝说、讲道理使人听从,促成某事。例:

①张老爷,你也该为这一方的百姓,怎么圆成着去呢?(《聊斋俚曲集·磨难曲》第三十三回)

②王相公不肯,王四谚诨着,到了八百银子,王相公才依了。(《聊斋俚曲集·磨难曲》第十一回)

月明[yɛ²¹miŋ⁵²]

月亮。例:

三更出门,～也会乌,萧条行李一鞭抓。(《聊斋俚曲集·富贵神仙》第三回)

ts

早晚[tsau²¹væ̃⁵²]

迟早,不知何时。例:

莺莺:"书封雁足此时修,情系人心～休?"(《西厢记》第五本第一折)

枣胡儿[tsau⁵²xu²⁴]

枣核。例:

那个没娘老子,就是石头狢剌儿里迸出来,也有个窝巢儿,～生的也有个仁儿。(《金瓶梅词话》第二十五回)

仔顾[tsʅ²¹ku⁴⁴]

只顾。例:

～踢蹬,天就把我找,若是回头,天就不恼。(《真本金瓶梅·姑妇曲》第三段)

自家[tsʅ⁴⁴tɕia²¹]

自己。例:

月娘道:"你去,休管他!等我临睡~吃。"(《真本金瓶梅》第七十六回)

喳呼[tsa⁵²xu²¹]

吆喝、炫耀。例:

那一等本不愚,假扮做孺。他动不动一划地谎~。见人呵闲言长语三是句。(《元曲选·渔樵记》第一折《上马轿》曲头)

挣[tsəŋ⁴⁴]

将包、袋或辫子、线绳簇等系捆住。例:

二斗子云:你~着口袋,我量与你么。(元曲选·陈州粜米)

揸[tsa⁵²]

亦作"楂、札、戳、挓、窄、蹅",意义有二:

一是张开拇指与中指两只尖的最大距离,叫一揸。例:

①虽然火里没烧死,胡子短了一揸零。(《聊斋俚曲集·快曲》第二联)

②他达合俺达一对站,俺达矮了勾一揸,叫他达教人不支架。(《聊斋俚曲集·墙头记》第一回)

③狄希陈取出那炮炂来,有一札长,小鸡蛋子粗,扎着头子,放的就似铳那一般怪响。(《醒世姻缘传》第五十八回)

④桥长数里,润只三戳!(《西厢记》第十四回)

⑤这件事比鳖不如还低一戳!(《本皮词》第三十五页)

⑥捞饭笊篱如棒大,抆糕木杓两挓长。(《蒲松龄集·日用俗字·器皿章》)

⑦将那白生生腿儿,横抱膝上缠脚,换刚三寸恰半窄大红平底鞋儿。(《金梅瓶词话》第五十二回)

⑧上穿一身红衲袄,绿罗裙上石榴花,红绣鞋窄半蹅大。(《聊斋俚曲集·增补幸运曲》第十三回)

二是用"一揸"这一计算单位去量。例:

手拿着汗巾每日想,那画上人儿一班搂着同床,俺可把俊脸

细细端相,也揸揸那腰儿多细,脚儿多长;今夜晚一笔勾却那相思帐。(《聊斋俚曲集·禳妒咒》第八回)

住住的[ts'ʅ⁴⁴ts'ʅ³⁰]

严严的、死死的、牢牢的。例:

①他怕使了他的家当,格住你不叫见我,难为俺那贼强人杀的也拧成一股子,瞒得我~的,不叫我知道。(《醒世姻缘传》第六十八回)

②高四嫂笑道:"狗!天鹅倒大,海青倒小,拿得~的!"(《醒世姻缘传》第二回)

转筋[tsɿæ⁴⁴tɕiei²¹]

指手、脚趾及脖子、腿肚子痉挛。例:

①我腿~。 (《元曲选·黑旋风》第三折)

②娘子差我请主人,就从门外反回身,只怕说个主人请,听这一声转了筋,人哪哎转了筋!(《聊斋俚曲集·禳妒咒》第二十回)

壮[tsɿaŋ⁴⁴]

肥沃。例:

地通红扫不光,不如去了铺了强,担去了地也极~。(《聊斋俚曲集·翻魇殃》第十一回)

锥子[tʂei⁵²tsʅ³⁰]

钻子。 例:

生铁~如升大,夹来红铁大锤夯。(《蒲松龄·日用杂字·铁匠章》)

这向[tʂʅ⁴⁴ɕiaŋ⁴⁴]

这段时间。例:

①我们走了~,好人也不遇着一个。(《西游记》第二十二回)

②珍青听得人说晁风在大门里边,走到监门口,扒着那送饭

的小方孔叫晁风走到眼前。晁风问说："珍姨，～里边好么？"珍青道："有什么得好！自从大爷没了，通没有人焖管！……"（《醒世姻缘传》第二十一回）

这一号[tʂɻ⁴⁴i²¹xau⁴⁴]

这一类，这一种。例：

我素常杀的，都是～东西。（《聊斋俚曲集·磨难曲》第三十四回）

知不道[tʂɻ²¹pu²¹tau⁴⁴]

亦作"知不到"，不知道。例：

①狄员外说："家里娇养惯的孩子，知不道好歹，随他罢。"（《醒世姻缘传》第四十五回）

②秦继楼道："你知不到，多着哩。"

彰扬[tʂaŋ²¹iaŋ²⁴]

宣扬，张扬。例：

狄家的觅汉伙伴不曾分得银钱的，心里气他不过。到处去～，不止他本村扬说的一天一地，就是临庄外县都当了一件异事传说。（《醒世姻缘传》第三十四回）

第九章 铜川方言语法

第一节 语法特点

一、词语重叠

普通话单音节名词和名词性词素普遍不能重叠（少数例外），而铜川方言却普遍能够重叠，只是渭区和洛区有所不同。渭区重叠后还要加上"子"尾，构成"AA子"式；洛区则可直接重叠，构成"AA"式。它们都表示"小"义，有的含有"亲切""喜爱"的感情色彩，大致与普通话的"儿"化名词相当。例如：

铜川		普通话	铜川		普通话
渭区	洛区		渭区	洛区	
锅锅子	锅锅	锅儿	瓶瓶子	瓶瓶	瓶儿
碗碗子	碗碗	碗儿	豆豆子	豆豆	豆儿
帽帽子	帽帽	帽儿	桌桌子	桌桌	桌儿
板板子	板板	板儿	棍棍子	棍棍	棍儿

普通话是通过附加后缀"儿"的方式构成新词，从而表示"小"或者"喜爱"的附加意义；而铜川方言没有儿化词，它是通过名词或名词性语素的重叠（或再加"子"尾）来表示的。语法手段发展的不平衡由此可见一斑。

跟名词相反，铜川方言动词不能重叠。普通话动词重叠表示"动作时间短暂"或"尝试"的意思。这在铜川方言用加"嘎"[ka^{21}]或"给下"[kei^{21}xa^{30}]表示。例如：

铜川方言	普通话
想嘎（想给下）	想想
走嘎（走给下）	走走
尝嘎（尝给下）	尝尝
洗嘎（洗给下）	洗洗

与普通话相较，铜川方言的重叠式量词有其独特的语法作用，表现在单音节量词重叠后可以表示计量方式，如：

这布尺尺卖不卖？[tʂɤ⁵²pu⁴⁴tʂʻʅ²¹tʂʻʅ³⁰mæ⁴⁴pu³⁰mæ⁴⁴]（这布一尺一尺的卖吗？）

这烟卖盒盒，不卖根根。[tʂɤ⁵²iæ²¹mæ⁴⁴xuo²⁴xuo³⁰, pu²¹mæ⁴⁴kei²¹kei³⁰]（这盒烟一盒一盒的卖，一根一根不卖。）

诸如这些量词只限于物量词，一般用于买卖场所。其他如"把把[pa⁵²pa³⁰]、捆捆[kʻuei⁵²kʻuei³⁰]、对对[tuei⁴⁴tuei³⁰]、斤斤[tɕiei²¹tɕiei³⁰]、升升[ʂən²¹ʂən³⁰]"等都有这种用法。

二、代词

铜川方言的代词和普通话一样，有三种类型：人称代词、指示代词和疑问代词。但是，它们的构成成分和具体使用情况却与普通话有一定的差异。

1. 人称代词

铜川方言常用的人称代词有"我、你、他、□ȵia²⁴、自己"等，其中"我、你、他、□ȵia²⁴"分别表示第一、第二、第三人称单数，这类似于普通话。但是，普通话人称代词复数是通过附加后缀"们"的方式来表示的，铜川方言则不然，它是通过声调的形态变化，即所谓"内部屈折"来表示复数的意义的。例如：

第九章　铜川方言语法

普通话	我	你	他	我们	你们	他们
铜川话	我 [ŋuo⁵²]	你 [ȵi⁵²]	他 [tʻa⁵²]	我 [ŋuo²¹]	你 [ȵi²¹]	他 [tʻa²¹]

请看下列例句：

（1）我夜个热着了。[ŋuo⁵²ia⁴⁴kɤ³⁰ʐʅ²¹tʂʻuo³⁰liau³⁰]我昨天中暑了。

（2）我正在谝闲传哩。[ŋuo²¹tʂəŋ⁴⁴tsʻæ⁴⁴pʻiæ̃⁵²xæ²⁴tsʻɥæ²⁴li³⁰]我们正在聊天呢。

（3）你不要干人打锤。[ȵi⁵²pu²¹iau⁴⁴kæ̃²¹ʐei²⁴ta⁵²tsʻɥei²⁴]你不要和别人打架。

（4）你急赶走，没了就迟啦。[ȵi²¹tɕi²¹kæ̃⁵²tsou⁵²，mo²¹liau³⁰tɕʻiou⁴⁴tsʅ²⁴lia³⁰]你们赶快，要不就迟了。

（5）他爱耍怪。[tʻa⁵²ŋæ⁴⁴sɥa⁴⁴kuæ⁴⁴]他爱出怪相。

（6）他正在打牌。[tʻa²¹tʂəŋ⁴⁴tsʻæ⁴⁴ta⁵²pʻæ²⁴]他们正在打扑克牌。

以上所举是人称代词代主语的例子，做宾语的情况也是一样。例如：

（7）不要煮我。[pu²¹iau⁴⁴tsʅ³ŋuo⁵²]不要骂我。

（8）小王不招家我。[ɕiau⁵²uaŋ²⁴pu²¹tʂau⁵²tɕia³⁰ŋuo²¹]小王不理睬我们。

（9）小心□揍你。[ɕiau⁵²ɕiəi⁵²ȵia²¹tiɛ²⁴ni⁵²]小心人家揍你。

（10）哎，把你霖齉的太了。[æ²¹，pa²¹ȵi²¹mu⁴⁴naŋ²¹ti³⁰tʻæ⁴⁴liau³⁰]哎，太麻烦你了。

（11）人家都见不得他。[ʐei²⁴tɕia³⁰tou²¹tɕiæ̃⁴⁴pu²¹tei³⁰tʻa⁵²]别人都讨厌他。

（12）这一伙人，你得好好侍候他。[ȵi⁵²tei²¹xau⁵²xau²⁴tsʻʅ⁴⁴xu³⁰tʻa²¹]这类人，你必须谨慎地招待他们。

有时，为了强调，还可在人称代词复数后边附加"的"[ti³⁰]，构成"我的[ŋuo²¹ti³⁰]、你的[ȵi²¹ti³⁰]、他的[tʻa²¹ti³⁰]"，仍然表示复数。例如：

（13）你的不要说话行不行？[ȵi²¹ti³⁰pu²¹iau⁴⁴sɥo²¹xua⁴⁴ɕiŋ²⁴pu²¹ɕiŋ²⁴]你们不要说话行不行？

（14）他的在做啥哩嫚？[tʻa²¹ti³⁰tsʻæ⁴⁴tsou⁴⁰sɥo⁴li³⁰mæ̃³⁰]他们在干什么呢？

233

(15) 我的在一起干过活。[ŋuo²¹ti³⁰ts'æ⁴⁴i²¹tɕ'i⁵²kæ⁴⁴kuo³⁰xuo²⁴]我们在一起干过活。

需要说明的是，虽然加"的"后的形式跟不加"的"的"我[ŋuo²¹]、你[n̪i²¹]、他[t'a²¹]"所表达的概念一样，都相当于普通话的"我们"、"你们"、"他们"，但是，其中的"的"并不等于"们"。我们知道，用附加后缀"们"的方式表示复数是普通话的一个特点。加"们"不加"们"形成了普通话人称代词复数单数的对应，加"们"表示复数，去掉"们"则表示单数,们"附加在人称代词后面表示复数的作用很明显。而在铜川方言里，人称代词单数复数是通过声调的变化来区别的，去掉表示复数的"我的[ŋuo²¹ti¹⁰]、你的[n̪i²¹ti³⁰]，他的[t'a²¹ti³⁰]"中的"的"，"我[ŋuo²¹]、你[n̪i²¹]、他[t'a²¹]"仍然表示复数，因为它们已经发生了"内部屈折"，表示复数。如果认为"的"是表示复数的话，那么就等于承认"我的"、"你的"、"他的"就不是普通话的"我们"、"你们"、"他们"了，而是"我们们"、"你们们"、"他们们"了，这无疑是讲不通的。其实，"的"在这里是个助词，用来表示提顿，起强调和提醒注意的作用。试比较：

你不要去了。[n̪i²¹pu²¹iau⁴⁴tɕ'i⁴⁴lia³⁰]（你们不要去了。）

你的不要去了。[n̪i²¹ti³⁰pu²¹iau⁴⁴tɕ'i⁴⁴lia³⁰]（你们不要去了。）

铜川方言人称代词"我、你、他"代定语表示领属关系时与普通话一样，一般后加结构助词"的"。例如：

我的笔是红的。[ŋuo⁵²ti³⁰pi²¹sʅ⁴⁴xuŋ²⁴ti³⁰]（我的笔是红的。）

我的笔是发的。[ŋuo²¹ti³⁰pi²¹sʅ⁴⁴fa²¹ti³⁰]（我们的笔是发的。）

你的笔是绿的。[n̪i⁵²ti³⁰pi²¹sʅ⁴⁴liou²¹ti³⁰]（你的笔是绿的）

你的笔是不是买的?[n̪i²¹ti³⁰pi³⁰sʅ⁴⁴pu³⁰sʅ⁴⁴mæ⁵²ti³⁰]（你们的笔是不是买的?）

他的本子是新的。[t'a⁵²ti³⁰pei⁵²tsʅ³⁰sʅ⁴⁴ɕiei²¹ti³⁰]（他的本子是新的。）

他的书是刚才发的。[t'a²¹ti³⁰sʅ²¹sʅ⁴⁴kaŋ²⁴ts'æ⁴⁴fa²¹ti³⁰]（他们的书是刚才发的。）

但铜川方言人称代词单数"我、你、他"还能用声调的变化表示格的语法意义，请看下表：

单数	主格	宾格	领格
第一人称	[ŋuo⁵²]	[ŋuo⁵²]	[ŋuo²¹]
第二人称	[n̠i⁵²]	[n̠i⁵²]	[n̠i²¹]
第三人称	[tʻa⁵²]	[tʻa⁵²]	[tʻa²¹]

这种表示领有者的人称代词修饰的一般是指人的词语，不能是表示其他事物的词语。例如：

我妹子比我碎两岁。[ŋuo²¹mei⁴⁴tsʅ³⁰pi⁵²ŋuo⁵²sɥei⁴⁴lia ŋ⁵²sɥei⁴⁴] (我妹妹比我小两岁。)

你娃病了。[n̠i²¹ua⁴⁴pʻiŋ⁴⁴liau³⁰] (你的小孩子病了。)

他同学很利落。[tʻa²¹tʻuŋ²⁴ɕyɛ²⁴xei⁵²li⁴⁴luo²¹] (他的同学很利落。)

普通话人称代词单数"我、你、他"表示领属关系时，有时也可以不加"的"，例如："我哥哥""你师傅""他同事"等。但这是一种省略现象，定语和中心语之间还有补上"的"，说成"我的哥哥""你的师傅""他的同事"。加"的"不加"的"，意思不变，同样表示单数的领属关系。而铜川方言则不然，铜川方言人称代词"我[ŋuo²¹]、你[n̠i²¹]、他[tʻa²¹]"这种屈折后的语言形式本身就可以表示单数领属关系，如果后面再加上"的"，意思就变了，就不再表示单数的领属关系，而表示复数的领属关系了。下面我们列表与普通话进行比较。

铜川方言	普通话
我同学[ŋuo²¹tʻuŋ²⁴ɕyɛʻ²⁴]	我（的）同学
你达[n̠i²¹ta²⁴]	你（的）父亲

他娃[tʻa²¹ua⁴⁴]	他（的）孩子
我的同学[ȵuo²¹tiʻ³⁰tʻuŋ²⁴ɕyɛ²⁴]	我们（的）同学
你的达[ȵi²¹ti³⁰ta²⁴]	你们（的）父亲
他的娃[tʻa²¹ti³⁰ua⁴⁴]	他们（的）孩子

铜川方言的"口"[ȵia²⁴]与普通话的"人家"相当，指自己或某人以外的人，多含有"他们"的意思。这个"口"共有三读：[ȵia⁴⁴]、[ȵia²⁴]、[ȵia²¹]。前两者表示单数，后者表示复数。例如：

口已经吃过饭了。[ȵia⁴⁴i⁵²tɕiŋ⁴⁴tʂʻɻ²¹kuo⁴⁴fæ⁴⁴liau³⁰]（人家已经吃过饭了。）

口都去了，你咋不去口曼？[ȵia²¹tou²⁴tɕʻi⁴⁴liau³⁰，ȵi⁵²tsa⁵²pu²¹tɕʻi⁴⁴mæ̃³⁰]（人家都去了，你为什么不去呢？）

表示复数的"口"[ȵia²¹]后头还可加助词"的"[ti³⁰]表示强调，如：

口的不去，咱去。[ȵia²¹ti³⁰pu²¹tɕʻi⁴⁴，tsa²⁴tɕʻi⁴⁴]（人家不去，咱们去。）

铜川方言的"自己"是个反身代词，与普通话用法相同。

2. 指示代词

普通话的指示代词只有"这""那"两套，近指用"这"，远指用"那"；而铜川方言的指示代词却有"这[tʂɤ⁵²]兀[u⁵²]奈[næ⁵²]"三套。指代处于近、中、远三处的人或事物时，近指用"这"，中指用"兀"，远指用"奈"，例如：

"这是豌豆，兀是绿豆，奈是黑豆。"

[tʂɤ⁵²ʂɻ⁴⁴uæ²¹tʻou⁴⁴，u⁵²ʂɻ⁴⁴liou²¹tʻou⁴⁴，næ⁵²ʂɻ⁴⁴xei²¹tʻou⁴⁴]（这是豌豆，那是绿豆，那是黑豆。）

指代处于远、近两处的人或事物时，近指仍用"这"远指用"兀"或"奈"都可，而用"兀"为普遍，如：

这是桌子，兀（或奈）是椅子。[tʂɤ⁵²ʂɻ⁴⁴tsɤo²¹tsɻ³⁰，u⁵²ʂɻ⁴⁴ȵi⁵²tsɻ³⁰]（这是桌子，那是椅子。）

"这""兀"及"奈"还可以作为语素与其他语素结合构成新的指示代词。分述如下:

"这达[tʂʅ⁴⁴ta³⁰]兀达[u⁴⁴ta³⁰]奈达[næ⁴⁴ta³⁰]"这三个词用来指代处所。如果同时指代三处,那么"这达"指近距离,"兀达"指中距离,"奈达"指远距离。例如:

这达是丁家河村要修的路。

[tʂʅ⁴⁴ta³⁰ʂʅ⁴⁴tiŋ²¹tɕia²¹xuo²⁴tɕʻyei²¹iau⁴⁴ɕiou²¹ti³⁰lou⁴⁴] (这里是丁家河村人要修的路。)

你不要站在兀达,要站在奈达。

[n̠i⁵²puʔ²¹iau⁴⁴tsæ⁴⁴tsʻæ²¹u⁴⁴ta³⁰, iau⁴⁴tsæ⁴⁴tsʻæ²¹næ⁴⁴ta³⁰] (你不要站在那里,要站在那里。)

"这一会[tʂʅ⁴⁴i²¹xuei⁴⁴]、兀一会[u⁴⁴i²¹xuei⁴⁴]、奈一会[næ⁴⁴i²¹xuei⁴⁴]"这三个词用来指代时间,如果三者对举,那么,"这一会"所指时间近,是"现在""这会儿"的意思;"兀一会"所描的时间较远,是"过去""那会儿"的意思;"奈一会"所指的时间比"兀一会"更远。例如:

我生病为啥偏在这一会哩嘎?真没运气。

[ŋuo⁵²sən²¹pʻiŋ⁴⁴uei²⁴sɥo⁴⁴pʻiæ²¹tsʻæ⁴⁴tʂʅ⁴⁴i²¹xuei⁴⁴li³³mæ̃³⁰, tʂei²⁴mo²¹yei⁴⁴tɕʻi²¹] (我生病为什么正巧在这会作呢?真没运气。)

我不是兀一会才知道的,奈一会就知道了。

[ŋuo⁵²puʔ²¹ʂʅ⁴⁴u⁴⁴i²¹xuei⁴⁴tsʻæ²⁴tʂʅ²¹tau⁴⁴ti³⁰,næ⁴⁴i²¹xuei⁴⁴tɕʻiou⁴⁴tʂʅ²¹tau⁴⁴liau³⁰] (我不正那会儿才知道的,那个时候就知道了。)

另外,"这一会、兀一会、奈一会"的"会"若不读[xuei⁴⁴]而读[xuei²¹],即"这一会[tʂʅ⁴⁴i²¹xuei²¹]""兀一会[u⁴⁴i²¹xuei²¹]""奈一会[næ⁴⁴i²¹xuei²¹]",则表示"这一次""那一次""那一次"。如:

刚兀一会是小强去的,奈一会是李新去的,这一会我给咱去。

[kaŋ²⁴u⁴⁴i²¹xuei²¹ʂʅ⁴⁴ɕiau⁵²tɕʻiaŋ²⁴tɕʻi⁴⁴ti³⁰, næ⁴⁴i²¹xuei²¹ʂʅ⁴⁴li⁵²ɕiei²¹tɕʻi⁴⁴ti³⁰,tʂʅ⁴⁴i²¹xuei²¹ŋuo⁵²kei⁴⁴tsʻa²⁴tɕʻi⁴⁴] (刚那一次是小强去的,那一次是李新去的,

这一次我去。)

"这囊些[tʂʅ⁴⁴naŋ³⁰ɕie²¹]" "兀囊些[u⁴⁴naŋ³⁰ɕie²¹]" "奈囊些[næ⁴⁴naŋ³⁰ɕie²¹]" 三者用来指代数量。如果三者对举，那么，分别指代较近的一些人或事物、较远的一些人或事物、更远的一些人和事物。例如：

这囊些饭我吃不完，兀囊些饭我还吃不完，奈囊些饭我两顿阿吃不完。　[tʂʅ⁴⁴naŋ³⁰ɕie²¹fæ⁴⁴ŋuo⁵²tʂ'ʅ²¹pu²¹uæ̃²⁴，u⁴⁴naŋ³⁰ɕie²¹fæ⁴⁴ŋuo⁵²xæ²⁴tʂ'ʅ²¹pu²¹uæ̃²⁴,næ⁴⁴naŋ³⁰ɕie²¹fæ⁴⁴ŋuo⁵²liaŋ⁵²tuei⁴⁴a⁵²tʂʅ²¹pu²¹uæ̃²⁴]（这么多饭我吃不完，那么多我也吃不完，那么多饭我两顿都吃不完。）

"这囊[tʂʅ⁴⁴naŋ³⁰]" "兀囊[u⁴⁴naŋ³⁰]" "奈囊[næ⁴⁴naŋ³⁰]" 三者常用来表示程度、方式及数量，其功能同普通话的"这么、那么"或"这样、那样"或"像这（么）样）""像那（么）样）"等相当。例如：

没想到你长的这囊高！[mo²¹ɕiaŋ⁵²tau⁴⁴n̠i⁵²tʂaŋ⁵²ti³⁰tʂʅ⁴⁴naŋ³⁰kau²¹]（没想到你长得这么高。）

你不要兀囊干，要这囊干。[n̠i⁵²pu²¹iau⁴⁴u⁴⁴naŋ³⁰kæ̃⁴⁴,iau⁴⁴tʂʅ⁴⁴naŋ³⁰kæ̃⁴⁴]（你不要那样干，要这样干。）

你阿得种奈囊几□树。[n̠i⁵²a⁵²tei⁵²tsʮəŋ⁴⁴næ⁴⁴naŋ³⁰tɕi²¹uæ²¹sʮ⁴⁴]（你也得须种那样几棵树。）

3. 疑问代词

普通话的疑问代词一般分六类：相当于指人或事物的名词的、相当于处所名词的、相当于时间名词的、相当于数词的、相当于谓词的、相当于副词的等。铜川方言疑问代词分类与普通话相同，详述如下：

相当于指人或事物名词的疑问代词，有"谁[sei²⁴]、□sʮo⁴⁴、阿一[a²¹iɛ³⁰]"三者，分别相当于普通话"谁、什么、哪"。例如：

（1）——你刚才说谁叫你去？[n̠i⁵²kaŋ²⁴ts'æ²⁴sʮo²¹sei²⁴tɕiau⁴⁴n̠i⁵²tɕ'i⁴⁴]

第九章　铜川方言语法

——是李队长。[sʅ⁴⁴li⁵²tuei⁴⁴tʂaŋ⁵²]

（2）——你说口什么不见了？[ɲi⁵²sʐo²¹sʐo⁴⁴pu²¹tɕiæ⁴⁴liau³⁰]

——钢笔。[kaŋ²⁴pi²¹]

（3）——阿一人哪个人问你了？[a²¹iɛ²¹ʐei²⁴vei⁴⁴ɲi⁵²liau³⁰]

——我舅口。[ŋuo²¹tɕiou⁴⁴lia²¹]（我的舅舅了。）

相当于处所名词的疑问代词有"阿达[a⁴⁴ta³⁰]"，同于普通话"哪里""哪儿"。有时读[a²⁴ta³⁰]，表强调。例如：

甲：你从阿达哪儿来的口曼呢？[ɲi⁵²tsʻuŋ²⁴a⁴⁴ta³⁰læ²⁴ti³⁰mæ̃³⁰]

乙：从李家庄我哥的妻弟家来。[tsʻuŋ²⁴li⁵²tɕia²¹tsʐaŋ²¹ŋuo²¹ kɤ²⁴ti³⁰tɕʻi²¹ti⁴⁴tɕia²¹læ²⁴]（从李家庄我哥的妻弟家来）

甲：真真啰嗦的怕怕！到底是阿达口曼？[tʂei²¹tʂei²⁴luo⁵²suo²¹ti³⁰ pʻa⁴⁴pʻa³⁰！tau⁴⁴ti⁵²sʅ⁴⁴a²⁴ta³⁰mæ̃³⁰？]

乙：对对，我嫂子娘家。[tuei⁴⁴tuei³⁰,ŋuo²¹sau⁵²tsʅ³⁰ɲiaŋ²⁴tɕia²¹]

甲：你看，真有意思。[ɲi⁵²kʻæ⁴⁴,tʂei²¹iou⁵²i⁴⁴sʅ²¹]（你看，真有意思。）

相当于时间名词的疑问代词有"咋囊一会"[tsuo⁵²naŋ³⁰i²¹xuei²⁴]"，同于普通话"多会儿"，例如：

——你还得咋囊一会就做完了口曼？（你还需要多长时间就能做完呢？）
[ɲi⁵²xæ²⁴tei³⁰tsuo⁵²naŋ³⁰i²¹xuei²⁴tɕʻiou⁴⁴tsou⁴⁴uæ²⁴liau³⁰mæ̃³⁰]

——一袋烟工夫就行了。[i²¹tæ⁴⁴iæ̃²¹kuŋ²¹fu²¹tɕʻiou⁴⁴ɕiŋ²⁴liau³⁰]

相当于数词的疑问代词有"几[tɕi²¹]口[tɕiɛ²¹]""多上[tuo²¹ʂaŋ³⁰]""咋囊些[tsuo⁵²naŋ³⁰ɕiɛ³⁰]"三者。"几"同于普通话"几"，仅仅音异，且有两读，[tɕiɛ²¹]是"几呐[tɕi²¹uæ²¹]"的合音，意义即"几个"；"多上""咋囊些"同于普通话"多少"。分别举例如下：

①问：你几呐钢笔口曼？[ɲi⁵²tɕi²¹uæ²¹kaŋ²⁴pi²¹mæ̃³⁰]（你有几只钢笔呢？）

答：口？三呐。你要不要？[tɕiɛ²¹？sæ²¹uæ²¹，ɲi⁵²iau⁴⁴pu²¹iau⁴⁴？]（几个？三个。你要不要?）

②问：你看这个数是几？[ɲi⁵²kʻæ⁴⁴tsʅ⁴⁴kɤ²¹sou⁴⁴sʅ⁴⁴tɕi⁵²?]

答：是……是……是 3。[sʅ⁴⁴…sʅ⁴⁴…sʅ⁴⁴sæ²¹]

③问：咱这一会挣了多上钱曼？你看一人能分咋囊些 多少呀？[tsʻa²⁴tʂʅ²⁴i²¹xuei²¹tsəŋ⁴⁴liau³⁰tuo²¹ʂɑŋ³⁰tʻiæ²⁴mæ³⁰?n̠i⁵²kʻæ⁴⁴iɛ²¹zei²⁴nəŋ²⁴fei²¹tsuo⁵²naŋ³⁰ɕiɛ³⁰?]

答：一满口捌拾肆块陆毛，一人分肆拾贰块叁毛钱。[i²¹mæ⁵²tsæ²⁴paʂʅ²¹sʅ⁴⁴kʻuæ⁵²liou²¹mau²⁴,iɛ²¹zei²⁴fei²¹sʅ⁴⁴ʂʅ³⁰ər⁴⁴kʻuæ⁵²sæ²¹mau²⁴tɕʻiæ²¹]（总共是捌拾肆元陆角，一个人分肆拾贰元叁角。）

相当于谓词性代词的有"咋向[tsuo⁵²ɕiaŋ³⁰]""咋囊[tsuo⁵²naŋ³⁰]"和"咋囊向[tsuo⁵²naŋ³⁰ɕiaŋ⁴⁴]"三者，分别同于普通话"怎样""怎么"和"怎么样"。例如：

①话是咋向说，事得咋向做，不能说空话。

[xua⁴⁴sʅ⁴⁴tsuo⁵²ɕiaŋ³⁰sɥo²¹,sʅ⁴⁴tei²¹tsuo⁵²ɕiaŋ³⁰tsou⁴⁴,pu²¹nəŋ²⁴sɥo²¹kʻuŋ²¹xua⁴⁴]（话若是怎样讲，事就要怎样做，不能说空话。）

②哎，咋囊做事待人你早该明白了！

[æ²¹,tsuo⁵²naŋ³⁰tsou⁴⁴sʅ⁴⁴tʻæ⁴⁴zei²⁴n̠i⁵²tsau⁵²kæ²¹miŋ²⁴pʻei²¹liau³⁰！]（哎，怎么处事招呼人你早该明白了!）

③你看咋囊向曼？行了我就走口。

[n̠i⁵²kʻæ⁴⁴tsuo⁵²naŋ³⁰ɕiaŋ⁴⁴mæ³⁰?ɕiŋ²⁴liau³⁰ŋuo⁵²tɕʻiou⁴⁴tsou⁵²lia³⁰]（你看怎么样啊？行了我就走了呀。）

相当于副词的疑问代词有"多[tuo²⁴]、多忙[tuo²¹ maŋ³⁰]"两者。前者同于普通话"多"，后者用于普通话"多么"。如：

①你长的多高呀！保险找媳妇不愁。[n̠i⁵²tʂaŋ⁵²ti³⁰tuo²⁴kau²¹ia³⁰！pau²¹ɕiæ⁵²tsau⁵²ɕi⁵²fu³⁰pu²¹tsʻou²⁴]

②你晓不知道都有多忙忙，连理发的时间都没有，头长的这么长。

[n̠i⁵²ɕiau⁵²pu²¹tʂʅ²¹tau²¹tou²¹iou⁵²tuo²¹maŋ²⁴maŋ³⁰，liæ²⁴li⁵²fa²¹ti³⁰sʅ²⁴tɕiæ²¹tou²¹mo²¹iou⁵²,tʻou²⁴tʂaŋ⁵²ti³⁰tʂʅ⁴⁴mo³⁰tʂʻaŋ²⁴]

240

三、语气词

与普通话语气词不同，铜川方言的语气词只可分下面三种，并无表示感叹语气者。如下：

表示陈述语气的：哩[li³⁰]、□[lia³⁰]、了[liau³⁰]、木[mu³⁰]、加[tɕia³⁰]。

表示疑问语气的：呀嘜[ia³⁰ mæ̃³⁰]、嘜[mæ̃³⁰]、燕[iæ̃³⁰]、间[tɕiæ̃³⁰]。

表示祈使语气的：嘜[mæ̃³⁰]、哩嘜[li³⁰ mæ̃³⁰]。

表示感叹语气的语气词虽然没有，但并非铜川方言中没有感叹句，只是通过特有词汇的运用才成为感叹句罢了。例如：

①陈月芳的个子真真高的怕怕！（陈月芳的个头真高啊！）
[tʂʻei²⁴yɛ²¹faŋ⁵²ti³⁰kɤ⁴⁴tsɿ³⁰tɕei²¹tɕei²⁴kau²¹ti³⁰pʻa⁴⁴pʻa³⁰]

②这一画好看太！（这一幅画真好看啊！）
[tʂɿ⁴⁴ie²¹xua⁴⁴xau⁵² kʻæ⁴⁴tæ⁴⁴]

虽然铜川方言的语气词不比普通话丰富，甚至缺少感叹语气词，但是，上述三种清楚准确、质朴生动地体现出各种语气，比较如下：

哩[li³⁰]，表示动作正在进行，用于陈述语气，例如：

他正在吃饭哩。[tʻa⁵²tʂən⁴⁴tsʻæ⁴⁴tʂʻɿ²¹fæ⁴⁴li³⁰]

啦[lia³⁰]，表示发生了变化（已然），用于陈述语气，例如：

他早都弄完啦，你长番才知道。[tʻa⁵²tsau⁵²tou²¹luŋ⁴⁴uæ²⁴lia³⁰, ȵi⁵²tʂaŋ⁵²fæ̃²¹tsʻæ²⁴tʂɿ²¹tau⁴⁴]（他早就做完了，你现在才知道。）

呀嘜[ia³⁰ mæ̃³⁰]，表示疑问或商量，用于疑问语气，例如：

你走呀嘜，还是□呀嘜？[ȵi⁵²tsou⁵² ia³⁰mæ̃³⁰,xæ²⁴sɿ⁴⁴nou⁵²ia³⁰mæ̃³⁰?]（你走呢？还是呆在这呢？）

有时敢把"呀"简成"嘜[mæ̃³⁰]"，"呀嘜"与"嘜"可互相换用，但后者语气较为生硬，会有难奈其烦的意思。如：

走嘜□嘜？你得赶紧说个下数。[tsou⁵²mæ̃³⁰nou⁵²mæ̃³⁰?]

ȵi⁵²tei³⁰kæ²¹tɕiei⁵²sʮo²¹kɤ²¹xa⁴⁴sou²¹]（走呢呆呢？你须赶快说个结果。）

木[mu³⁰]，在说明事实（往往为不被赞成的事实）的同时，表示出无可奈何的态度，用于陈述语气，如：

人家要去哩木，叫我咋说呀 □曼 ！

[ʐei²⁴tɕia²¹iau⁴⁴tɕ'i⁴⁴li³⁰mu³⁰,tɕiau⁴⁴ŋuo⁵²tsuo⁵²sʮo²¹ ia³⁰mæ³⁰]（人家要去呀，让我怎么说呢！）

他不做木，我管他去。[t'a⁵²pu²¹tsou⁴⁴mu³⁰,ŋuo⁵²kuæ⁵²ta⁵²tɕ'i²¹]（他不愿做呀，我管他呢。）

燕[iæ³⁰]，使语气和缓，表示征求对方意见，用于疑问语气。例如：

你长番走燕，再谝一会了走？[ȵi⁵² tʂaŋ⁵²fæ²¹tsou⁵²iæ³⁰, tsæ⁴⁴p'iæ⁵²i²¹xuei²⁴liau³⁰tsou⁵²]（你现在要走吗？再闲聊一会儿后走吧？）

间[tɕiæ³⁰]，意义用法同"燕"，可无条件互相替换，例略。

加[tɕia³⁰]表示对将来情况的估计，一般为按计划要做的或者按情理应发生的事，用于陈述语气，例如：

他说他明天去北京加，你捎口间？

[t'a⁵²sʮo²¹t'a⁵²miŋ²¹t'iæ²¹tɕ'i⁴⁴pei²¹tɕiŋ²¹tɕia³⁰,ȵi⁵²sau²¹sʮo⁴⁴tɕiæ³⁰?]（他说他明天将去北京呀，你捎什么吗？）

你 □儿衫子快遗得加，马上就掉地下□。

[ȵi⁵²uæ²¹sæ²¹tsɿ³⁰k'uæ⁴⁴i²⁴tei³⁰tɕia³⁰, ma⁵²ʂaŋ³⁰tɕ'iou⁴⁴tiau⁴⁴t'i⁴⁴xa³⁰lia³⁰]（你那衫子快丢了，马上要掉在地上了。）

哩 □曼[li³⁰mæ³⁰]，除了与上述"呀 □曼"有相同意义和用法（"呀 □曼"可互换互代）外，还可表示命令、埋怨口气（见下例①）或请求口气（见下例②），皆用于祈使语气。例如：

①走哩 □曼，□下做□哩 □曼？[tsou⁵²li³⁰mæ³⁰, nou²¹xa³⁰tsou⁴⁴sʮo⁴⁴li³⁰mæ³⁰]（走吗，停下来做什么呢？）

②来哩 □曼，快快坐这达，我的就等你一哩。

[læ²⁴li³⁰mæ³⁰, k'uæ⁴⁴k'uæ⁵²ts'uo⁴⁴tʂɿ⁴⁴ta³⁰,ŋuo²¹ti³⁰tɕ'iou⁴⁴ təŋ^{52}n̠i^{52}iɛ^{21}li^{30}](来吧，快点坐这里，我们一伙就等你一个人呢。)

上述"哩嫚"也可简为"嫚"，意义不变，替换无异，例略。

四、"下""没"和"干"

普通话的"上""下"用在名词后面可以表示相反的两个方位，形式有别，交际中自然明白不混。铜川方言却不同，如果要表示物体的顶部、表面及事物的范围以内，就在名词后面加"下"[xa^{30}]（须注意读作轻声），而不是"上"，比较：

铜川方言	普通话	铜川方言	普通话
床下[tsʻu̠aŋ^{24}xa^{30}]	床上	船下[tsʻu̠æ^{24}xa^{30}]	船上
房下[faŋ^{24}xa^{30}]	房上	书下[sʅ^{21}xa^{30}]	书上
路下[lou^{44}xa^{30}]	路上（路途中）	报下[pau^{52}xa^{30}]	报纸上
墙下[tʻiaŋ^{24}xa^{30}]	墙上	地下[tʻi^{44}xa^{30}]	地上
脸下[liæ^{52}xa^{30}]	脸上	事下[sʅ^{44}xa^{30}]	事上（在某件事中）
村下[tɕʻyei^{21}xa^{30}]	村上（村子里）	黑板下[xei^{21}pæ^{52}xa^{30}]	黑板上

与普通话"下"相对应的铜川方言词是："下[xa^{44}]""下岸[xa^{44}ŋæ^{30}]""下首[xa^{44}ʂou^{30}]""下头[xa^{44}tʻou^{30}]"和"底下[ti^{52}xa^{44}]""底里[ti^{52}li^{30}]""底首[ti^{52}ʂou^{30}]"等七者。比较说明如下：

"下[xa^{44}]"，表示同一物体内部的下部或底部方位，如：楼下[lou^{24}xa^{44}]树下[sʅ^{44}xa^{44}]。

"下岸[xa^{44}ŋæ^{30}]""下首[xa^{44}ʂou^{30}]""下头[xa^{44}tʻou^{30}]"以及"底下[ti^{52}xa^{44}]""底里[ti^{52}li^{30}]""底首[ti^{52}ʂou^{30}]"六者，大同小异：①都可表示某体外，方向为下向的方位，且六者互相替

换无异，如（举"下岸"）"花盆下岸、桌子下岸、盘子下岸、石头下岸、楼梯下岸"等；②表示同一平面内相对于某点处）方向为下向的方位，六者亦互相替换无异，如（亦举"下岸"）"钉子下岸、（黑板上）'王'字下岸、（某平面上）那一大块下岸、（收音机）喇叭罩下岸、（墙上）挂历下岸"等；③六者都可表示同一物体或平面的最底端及底部，但"底里、底首、底下"三者与"下岸、下首、下头"三者不同：前者只表示同一物体或平面的最底端及底部，后者又可表示同一物体或平面的下半部。"下岸、下首、下头"互换无异，"底里、底首、底下"亦互换无异。

这三类义项，须在具体语言环境中才能区分清楚，此不赘述。

铜川方言的"没"[mo^{24}]跟普通话一样，既是动词又是副词。在名词前是动词，否定事物的存在或否定事物的领有，如"桌子上没书""他没票了"；在动词、形容词前是副词，否定行为、性状的曾经发生，如"我没看见你的弟弟""衣服还没干"。但是，普通话的"没"字不能用在句子末尾，也不能单独回答问题，铜川方言却可以。例如：

枪阿没，炮阿没。[tɕ'iaŋ^{21}a^{52}mo^{24},p'au^{44}a^{52}mo^{24}]（枪也没有，炮也没有。）

帽子湿□没？[mau^{44}tsʅ^{30}ʂʅ^{21}lia^{30}mo^{24}]（帽子湿了没有？）

他走了没？——没。[t'a^{52}tsou^{52}liau^{30}mo^{52}?][mo^{24}]（他走了没有？—没有。）

上面几个例子中的"没"字，铜川方言都是单用；普通话却不能单用，只能用"没有"。

铜川方言的"干"[kæ^{21}]可以代连词，用来连接名词性的词语，表示并列关系，跟普通话的"和、与"相当，例如：

我干他都走过。[ŋuo^{52}kæ^{21}t'a^{52}tou^{21}tsou^{52}kuo^{30}]（我和他都去过。）

不过，"干"[kæ^{21}]更多的是用作介词，它常常与名词性的词语相结合，共同组成介词结构，作动词，形容词的附加成分，表示起点、对象、比较等，具体情况如下：

1. 用在处所词语前面表示起点、经过，相当于普通话的"从"。

例如：

你干阿达来的嫚[ɲi⁵²kæ²¹a²⁴ta³⁰læ²⁴ti³⁰mæ̃³⁰]（你从哪里来的呀？）

他的刚干他舅家走□。[tʻa²¹ti³⁰kaŋ²⁴kæ²¹tʻa²¹tɕiou⁴⁴ tɕiou³⁰tɕia⁵⁰tsou⁵²lia³⁰]（他们刚从他舅家走了。）

2. 引进动作的对象，相当于普通话的"跟间"。例如：

你得干□说给下再决定。[ɲi⁵²tei²¹kæ²¹ɲia²⁴sʅo²¹kei²¹xa³⁰tsæ⁴⁴tɕye⁵²tiŋ⁴⁴]（你应该跟他说说再决定。）

3. 表示方式、依据，相当于普通话的"按照、依照"，例如：

你就干小李说的奈囊做。[ɲi⁵²tɕʻiou⁴⁴kæ²¹ɕiau⁵²⁻²¹li⁵²sʅo²¹ti³⁰næ⁴⁴naŋ³⁰tsou⁴⁴]（你就按照小李的那样做。）

4. 引进比较的对象，相当于普通话的"比、跟、同"，例如：

小刘干杨华做的还嬺。[ɕiau⁵²liou²⁴kæ²¹iaŋ²⁴xua²¹tsou⁴⁴ti³⁰xæ²⁴liau²⁴]（小李比杨华做的还要好。）

她干她姐长得一样亲。[tʻa⁵²kæ²¹tʻa²¹tɕie²⁴tʂaŋ⁵²ti³⁰i²¹iaŋ⁴⁴tʻiei²¹]（她跟她姐长得一样漂亮。）

五、被动句

普通话被动句是通过介词"被"字来引进动作的施事者的，而铜川方言不用"被"却用"拿[na²¹]"（渭区）或"叫[tɕiau⁵⁵]（洛区）来引进施事者。被动句的结构方式跟普通话相同，此仅以渭区为例：

他拿狗咬了。[tʻa⁵²na²¹kou⁵²ɲiau⁵²liau³⁰]（他被狗咬了。）

他拿人哄□，就咮还不知道。[tʻa⁵²na²¹ʐei²⁴xuŋ⁵²lia³⁰，tɕʻiou⁴⁴uæ²¹xæ²¹pu²¹tʂʅ²¹tau⁴⁴]（他被人哄了，就那还不知道。）

上例渭区用"拿"的地方，洛区一律用"叫"。

第二节 语法举例

说明：例句中，每句先列铜川方言说法，括号内注明普通话说法；除字调用阿拉伯数码表示外，其他标音体例与分类词汇表相同。字下有"＿＿"符号的表示同音替代。

1. tɕ'iæ²¹væ⁴⁴pu²¹kæ⁵²næ⁴⁴naŋ³⁰tsou⁴⁴。
   千万不敢奈囊做。（千万不敢那样去做）

2. tʂʅ⁴⁴xa³⁰k'uo²¹tsuo⁵²luŋ⁴⁴ia³⁰mæ³⁰?
   这下科咋弄呀嫚？（这下又怎么办呢？）

3. yŋ⁴⁴pu²¹liau³⁰u⁴⁴naŋ³⁰tuo²¹，tsʅ⁴⁴ɕiɛ²¹kɤ³⁰ tɕiou⁴⁴tuei⁴⁴lia³⁰。
   用不了兀囊多，这些个就对了啦。（用不了那么多，这一些就可以了。）

4. tʂʅ⁴⁴iɛ²¹t'uo²¹，næ⁴⁴iɛ²¹suei⁴⁴，k'ɤ²¹tʂʅ⁴⁴liaŋ²¹uæ²¹a²¹iɛ²¹xau⁵²mæ³⁰?
   这一口大，奈一口碎，科这两口外阿一口好嫚？（这个大，那个小，但这两个哪个好呢？）

5. tʂʅ⁴⁴i²¹uæ²¹ kæ²¹u⁴⁴i²¹uæ²¹xau⁵²。
   这一咻于兀一外好。（这一个比那一个好。）

6. tʂʅ⁴⁴ɕiɛ²¹faŋ²⁴pu²¹ʂən⁴⁴u⁴⁴ɕiɛ²¹faŋ²¹tɕ'iaŋ²⁴。
   这些房不胜兀些房强。（这些房不如那些房好。）

7. tʂʅ⁴⁴tɕy⁴⁴xua⁴⁴na²⁴ts'a²⁴xua⁴⁴tsuo⁵²ʂɥo²¹li³⁰mæ³⁰?
   这句话拿咱话咋说哩嫚？（这句话用咱这里话怎么说呢？）

8. ȵia²⁴uæ⁴⁴sʅ⁴⁴ȵi⁵²tɕ'iŋ²¹p'ei²¹iæ³⁰?
   口咻事你清白燕？（他那件事你知道吗？）

9. yæ²⁴ɕiæ²¹pu²¹tʂʅ²¹tau⁴⁴，kuo⁴⁴liau³⁰ i²¹ɕiaŋ⁴⁴ts'æ⁵²tiŋ²¹ȵia²¹zei²⁴ia³⁰ tou²⁴ʂɥo²¹li³⁰。
   原先不知道，过了一向才听口人呀都说哩。（原本不知道，后来才听别人都说呢！）

10. næ⁵²i²⁴ȵia²⁴xæ²¹kei⁴⁴k'u²¹lia³⁰。
    奈一口还给哭了。（那天他还给哭了）

11. ȵi²¹lau⁵²tɕia²¹tɕiei²¹ȵiæ²⁴tuo²¹suei⁴⁴sou²¹lia³⁰。
    你老家今年多岁数啦？（你老人家今年多大年纪了？）

12. æ²¹，mo²¹ɕiaŋ⁴⁴，ts'æ²⁴t'i²¹ʂʅ²¹tuo²¹。
    哎，没向，才七十多。（哎，不行，才七十多岁。）

13. tou²¹t'i²¹ʂʅ²¹tuo²¹lia³⁰。
    都七十多啦。（都七十多岁了。）

第九章　铜川方言语法

14. ta⁴⁴kæ⁴⁴tou²¹t'i²¹ʂʅ²¹lia³⁰p'a³⁰。
 大概都七十了怕？（大概都七十岁了吧？）

15. ȵi⁵²tuo²¹ȵiæ²⁴tɕi⁴⁴lia³⁰。
 你多年纪啦？（你多少年纪了？注：问中老年）

16. ȵi⁵²tuo²¹t'uo⁴⁴lia³⁰。
 你多大啦？（你多大了呢？注：问少年儿童）

17. ua⁴⁴tɕi⁵² tsuei⁴⁴lia³⁰。
 娃几岁啦？（小孩多大了呢？注：问婴、幼儿）

18. tsʅo²¹tsʅo³⁰xa³⁰ faŋ⁴⁴liau³⁰ i²¹uæ⁵²sɥei⁵²。
 桌桌下放了一碗水。（桌案上放着一碗水）

19. mei²⁴kou⁵²nou²¹liau³⁰ i²¹⁻²⁴ tuei²¹ʐei²⁴。
 门口囗站了一堆人。（门口站了一群人）

20. t'a²¹ti³⁰tʂən⁴⁴sʅo²¹xua⁴⁴li³⁰。
 他的正说话哩。（他们正在说话呢。）

21. sei²⁴mæ⁵²？——ŋuo⁵²sʅ⁴⁴lau⁵²sæ²¹？
 谁嘛？——我是老三。（谁呀？——我是老三）

22. lau⁵²sʅ⁴⁴naŋ³⁰？——t'a⁵²tʂən⁴⁴kæ²¹i²¹uæ²¹p'əŋ²⁴iou⁵²sʅo²¹xua⁴⁴li³⁰！
 老四囊？——他正于一咟朋友说话哩！（老四呢？——他正在和一位朋友谈话呢!）

23. xæ²⁴mo²¹sʅo²¹pi⁵²liɛ³⁰
 还没说毕咧？（还没有谈完吗？）

24. mu²¹iou⁵²li³⁰, ta⁴⁴mu⁵²xæ²⁴tei³⁰təŋ⁵²i²¹xa³⁰tɕ'iou⁴⁴sʅo²¹uæ²⁴lia³⁰。
 没有哩，大模还得等一下就说完。（没有呢，大约还得等一会儿就说完了。）

25. t'a⁵²sʅo²¹ma⁵²ʂaŋ³⁰tɕ'i⁴⁴tɕia³⁰，k'uo²¹tsuo⁵²pæ⁴⁴ʂaŋ⁴⁴lia³⁰xæ²⁴ts'æ⁴⁴u²¹li³⁰li³⁰mæ³⁰？
 他说马上去加，科咋半晌啦还在屋里哩嘛？（他说马上去呀，又怎么半天了还在家里呢？）

26. t'a⁵²pei⁵²kæ²¹ɕiaŋ⁵²tɕ'i⁴⁴，tʂaŋ⁵²fæ²¹k'uo²¹tsæ⁴⁴pu²¹tɕ'i⁴⁴lia³⁰。
 他本该想去，长番科再不去啦。（他本来想去。现在又再不去了）

247

27. ȵi⁵²a⁴⁴ta²¹tɕia⁵²? —ŋuo⁵²ʂaŋ⁴⁴xuei⁴⁴tɕia⁵²。
    你阿达去呀？——我上会去呀。(你去哪儿呢？——我赶集去呀。)

28. tɕ'i⁴⁴u⁴⁴ta²¹tsou⁴⁴sʯo⁴⁴ia³⁰ mæ³⁰?
    去兀达做啥呀嫚？(去哪儿干什么呢？)

29. mæ⁵²ts'æ⁴⁴tɕia³⁰!
    买菜加!(买菜呀!)

30. lau⁵²tʂaŋ²¹næ²¹kuo⁴⁴li³⁰, po⁵²tɕ'i⁴⁴mu⁴⁴naŋ³⁰t'a⁵²。
    老张难过哩，驳去㵘䰜他。(老张病了，别去打扰他。)

31. ts'æ⁴⁴u⁴⁴ta²¹li³⁰, pu²¹ts'æ⁴⁴tʂʅ⁴⁴ta²¹。
    在兀达哩，不在这达。(在那儿呢，不在这儿。)

32. pu²¹na²¹u⁴⁴naŋ³⁰tsou⁴⁴, na²¹tʂʅ⁴⁴naŋ³⁰tsou⁴⁴li³⁰。
    不拿兀囊做，拿这囊做哩。(不能那样做，要这样做呢。)

33. tʂʅ⁴⁴tuo²¹ts'ʯəŋ⁴⁴mæ³⁰?
    这多重嫚(这有多重呢?)

34. u⁵²ʂʅ²¹tuo²¹tɕiei²¹ts'ʯəŋ⁴⁴li³⁰!
    五十多斤重哩!(五十多斤重呢!)

35. xæ̃⁵²tei³⁰t'uŋ⁴⁴iæ³⁰?
    捍得动燕？(拿得了吗？)

36. ŋuo⁵²nəŋ²⁴xæ̃⁵²liau³⁰, t'a⁵²xæ̃⁵²pu²¹liau⁵²。
    我能捏了，他捏不了。(我能拿得了，他拿不了。)

37. tsuo⁵²tʂʅ⁴⁴maŋ³⁰ts'ʯəŋ⁴⁴mæ³⁰?
    咋这忙重嫚(怎么这么重呢?)

38. ȵi⁵²sʯo²¹ti³⁰tsei⁵² tsei²⁴xau⁵²t'iŋ²¹, ȵi⁵²xæ̃²⁴xuei⁴⁴sʯo²¹sʯo⁴⁴mæ³⁰?
    你说的真真好听，你还会说啥嫚？(你说的真好听，你还能说什么呢？)

39. ȵi⁵²kei⁴⁴ ts'a²⁴tsæ⁴⁴p'iæ⁴⁴iɛ²¹ku⁴⁴sʅ⁵²。
    你给咱再谝一咟故事。(你给咱再讲一个故事。)

40. tou²⁴sʯo²¹liau³⁰i²¹piæ⁴⁴lia³⁰mu³⁰, xæ̃²⁴tɕiau⁴⁴sʯo²¹, tsei⁵²p'o⁵²fæ²¹。
    都说了一遍啦木，还叫说，真波烦!(都说了一遍啦，还叫说，真讨厌!)

第九章　铜川方言语法

41. n̠i⁵²kei⁴⁴tsʻa²⁴tsæ⁴⁴sɥo²¹i²¹piæ̃⁴⁴li³⁰mæ̃³⁰。
你给咱再说一遍哩嫚！(你给咱再说一遍嘛。)

42. ŋuo⁵²sɥo²¹liau³⁰i²¹tʂəŋ⁵², n̠i⁵²tɕʻiou⁴⁴mu²¹tɕi⁴⁴ xa³⁰!
我说了一整，你就没记下！(我说了一遍，你就没记下嘛！)

43. n̠i⁵²kʻuo²¹tsæ⁴⁴tʂa⁵²kæ̃²¹n̠ia²¹ua⁴⁴kʻuaŋ²⁴li³⁰, æ²¹, tɕi⁴⁴tʂʻʅ²¹pu²¹tɕi⁴⁴ta⁵²。
你科在这达干口娃狂哩，哎，记吃不记打。(你又在这儿跟人家娃玩呢，哎，记吃不记打。注：用于斥责小孩贪玩不听劝告或不服惩罚。)

44. n̠i⁵²kʻuo²¹pʻiæ̃⁵²kʻæ²¹i²¹ər⁴⁴ sæ̃²¹lia³⁰！læ̃⁵²ti³⁰sɥo⁴⁴ tou²¹ pu²¹ kæ̃⁴⁴。
你科谝开一二三哩呀！懒得啥都不干。(你又说闲话了！懒得啥都不干。)

45. kuaŋ²⁴tɕi⁴⁴xa³⁰tsʻɥei²¹n̠iou²⁴pʻi²⁴, tɕʻiŋ⁴⁴sʅ⁴⁴ie²¹lau²¹pʻiæ̃⁵²tsʻɥei²¹tɕʻiaŋ²¹。
光记下吹牛皮，净是一咧外老谝吹匠。(就记下说闲话大话，完全是一个说闲话说大话的老手。)

46. ŋuo⁵²tsuei⁵²tʻæ⁴⁴pʻei⁴⁴，sɥo²¹pu²¹kuo⁴⁴n̠ia⁴⁴。
我嘴太笨，说不过口。(我嘴太笨了，说不过他。)

47. ŋuo²¹ia²⁴uæ²¹⁵²tʻuo²¹tsʻʅ⁵²pʻei²¹, sɥo²¹xua⁴⁴ŋæ⁴⁴ta⁵²tsʻa⁴⁴, nəŋ²⁴pu²¹ɕi²¹ɕi³⁰ti³⁰。
我爷咧外耳朵痴笨，说话爱打岔，声不兮兮的。(我爷的耳朵痴笨，说话时老打岔，真声得很啊。)

48. tʻa⁵²uæ²¹ʂou⁵²pʻei⁴⁴，xua⁴⁴xa³⁰uæ²¹pu²¹xau⁵²kæ̃⁴⁴。
他咧外手笨，画下咧外不好看。(他那手笨拙，画的那画儿不好看。)

49. pu²¹tsau⁵²lia³⁰, kʻuæ⁴⁴tɕʻia²⁴！
不早啦，快去呀！(不早了，快去呀！)

50. təŋ⁵²xa³⁰i²¹xuei²⁴tsæ⁴⁴tɕʻi⁴⁴。
等下一会再去。(等一会儿再去。)

51. tʂʻʅ²¹liau³⁰tsæ⁴⁴tɕʻi⁴⁴tei²¹ɕiŋ²⁴iæ̃³⁰?
吃了再去得行燕？(吃了再去行吗？)

249

52. ɕyæ⁴⁴ɕyæ³⁰tʂʻʅ²¹，po⁵²maŋ²⁴tɕiɛ²¹。
    旋旋吃，驳忙竭。(慢慢吃,别忙碌。)
53. ȵi⁵²pei⁵²iɛ²¹tau²¹ua²¹pʻiei⁵²ti³⁰!
    你摆也到兀达品的！(你闲逛在那儿死呆着！注：用于斥责对方闲逛不干活或避重就轻的行为。)
54. ȵi⁵²tɕʻiou⁴⁴tsæ⁴⁴pu²¹læ²⁴lia³⁰，na²¹（tɕiau⁴⁴）ŋuo⁵²ɕiau²¹tʻiŋ²¹təŋ⁵²。
    你就再不来啦，拿（叫）我消停等。(你就真象不来了,让我苦苦地等。)
55. læ²⁴，uo²¹i²¹xuei²⁴，tsʻa²⁴sʅhei⁴⁴xa³⁰pʻiæ̃⁵²xæ̃²¹pi⁵²tsʻuo⁴⁴xa³⁰pʻiæ̃⁵²liau²⁴。
    来，窝一会，咱睡下谝还比坐下谝嫽。(来、躺一会儿,咱们躺着聊还比坐着聊舒服。)
56. ȵi⁵²sʅhei⁴⁴ia³⁰mæ̃⁵²sʅ⁴⁴tɕʻi⁵²ia³⁰mæ̃³⁰? pu²¹tɕʻi⁵²，ŋuo⁵²kʻæ̃⁴⁴sʅhei⁴⁴xa³⁰kæ̃²¹tɕʻi⁵²læ²⁴lyæ̃⁵²xuo²¹。
    你睡呀□是起呀□？不起，我看睡下干起来暖和。(你睡呀还是起呀呀?——不起来,我看睡着比起来暖和。)
57. tʻa⁵²tʂʻʅ²¹lia³⁰，ȵi⁵²tʂʻʅ²¹lia³⁰mo²⁴?
    他吃了呀，你吃了呀没？(他吃过了,你吃过了没有?)
58. pʻæ̃⁴⁴iɛ²¹liæ̃³⁰，pʻæ̃⁴⁴iɛ²¹liau³⁰tɕʻiou⁴⁴tsou⁵²!
    畔也□？畔也□就走！(忙完了吗?忙完了就走!)
59. ȵia²⁴taŋ²¹zæ̃²⁴tɕʻi⁴⁴kuo²¹pei²¹tɕiŋ²¹，tsʻa²⁴mo²¹tɕʻi⁴⁴kuo²¹。
    □当然去过北京，咱没去过。(他当然去过北京,咱没去过。)
60. ȵi⁵²vei²⁴tʂɤ⁴⁴fæ̃⁴⁴mo²¹sʅ⁵²tɕʻi²¹mu³⁰?
    你闻这饭没燘气木？(你闻这饭馊了没有?)
61. i²¹! xa²¹lia³⁰，xa²¹tiʻ³⁰li⁴⁴xæ²¹!
    噫！瞎了呀，瞎的厉害！(噫!坏了,坏的厉害!)
62. ȵi⁵²kʻæ̃⁴⁴tʂʅ⁴⁴ʂei²¹tsʻɥæ²¹tiʻ³⁰tsuo⁵²naŋ³⁰ɕiŋ⁴⁴?
    你看这身穿的咋囊向？(你瞧这身衣服怎么样?)
63. liau²⁴tsa²¹lia³⁰! liau²⁴tiʻ³⁰tou²¹mo²¹fəŋ⁴⁴fəŋ³⁰lia³⁰!
    嫽扎了呀！嫽的都没有缝缝了呀！(漂亮的很啊!漂亮的无可挑剔啊!)

64. ia²¹xei²¹læ³⁰taŋ²⁴tʂ'uo²¹iɛ²¹laŋ²⁴, pa²¹ŋuo⁵²xa⁴⁴tsa²¹lia³⁰!
夜黑来挡着一外狼，把我吓扎了呀！（昨晚上碰着一只狼，把我吓坏了呢？）

65. ȵia²⁴uæ²¹ȵy⁵²k'u²¹ti³⁰tʂei²¹tʂei²⁴ɕi²¹xuaŋ²¹!
□咻女哭的真真恓惶！（他的女儿哭的实在伤心！）

66. ŋuo⁵²tɕ'uo²¹ʂʅ²⁴mo²¹iou⁵².
我确实没有。（我真的没有。）

67. næ⁵²i²¹pei⁵²sʅ²¹sʅ⁴⁴siei²⁴ti³⁰?
奈一本书是谁的？ （那本书是谁的？）

68. sʅ⁴⁴ɕiau⁵²tʂaŋ²¹t'a²¹ta²⁴ta²⁴ti³⁰.
是小张他大大的。 （是小张叔叔的。）

69. ȵi⁵²kei⁴⁴t'a⁵²sʮo²¹ka³⁰（或ȵi⁵² kei⁴⁴ t'a⁵² sʮo²¹ kei³⁰ xa³⁰）.
你给他说嘎（或 "你给他说给下"）。（你给他说说吧。）

70. mæ⁴⁴ka³⁰, tʂau²¹xu²¹tsæ²¹xa⁴⁴tɕ'i²¹ʂaŋ⁴⁴pu²¹læ²⁴liau³⁰tɕia³⁰.
慢嘎，招呼栽下去上不来了加。（慢点，小心跌下去上不来了呀。）

71. ɕiæ²¹səŋ²¹sʮo²¹ȵi⁵²iau⁴⁴tuo²¹sʮei⁴⁴ka³⁰li³⁰.
先生说你要多睡嘎哩。（医生说你要多休息。）

72. ɕiæ²¹səŋ²¹tɕiau⁴⁴ȵi⁵²p'ei⁴⁴sʅ²¹, p'ei⁴⁴pu²¹kuo⁴⁴xa⁴⁴pa³⁰pu²¹ɕiŋ²⁴.
先生叫你背书，背不过下吧不行。（老师叫你背课文，背不过可能不行吧。）

73. pu²¹kuæ⁵²t'a⁵²tsuo²¹ɕiaŋ⁴⁴, ȵi⁵²tɕ'i⁴⁴ȵi⁵²ti³⁰.
不管他咋向，你去你的。（不管他怎么样，你去你的。）

74. ŋuo⁵²sʅ⁴⁴tɕ'iæ²⁴ȵiæ⁵²tau⁴⁴pei⁵²tɕiŋ²¹tɕ'i⁴⁴ti³⁰.
我是前年到北京去的。（我是前年去北京的）

75. tsuo⁵²na²¹uæ⁵²taŋ²¹tuei⁴⁴tʂaŋ⁵²li³⁰mæ³⁰?
咋拿咻当队长哩□曼？（怎么让他当队长呢？）

76. ȵi⁵²tei²⁰tɕ'iŋ⁵²ŋuo⁵²i²¹tsʮo²¹tsʅ³⁰.
你得请我一桌子。（你得请我吃顿宴席。）

77. uæ⁵²t'ou²¹tɕyɛ²⁴yɛ²¹tʂaŋ⁵²yɛ²¹piɛ²¹, yɛ²¹læ²⁴yɛ²¹lau⁵².
豌豆角越长越憋，越来越老。（豌豆角越长越饱，越来越硬。）

78. pa²¹uæ²¹i²¹uæ̃⁵²fæ⁴⁴tɕiæ²⁴tʂʻʅ⁴⁴liau²⁰。
把咘一碗饭急赶吃了。（把那碗饭快点吃了。）

79. tie⁴⁴uæ²¹i²¹pei⁵²sʅ²¹læ³⁰.
接咘一本书来。（拿那本书来。）

80. tiau²¹tɕʻy²¹ʐei²⁴na²¹iɛ⁴⁴tɕiau⁴⁴ia²⁴。
郊区人拿爷叫"衙"。（郊区人把爷叫"衙"。）

81. tʂʅ⁴⁴tsʅ⁵²mei²¹liaŋ²¹pu²¹sʅ⁵²ɕiaŋ²¹。
这姐妹俩不似相。（着姐妹俩不相象。）

82. tʂʅ⁴⁴ku²¹tʂʻʅ²⁴liaŋ²¹pu²¹tʂʻæ⁵²xuo²¹。
这姑侄俩不单和。（这姑侄俩不和睦。）

83. u⁴⁴fu⁵²tsʅ²¹liaŋ²¹pu²¹mei⁵²tɕʻi⁴⁴。
兀父子俩不美气。（那父子俩不和睦。）

84. ŋuo⁵²tsʅ⁴⁴liaŋ⁵²tʻiæ²¹xu⁴⁴pʻau²⁴li³⁰。
我这两天后跑哩。（我这两天拉痢疾呢。）

85. ȵi⁵²uæ²¹xuo²⁴naŋ²⁴ʐʅ⁵²tʻa²¹lia³⁰，ȵi⁵²xæ²⁴mo²⁴tɕy⁵²tɕʻi²¹。
你咘活口舒服日沓了呀，你还没足气。

86. tʂau⁴⁴ȵi⁵²u⁴⁴naŋ³⁰sʅo²¹tɕʻiou⁴⁴pu²¹tuei⁴⁴liau³⁰ia³⁰，ȵia²¹ʐei²⁴tɕia²¹ua⁴⁴sʅ⁴⁴iʻpʻiæ̃⁵²xau⁵²ɕiei²¹ia³⁰。
照你兀囊说就不对了呀，口人家娃是一片好心呀。（按你那样说就不对了，人家孩子是一片好心呀。）

87. ȵi⁵²ɕiŋ⁴⁴ɕyei²¹，ŋuo⁵²a⁵²ɕiŋ⁴⁴ɕyei²¹，tsʻa²⁴liaŋ²¹uæ²¹tou²⁴ɕiŋ⁵²ɕyei²¹，xæ̃²¹iou⁵²kuæ̃⁴⁴tʻæ³⁰。
你姓孙，我阿姓孙，咱两咘都姓孙，还有惯太。（你姓孙，我也爷姓孙，咱俩都姓孙，挺有意思。）

88. tʂɤ⁴⁴xua²⁴ɕyæ⁴⁴pu²¹xua²⁴ɕyæ⁴⁴mæ̃³⁰？
这划算不划算嫚？（这合算合算呢？）

89. ȵi²¹ti³⁰tʻiæ²¹li³⁰tsou⁵²，ŋuo²¹ti³⁰xu⁴⁴ʂou³⁰læ⁴⁴。
你的前里走，我的后首来。（你们前面走，我们后面来。）

252

90. ȵi⁵²ʂʅ²¹liaŋ²¹ka³⁰, tʂʻʅ⁵²ɕyæ²¹ka³⁰, kʻæ⁴⁴tʂɤ⁴⁴ʂʅ⁴⁴tsuo⁵²naŋ³⁰ɕiaŋ⁴⁴。
你思量嘎，尺算嘎，看这事咋囊向。(你思考一下，合计一下，看这件事怎么样。)

91. ŋuo⁵²tʂʻʅ⁵²muʻtʻa⁵²puʻ²¹teiʻ²¹læ⁴⁴liaʻ³⁰。
我尺模他不得来了呀。(我预料他不能来了呀。)

92. ȵia²¹tou²¹puʻ²¹yæ⁴⁴iʻ²¹tɕʻiʻ⁴⁴, puʻ²¹ɕiaŋ⁵²tɕʻiʻ⁴⁴。
□都不愿意去，不想去。(他的都不愿意去，不想去。)

93. ȵiʻ²¹poʻ²⁴næ⁵²pʻiŋʻ⁴⁴tɕʻiaŋʻ²⁴ɕiɛʻ²¹liæʻ³⁰?
你婆奈病强些咧？ (你婆那病好些了吗？)

94. æ²¹, kuaʻ²¹tsʻ³⁰, ȵiʻ⁵²touʻ²¹puʻ²¹tʂʅʻ²¹tauʻ²¹liaŋʻ⁵²tuoʻ²¹iʻ²¹ʂauʻ⁵²?
哎，瓜子，你都不知道两多一少？(哎。傻孩子，你都不知道两个一个少吗？)

95. taʻ⁵²næʻ⁵²zeiʻ²⁴, ɕiauʻ²¹xæʻ²¹tʂʅʻ²¹tauʻ²¹fæʻ⁴⁴ɕiaŋʻ²¹pʻiʻ⁴⁴tʂʻouʻ⁴⁴iæʻ³⁰!
他奈人，晓还知道饭香屁臭燕！(他那人，哪里知道饭香屁臭呢？注：喻不明事理的人)

96. æʻ²¹tsʻʻʅpuʻ²¹tæʻ²¹tæʻ³⁰tiʻ³⁰, saʻ²⁴xuʻ²¹moʻ²¹kɤʻ²¹læʻ⁴⁴xueiʻ⁵², moʻ²¹kɤʻ²¹tauʻ⁵²tʻəŋʻ²¹。
哎，痴不呆呆的，□□没个来回，没个倒腾。(哎，傻得厉害，脑子里没点机灵、聪明劲。)

97. tsaŋʻ⁴⁴tiʻ³⁰tʻæʻ⁴⁴, niŋʻ⁴⁴naʻ²⁴kueiʻ⁴⁴ɕiʻ⁵²zeiʻ²⁴liʻ³⁰。
□得太，硬拿棍□人哩！(凶恶的很，硬是用棍子抽打别人呢！)

98. tʂɤ⁵²ʂʅ⁴⁴tsuo⁵²naŋ³⁰ɕiaŋ⁴⁴! ——teiʻ²⁴pʻiʻ⁵²（ɕiauʻ⁵²naŋʻ³⁰洛区）liʻ³⁰!
这事咋囊向？——得否（晓囊洛区）哩！(这件事怎么样了？——谁知道呢？)

99. tʂaŋ⁵²fæʻ²¹tʂɤʻ⁵²uaʻ²⁴uaʻ⁵²pʻaʻ⁴⁴pʻaʻ³⁰, uaʻ⁵²pʻaʻ²¹tiʻ³⁰nəŋʻ²⁴iaŋʻ⁵²liaŋʻ⁵²sæʻ²⁴ uæʻ²¹zeiʻ²⁴, kæʻ²¹lauʻ⁵²zeiʻ²⁴xæʻ²¹ʂʅʻ⁴⁴fæʻ²¹tiʻ³⁰meiʻ⁵², tseiʻ²¹tʂəŋʻ⁴⁴ʂʅʻ⁴⁴xauʻ⁵²xauʻ³⁰。
长番这娃娃怕怕，挖爬地能养两三咿人，王老人还拾翻的美，真正是好好。(现在的孩子们厉害，想法干活能养活两三个人，比长辈还做的好，确实是好后代。)

100. tʻiæʻ²⁴ɕiɛʻ²¹puʻ²¹tueiʻ⁴⁴louʻ⁴⁴, tɕieiʻ²¹xæʻ²¹paʻ⁴⁴liaʻ³⁰。
前些不对路，今还罢了呀。(前些日子身体不舒服，今天好多了。)

第十章 标音举例

第一节 故 事

p'ei²⁴kou⁵²kau⁴⁴ts'ɣaŋ⁴⁴
白　狗　告　状

ts'a²⁴tɕiau²⁴tɕ'y²¹ kau²¹lou²⁴xuo²⁴ɕiaŋ²¹iou⁵²iɛ²¹tiaŋ²¹xuo²⁴tɕ'yei²¹, tiaŋ²¹xuo²⁴
咱　郊　区　高　楼　河　乡　有　一　丁　家　河　村，丁家河
li⁵²iou⁵² i²¹ sæ̃⁴⁴p'o²¹t'i⁴⁴tɕiau⁴⁴sɿ⁴⁴p'o²¹, sɿ⁴⁴p'o²¹kuo⁴⁴tɕ'i⁴⁴iou²⁴iɛ²¹tɕiei²¹liŋ²⁴sɿ⁴⁴。
里有一扇坡地叫寺坡,寺坡过去有一金陵寺。
tuei⁴⁴tɕiei²¹liŋ²⁴sɿ⁴⁴iou⁵²iɛ²¹ts'ɣæ²⁴sʯo²¹tɕiau⁴⁴ "p'ei²⁴kou⁵²kau⁴⁴ ts'ɣaŋ⁴⁴"。
对　金　陵　寺　有　一　传　说　叫　"白　狗　告　状"。
tiaŋ²¹xuo²⁴zei²⁴kæ²⁴faŋ⁵²ta⁴⁴ yæ²⁴tɕ'yei²¹li³⁰zei²⁴tsuei⁴⁴næ⁴⁴p'iæ⁵²tʂɣ⁴⁴ku⁵²tɕiŋ²¹，
丁家河人干[跟]方大圆村里人最爱谝这古经[传说]，
lau⁵²zei²⁴ɕiɛ⁵²xuei⁵²ua²⁴ua⁵²ɕiɛ²¹a⁵²næ⁴⁴t'iŋ²¹。
老人些或娃娃些也爱听。

lau²¹tsau⁵²li³⁰iou²¹iɛ²¹u²¹li³⁰zei²⁴kæ²¹t'a²¹ua⁴⁴liaŋ²¹, iei²¹liau³⁰iɛ²¹p'ei²⁴kou⁵²
老　早　里　有　一　屋　里　人[妇女]干她　娃　俩，引　了　一　白　狗
ts'uŋ²⁴tʂa⁵²lou⁴⁴kuo⁴⁴, sɿ⁴⁴li³⁰næ²¹xuo²⁴ʂaŋ⁵²ts'ou⁵²tʂ'uo³⁰næ⁵²u⁵²li³⁰zei²¹tʂaŋ⁵²ɕiaŋ⁴⁴
从这路过,寺里奈和尚　瞅　着　奈屋里人长相
ɕi⁵²iaŋ³⁰tɕ'iou⁴⁴tɕ'i²¹liau³⁰xa⁵²xa³⁰ɕiei²¹, pa²¹ɲia²¹t'iaŋ²¹tau³⁰iɛ²¹ ʂei²¹t'uŋ⁴⁴xuɯ³⁰。
暂样[就], 就起了瞎瞎心,把口[人家]抢到一深洞口[里]。
xæ⁴⁴liau⁵²ua⁴⁴pu⁵²sʯo²¹, xæ⁵²pa²¹ɲia²¹u⁵²li³⁰zei²¹kei⁴⁴xæ⁴⁴sɿ³⁰lia³⁰。k'uo²¹mo²¹ɕiaŋ⁵²tau⁴⁴
害了娃不说,还把口[人家]屋里人给害死了。可　没　想　到
næ⁴⁴p'ei²⁴kou²¹liŋ²⁴ɕiŋ³⁰, ŋæ⁴⁴li³⁰pa²¹tʂɣ⁴⁴sɿ⁴⁴ t'iæ⁴⁴t'iæ²⁴xu⁴⁴xu⁴⁴tou²⁴tɕi⁴⁴xa³⁰ lia³⁰。
奈白狗灵醒[聪明],暗里把这事前前后后都记下了。
p'ei²⁴kou²⁴p'au⁴⁴tau⁴⁴ɲia²⁴mei⁴⁴kau⁴⁴ ts'ɣaŋ⁴⁴, pa⁵²mei²¹ti³⁰pu²¹tɕiau⁵²kou⁵²tiei⁴⁴
白　狗　跑　到　衙　门　告　状，　把　门　的　不　叫　狗　进

第十章 标音举例

tɕʻi³⁰, kou⁵²tʂɤ⁴⁴ ȵiei²¹ȵiæ⁵² tuŋ⁵²ɕi²¹aʔ² puʔ²¹ xuei⁴⁴ sʮo⁵² xua⁴⁴, pei²⁴pei²⁴ mo²¹faʔ⁵²tsʅ³⁰。
去， 狗 这 阴 眼 东 西 也 不 会 说 话， 白 白 没 法 子。
iou⁵²iʔ²¹ tʻiæ²¹, kou⁵²pʻəŋ⁴⁴tʂʻuo³⁰ɕiæ⁴⁴tʻæ⁴⁴iɛ²¹ tiʔ²¹tɕʻiau⁴⁴læ²⁴lia³⁰, tɕʻiou⁴⁴tɕiʔ²¹kæ̃⁵²pʻau²⁴
有 一 天， 狗 碰 着 县 太 爷 的 轿 来 了， 就 急 赶 跑
kuo⁴⁴tɕʻiʔ¹taŋ⁴⁴tsʻʮ³⁰, taŋ²⁴tsʻæ⁵² tiʔ⁰ taʔ² taʔ² puʔ² tsou⁵²; ȵiæ²⁴ȵiæ⁵²puʔ²¹liʔ²⁴。kou⁵² puʔ⁵¹ȵiau⁵²
过 去 挡 住。当 差 的 打 打 不 走； 撵 撵 不 离。狗 不 咬
zei²⁴, aʔ² puʔ²¹ uaŋ⁵²uaŋ³⁰, tɕʻiou⁴⁴sʅ⁴⁴ liaŋ²⁴ȵiæ⁵²liou²⁴ȵiæ⁵²ly⁵²。ɕiæ⁴⁴tʻæ⁴⁴iɛ²¹ ɕiæ⁴⁴tɕʻiau⁴⁴
人， 也 不 旺 旺， 就 是 两 眼 流 眼 泪。县 太 爷 嫌 轿
mæ⁴⁴, vei⁴⁴uei²⁴sʮo⁵², taŋ²⁴tsʻæ⁵²tiʔ⁰ iʔ²¹uʔ²¹iʔ²¹sʅ⁵¹ tiʔ⁰ sʮo²¹liau⁰。ɕiæ⁴⁴tʻæ⁴⁴iɛ²¹ iʔ²¹tʻiŋ²¹tɕʻiou⁴⁴
慢， 问 为 啥， 当 差 的 一 五 一 十 地 说 了。县 太 爷 一 听 就
tɕye⁵²tei³⁰puʔ⁵¹tuei⁴⁴xuo⁵², xuʔ²¹ tiɛ³⁰xa⁴⁴læ²¹mæ⁴⁴ mæ⁵²tsou²⁴tau³⁰kou⁵²kuʔ⁵² tiɛ̃³⁰, ɕiau⁵²
觉 得 不 对 火〈有问题〉，忽 地 下 来 慢 慢 走 到 狗 跟 前， 小
ʂəŋ²¹tuei⁴⁴kou⁵²sʮo⁵¹ ȵuo⁵²ɕiaŋ⁵¹ȵiʔ²¹tsʮ⁵² zei²¹kʻei⁵²tiŋ⁴⁴tɕiau⁵²zei²⁴yæ²¹liaʔ⁰, tsaŋ⁵¹fæ̃⁴⁴ ȵiʔ²¹
声 对 狗 说：" 我 想 你 主 人 肯 定 叫 人 冤 了，长〈现在〉你
paʔ²¹ ŋuo⁵²iei⁵² tau³⁰iou⁵²sʅ⁴⁴ tiʔ³⁰ tʻiʔ⁴⁴faŋ²¹ tsou³⁰。
把 我 引 到 有 事 的 地 方 走。"

iʔ²¹tau⁴⁴tʂa⁵², kou⁵²tɕʻiou⁴⁴nou⁵²tsʻæ³⁰tʻuŋ⁵¹kʻou⁵²kʻou³⁰xa³⁰, tʻuo⁴⁴ʂəŋ²¹uaŋ⁵²
一 到〈这儿〉, 狗 就〈站〉在 洞 口 口 下, 大 声 汪
uaŋ³⁰, xæ̃²⁴iʔ⁵²kɤ²¹tɕiei⁴⁴liou²⁴ ȵiæ⁵²lyei²¹, liaŋ²⁴piæ̃⁵²liʔ³⁰zei²⁴tou²¹tʻiŋ²¹ʂaŋ²¹⁻²⁴ɕiei²¹
汪， 还 一 个 劲 流 眼 泪， 连 边 里〈的〉人 都 听 伤 心
liaʔ³⁰。 ɕiæ⁴⁴ tʻæ⁴⁴ iɛ²¹tɕiau⁴⁴zei²⁴xuʔ²¹kʻæ⁴⁴, kou⁵²tʻiaŋ⁵²tau⁵²tʻiæ⁵²liʔ³⁰piæ⁵²xau²⁴
了， 县 太 爷 叫 人〈进〉去 看， 狗 抢 到 前 里 边 嚎
piæ̃⁴⁴pʻau²⁴。kuæ²¹liau⁵¹iʔ¹uæ⁵¹uæ̃⁵¹, taŋ⁵¹tsʻæ⁴⁴tiʔ⁵⁰ tɕʻiou⁴⁴kʻæ⁴⁴tsʻuo⁰liau⁰ iɛ⁵²sʅ⁵²sou⁵⁰, ʂəi⁵²
边 跑。 拐 了 一〈咻〉弯， 当 差 的 就 看 着 了 一 尸 首, 身
xa³⁰pʻaʔ²⁴liau²¹ iʔ²¹ɕiɛ⁴⁴kɤ²¹ tsʻʮəŋ²¹tsʻʮəŋ⁵²。tʻaʔ²¹paʔ²⁴tʂɤ⁵²sʅ²¹ sou³⁰liæ̃⁴⁴ tsæ⁴⁴iʔ²¹tʂau⁴⁴, iʔ²¹xa⁴⁴
下 爬 了 一 些 个 虫 虫。他 把 这 尸 首 脸 再 一 照， 一 下

tsʅ³⁰tɕ'yæ̃²⁴miŋ²⁴p'ei⁵² liau³⁰, tʂɤ⁵² tɕ'iou⁴⁴sʅ⁴⁴næ⁵²xæ⁴⁴liau³⁰ti³⁰ zei²⁴!
子 全 明 白 了, 这 就 是 奈害 了 的 人!

ɕ'iæ̃⁴⁴ t'æ⁴⁴ iɛ²¹ɕi⁴⁴ɕi⁴⁴k'æ̃⁴⁴liau³⁰tɕi⁵²piæ̃⁴⁴sʅ²¹ʂou³⁰, tsou⁴⁴tɕ'i⁵²mi²⁴t'ou³⁰.
县 太爷 细 细 看 了 几 遍 尸首, 皱 起 眉 头。

tɕ'iou⁴⁴ts'æ⁴⁴tʂɤ⁴⁴taŋ²⁴taŋ³⁰, məŋ²¹tiŋ⁵² tʂ'uo³⁰kou⁵² i²¹ʂəŋ²¹t'uo⁵²sʅ²¹ i²¹ ʂəŋ²¹ti³⁰uaŋ⁵²uaŋ³⁰.
就 在 这 当 当, 猛 听 着 狗 一声大 似一声 的 汪汪。

ɕiæ̃⁴⁴t'æ⁴⁴iɛ²¹ vuʅ²¹tiɛ³⁰ɕiaŋ⁴⁴p'ei⁴⁴kou⁵²uaŋ⁵²uaŋ³⁰ti³⁰faŋ²¹ɕiaŋ⁴⁴i²¹tsʅ⁵², tɕ'iou⁴⁴kæ̃²¹xæ̃⁵²li³⁰
县 太爷 □猛然 向 白 狗 汪 汪 的 方 向 一指, 就 干像 喊里

i²¹iaŋ⁴⁴ sɿyo²¹: "zəŋ²¹tiɛ³⁰ pa²¹tɕiei²¹liŋ²¹sʅ⁴⁴li³⁰ uæ⁵² i²¹ xuo⁵²xa²¹xuo²⁴ʂaŋ²¹niæ̃⁵²xa⁴⁴ læ³⁰! i²¹
一 样 说: "□□起快把 金 陵 寺 里 咻一伙 瞎和 尚 撵 下 来! 一

uæ²¹ tou²¹ pu²¹iau⁴⁴ʂəŋ⁴⁴, tɕ'yæ̃²⁴sei⁵²tau²¹t'uŋ⁴⁴ xuʅ²¹u²¹sʅ³⁰!" xuo²⁴ʂaŋ²¹ liæ̃²⁴kuʅ²¹tæ⁴⁴
咻 都 不 要 剩, 全 塞 到 洞 □里捂死! 和 尚 连 哭 带

xau²⁴ti³⁰tɕ'iou⁴⁴pei⁴⁴u⁵²tau³⁰t'uŋ⁴⁴xuʅ²¹liau³⁰. p'ei⁴⁴kou⁵² tsou⁴⁴tau³⁰ɕiæ̃⁴⁴t'æ⁴⁴iɛ²¹ kuʅ²¹
嚎 地 就 被 捂到 洞 □里了。白 狗 走 到 县 太爷 跟

tiæ̃³⁰, pa²¹t'a⁵² ʂei³⁰xa³⁰ti³⁰nou²⁴ ts'ʅ⁴⁴i²¹ t'uo²¹ i²¹t'uo²⁴ti³⁰ t'æ⁵²tiŋ⁴⁴, k'uei²¹ts'æ³⁰t'a²miæ̃⁴⁴
前, 把 他 身 下 的 奴胜 处 一 坨一坨 的 舔净, 跪 在 他 面

li³⁰, sa²⁴ i²¹tsæ̃²¹ i²¹tsæ̃²¹ti³⁰, xau⁵²ɕiaŋ⁴⁴ts'æ⁴⁴ k'uo²¹t'ou²¹ i²¹iaŋ⁴⁴. xu⁴⁴læ³⁰, nia²⁴
里, □头一低一□低的, 好 像 在 磕 头 一样。后来, 衙

mei⁵²ts'ʅ⁴⁴tɕ'iæ̃²⁴mæ̃²⁴liau²¹tʂʅ⁴⁴niaŋ²⁴mei⁵²liaŋ³⁰, xæ̃²⁴pa²¹ tɕiei⁵²liŋ³⁰sʅ⁴⁴ʂau²¹lia³⁰,
门 出 钱 埋 了 这 娘们俩, 还 把 金 陵 寺 烧 了,

t'iŋ²¹sɿyo²¹ ʂau²¹liau³⁰xau²⁴tʂ'aŋ²¹sʅ⁴⁴tɕiæ̃⁵²ts'æ²⁴pi²¹. iei²¹tʂɤ⁵², ts'a²⁴sʅ⁴⁴ p'o²¹t'i²⁴uæ²¹
听 说 烧 了 好 长 时 间 才 毕完。因这, 咱寺 坡地 咻那

t'ou²¹tsaŋ⁵²fæ̃²⁴tou²¹xei²¹xei²¹ti³⁰, i²¹niæ̃²⁴liau²¹liaŋ⁴⁴ʂou²⁴ti³⁰tsau²¹, ta⁵²ti³⁰tuo²¹, tɕ'yei⁵²li³⁰
土 长番现在都黑黑的, 一年了粮熟的早, 打的多, 村里

zei²⁴ ts'uei²⁴kuæ̃⁵²ɕiei²⁴tou²¹ ŋæ⁴⁴tsʅɤŋ⁴⁴sʅ⁴⁴p'o²¹t'i¹⁴.
人 □管不管谁 都 爱种 寺 坡 地。

第二节　诗　歌

ȵi⁵²pa²¹tsʅ⁴⁴tɕi²¹tsuo⁵²kʻæ⁴⁴tæ⁴⁴
你 把 自 己 咋 看 待，
iou⁵²kɤ³⁰ku⁵²ȵiaŋ²¹pu²¹tsʻʅ⁴⁴ŋæ⁴⁴
有 个 姑 娘 不 自 爱，
tɕiɛ⁴⁴kɤ³⁰xuei⁵²iei²¹kau²¹tɕia⁴⁴mæ⁴⁴。
借 个 婚 姻 高 价 卖。
tiŋ⁴⁴xuei²¹tsʻæ²⁴li⁵² sʅ⁴⁴ pei²¹pa²¹
订 婚 彩 礼 四 百 八，
mæ⁵²ȵi²¹xua²¹liau³⁰u⁵² pei²¹uæ⁴⁴
买 衣 花 了 五 百 外。
liŋ²⁴suei⁵²ʂaŋ⁴⁴liau³⁰ər⁴⁴ pei²¹u⁵²
零 碎 上 了 二 百 五，
tɕiɛ²¹⁻²⁴xuei²¹xæ̃⁴⁴pa²¹iæ̃⁴⁴ɕi²⁴pæ⁵²
结 婚 还 把 宴 席 摆。
tɕia²¹tɕy⁴⁴pæ⁵²ʂɤ²¹iau⁴⁴tsou⁵²xuo²⁴
家 俱 摆 设 要 组 合
tiæ̃⁴⁴sʅ⁵² lou²¹⁻²⁴iei²¹a⁵²iau⁴⁴mæ⁵²
电 视 录 音 阿也要 买。
pi⁵²tei²¹næ²⁴faŋ⁴⁴mo²¹fa²¹ɕiaŋ⁵²
逼 得 男 方 没 法 想，
tuo²¹zei²⁴ɕiei²¹tɕiŋ²⁴tɕiɛ⁴⁴uæ⁴⁴tsæ⁴⁴
托 人 寻 情 借 外 债。
uo⁵²vei⁴⁴kau²¹tɕia⁴⁴ku⁵²ȵiaŋ²¹mei³⁰
我 问 高 价 姑 娘 们，
ȵi²⁵pa²¹tsʻʅ⁴⁴tɕi²¹tsuo⁵²kʻæ⁴⁴tæ⁴⁴
你 把 自 己 咋 看 待。

kɤ²⁴tsʻæ⁴⁴piæ²¹⁻²⁴kuæ̃²¹fu⁵²liau³⁰ʂaŋ²¹
哥 在 边 关 负 了 伤
kei⁴⁴mei⁴⁴tɕi⁴⁴xuei²⁴ɕiaŋ⁴⁴i²¹⁻²⁴tʂaŋ²¹
给 妹 寄 回 像_{照片}一 张；
tʻou²⁴ʂaŋ⁵²pʻəŋ²¹tæ⁴⁴xuæ̃²⁴vei²¹tɕʻy⁵²
头 上 绷 带 还 未 取，
ʂou⁵²tsɥəŋ²¹ȵiou⁴⁴ŋyɛ²¹tsʻɥəŋ²¹fəŋ²¹⁻²⁴tʻiaŋ²¹
手 中 又 握 冲 锋 枪，
mei⁴⁴tsɿ³⁰kəŋ⁴⁴ŋæ⁴⁴ iŋ²¹ɕyŋ²¹laŋ²⁴
妹 子 更 爱 英 雄 郎！
kɤ²⁴tsʻuŋ²⁴tʻiæ²⁴ɕiæ²⁴xuei²⁴tɕia²¹⁻²⁴ɕiaŋ²¹
哥 从 前 线 回 家 乡，
ɕyŋ²¹kua⁴⁴i²¹mei²⁴tɕyei²¹kuŋ²¹⁻²⁴tʂaŋ²¹
胸 挂 一 枚 军 功 章，
ku⁵²ȵiaŋ²¹ɕiau²¹xuo²¹uei²⁴tʂʻəŋ²⁴tuei²¹
姑 娘 小 伙 围 成 堆，
vei²⁴tʻou²⁴puʔ²¹tɕiæ̃³⁴mei⁴⁴tsʻæ⁴⁴tʂaŋ⁵²
唯 独 不 见 妹 在 场，
pæ̃⁴⁴ȵiæ̃²⁴mei²⁴xu²¹tʻou²¹ti²¹kʻæ⁴⁴
半 年_{原来}门 后 偷 的 看。

第三节 快 板

tɕʻyæ⁴⁴tɕyei²¹mo²¹⁻²⁴pa²¹lau⁵²ʐei²⁴ɕiæ²⁴
劝 君 莫 把 老 人 嫌
lau⁵²læ³⁰næ̃²⁴，lau⁵²læ³⁰næ̃²⁴
老 来 难， 老 来 难，

tɕʻyæ⁴⁴tɕyei²¹mo²¹⁻²⁴pa²¹lau⁵²ʐei²⁴ɕiæ̃²⁴
劝 君 莫 把 老 人 嫌。
taŋ²¹⁻²⁴ tsʻou²¹ŋuo⁵²ɕiæ̃²⁴piɛ²⁴ʐei⁵²lau⁵²
当 初 我 嫌 别 人 老,
ʐʅ²⁴tɕiei²¹luei²⁴tau⁴⁴ŋuo⁵²kei²¹tɕʻiæ̃³⁰
如 今 轮 到 我 跟 前。
tɕiæ̃²¹⁻²⁴pæ̃²¹kʻu⁵²væ̃⁴⁴pæ̃²¹næ̃²⁴
千 般 苦, 万 般 难,
tʻiŋ²¹ŋuo⁵²tsʻuŋ²⁴tʻou²⁴sʮo²¹i²¹⁻²⁴fæ̃²¹
听 我 从 头 说 一 番;
ʐei²⁴lau⁵²ɕiæ̃²¹tsʻuŋ²⁴tʻou²⁴ʂaŋ⁵²lau⁵²
人 老 先 从 头 上 老,
pʻei²⁴fa²¹tsʻaŋ²¹⁻²⁴tsʻaŋ³⁰ʐʅ²¹⁻²⁴sʮaŋ²¹ʐæ̃⁵²
白 发 苍 苍 如 霜 染;
xu²⁴xu⁵²tsʻa²¹tsʻa³⁰ tʂaŋ⁵²mæ̃⁵²liæ̃⁵²
胡 胡 茬 茬 长 满 脸,
ʂei²¹ʂei²¹⁻²⁴tsou²⁴vei²⁴səŋ²¹tɕʻyɛ²¹⁻²⁴pæ̃²¹
深 深 皱 纹 生 雀 斑;
ər⁵²luŋ²⁴næ̃²⁴tʻiŋ²¹ʐei²⁴tɕiaŋ⁵²xua⁴⁴
耳 聋 难 听 人 讲 话,
tɕʻi²¹⁻²⁴ku⁵²pa²¹tsʻa⁴⁴xu²⁴luæ̃⁴⁴iæ̃²⁴
七 股 八 叉 胡 乱 言。
tɕʻyɛ²¹məŋ²⁴ȵiæ̃⁵²uo²¹sʅ²¹pʻiau²¹⁻²⁴tʂæ̃²¹
雀 蒙 眼 窝 似 飘 粘,
pʻi²⁴lyei⁴⁴tʂʻaŋ²⁴liou²⁴tsʻa²¹pu²¹⁻²⁴kæ̃²¹
鼻 泪 常 流 擦 不 干;
ʐei²⁴tau²⁴miæ̃⁴⁴tɕʻiæ̃²⁴ʐei⁴⁴pu²¹⁻²⁴tɕʻiŋ²¹
人 到 面 前 认 不 清,

tʂʻaŋ²⁴pa²¹li⁵² sŋ⁴⁴ taŋ⁴⁴tʂaŋ²¹⁻²⁴sæ̃²¹
常　把李四当　张　三；
n̠ia²⁴tsʻʅ⁵²tiau⁴⁴, kʻou⁵²liou²⁴xæ̃²⁴
牙　齿　掉，　口　流　涎，
n̠iŋ⁴⁴ʂʅ²⁴næ̃²⁴tɕʻyɛ²⁴xu²¹lyei²⁴iæ̃⁴⁴
硬　食　难　嚼　囫　囵　咽，
kʻa⁵²tsʻɿ³⁰xu²⁴luŋ⁵²tsʻɿ²¹tɕʻi⁴⁴næ̃⁴⁴
卡　住　喉　咙　出　气　难，
iau²¹ər³⁰mau²⁴, tɕi²¹liaŋ²⁴uæ̃²¹
腰　儿　猫，　脊　梁　弯，
ɕiŋ²⁴tʂəŋ²⁴tʻuo²¹pei⁴⁴sei²¹pu²¹⁻²⁴tuæ̃²¹
形　成　驼　背身　不　端；
tɕyɛ²¹ma²⁴nu²¹,tʻuei⁵²fa²¹⁻²⁴ɕyæ̃²¹
脚　麻　木，腿　发　酸，
tsou⁵²lou⁴⁴tɕʻi⁴⁴tsʻɿæ̃⁵²zʅ²¹təŋ²¹⁻²⁴sæ̃²¹
走　路　气　喘　如　登　山，
uæ⁴⁴ɕiŋ²⁴piæ̃⁴⁴lau⁵²tɕʻiɛ⁵²pu²¹lyei⁴⁴
外　形　变　老　且　不　论，
tsæ⁴⁴sʅo²¹pʻiŋ⁴⁴mo²⁴pa²¹⁻²⁴sei²¹tʂʻæ̃²⁴
再　说　病　魔　把　身　缠；
ʂei²¹ɕy²¹zʅo²⁴, yæ̃²⁴tɕʻi⁴⁴tɕʻiæ̃⁵²
身　虚　弱，　元　气　减，
saŋ²¹⁻²⁴fəŋ²¹kæ̃⁵²mau⁴⁴pʻa⁴⁴ʂou⁴⁴xæ̃²⁴
伤　风　感冒怕　受　寒；
væ̃⁵²ʂaŋ³⁰sʅei⁴⁴tɕiau⁴⁴tʂʻaŋ²⁴tæ⁴⁴mau⁴⁴
晚　上　睡　觉　常　戴　帽，
miæ̃²⁴pʻi⁴⁴məŋ²⁴tʻou²⁴pʻa⁴⁴fəŋ²¹⁻²⁴tɕyæ̃²¹
棉　被　蒙　头　怕　风　钻；

ts'ei²¹⁻²⁴ʂei²¹sɥei⁴⁴，fæ̃²⁴ʂei²¹⁻²⁴næ̃²⁴
侧　身　睡，翻　身　难，
xuei²⁴ʂei²¹t'əŋ²⁴t'uŋ⁴⁴k'u⁵²næ̃²⁴iæ̃²⁴
浑　身　疼　痛　苦　难　言；
sɥei⁴⁴pu²¹niŋ²⁴tʂ'aŋ²⁴ʂʅ²¹miæ̃²⁴
睡　不　宁　常　失　眠，
i²¹iɛ⁴⁴ɕiau⁵²⁻²¹tɕiæ⁵²t'i²¹pa²¹piæ̃⁴⁴
一　夜　小　解　七　八　遍；
fei⁴⁴ɕy²¹tuo²¹⁻²⁴tei²¹tɕ'i⁴⁴kuæ̃⁵²iæ̃⁴⁴
肺　虚　多　得　气　管　炎，
i²¹k'ou⁵²i²¹k'ou⁵²t'ou⁵²niæ̃⁴⁴t'æ̃²⁴
一　口　一　口　吐　粘　痰；
tei²¹liau³⁰p'iŋ⁴⁴，uo⁴⁴k'aŋ⁴⁴tʂʅ⁴⁴
得　了　病，卧　炕　治，
iou²¹liau³⁰tɕiei²¹⁻²⁴t'æ̃²¹mo²¹miŋ²⁴t'iæ̃²¹
有　了　今　天　没　明　天。
ɕi⁵²fu³⁰pu²¹kei⁴⁴suŋ⁴⁴ts'æ̃⁴⁴ fæ̃⁴⁴
媳　妇　不　给　送　菜　饭，
fæ̃⁵²sɥo²¹lau³⁰zei²⁴k'ou⁵²t'æ̃⁴⁴ts'æ̃²⁴
反　说　老　人　口　太　馋；
ər²⁴tsʅ³⁰pu²¹kei⁴⁴ pa²¹p'iŋ⁴⁴ k'æ̃⁴⁴
儿　子　不　给　把　病　看，
k'ou⁵²k'ou³⁰tɕ'ia²¹tɕ'ia³⁰p'a⁴⁴xua²¹t'iæ̃²⁴
抠　抠　掐　掐　怕　花　钱；
ny⁵²ər³⁰pu²¹kei⁴⁴ɕi⁵²ȵi²¹sæ̃²¹
女　儿　不　给　洗　衣　衫，
xuæ̃²⁴ma⁴⁴tiɛ²¹niaŋ²⁴pu²¹ɕiaŋ⁴⁴tɕ'iæ̃²⁴
还　骂　爹　娘　不　像　前。

ɕyei⁵²tsʅ³⁰tʂaŋ²¹k'ou⁵²vei⁴⁴iɛ²⁴iɛ³⁰
孙　子　张　口　问　爷　爷,
ȵi⁵²xuæ̃²⁴ɕiaŋ⁵²xuo²⁴tuo²¹ʂau⁵²ȵiæ̃²⁴
你　还　想　活　多　少　年?
tɕiou⁵²p'iŋ⁴⁴pu²¹y⁴⁴tʂei²¹kɤ⁵²liæ̃²¹
久　病　不　愈　真　可　怜,
pu²¹sʅ⁵²tɕ'iou⁴⁴kei⁴⁴tsou⁴⁴xua²¹⁻²⁴tɕ'yæ̃²¹
不　死　就　给　做　花　圈。
ər²⁴ny⁵²səŋ²¹t'iæ̃²⁴pu²¹t'iei⁴⁴ɕiau⁴⁴
儿　女　生　前　不　尽　孝,
ȵi²¹kuæ̃⁴⁴tɕ'iei²⁴ʂou⁴⁴mo²¹ɕiei²⁴kæ̃²¹
衣　冠　禽　兽　没　心　肝;
xuo²⁴tʂuo⁵²pu²¹⁻²⁴pa²¹lau⁵²zei²⁴tɕiŋ⁴⁴
活　着　不　把　老　人　敬,
sʅ⁵²liau³⁰p'i⁵²ma²⁴k'u²¹fei²⁴tɕ'iæ̃²⁴
死　了　披　麻　哭　坟　前。
lau⁵²ȵiæ̃³⁰k'u⁵², sɥo²¹pu²¹uæ̃²⁴
老　年　苦, 说　不　完,
xua²¹xuŋ²⁴k'ɤ²¹nəŋ²⁴kæ̃²¹tɕi⁵²t'iæ̃²¹
花　红　可　能　开　几　天。
ȵi⁵²zɥo²¹pu²¹pa²¹lau⁵²zei²⁴tɕiŋ⁴⁴
你　若　不　把　老　人　敬,
tsou²¹tsou³⁰pei⁴⁴pei⁴⁴ŋuo²¹ɕyei²⁴xuæ̃⁵²
祖　祖　辈　辈　恶　循　环。
zei²⁴zei²⁴⁻⁵²tou²¹iŋ²¹t'iei⁴⁴ɕiau⁴⁴tau⁴⁴
人　人　都　应　尽　孝　道,
ɕiau⁴⁴tɕiŋ⁴⁴mei⁵²tei²¹tæ⁴⁴tæ⁴⁴ts'ɥæ̃²⁴
孝　敬　美　德　代　代　传。

tuei⁴⁴t'æ⁴⁴lau⁵²ʐei²⁴mo²¹iau⁴⁴ɕiæ̃²⁴
对 待 老 人 莫 要 嫌，
ʐei²⁴səŋ²¹na⁵²nəŋ²⁴t'iŋ⁴⁴ʂau⁴⁴niæ̃³⁰
人 生 哪 能 净 少 年。
ər²¹⁻²⁴yɛ²¹ʐʅ²¹⁻²⁴ts'uo²¹ts'uei²¹ʐei²⁴lau⁵²
日 月 如 梭 催 人 老，
ʐei²⁴ʐei²⁴⁻⁵²tou²¹iou⁵²lau⁵²læ³⁰næ̃²⁴
人 人 都 有 老 来 难。

第四节 笑 话

kuŋ²¹ tɕi²¹ tæ̃⁴⁴
公 鸡 蛋

iou⁵²iɛ²¹tɕiau⁴⁴uaŋ²⁴u⁵² ti³⁰ʐei²⁴fæ̃⁴⁴liau³⁰uaŋ²⁴fa²¹, ɕiau⁴⁴kuŋ²¹⁻²⁴ts'æ²¹n̠ia²¹
有 一 叫 王 五 的 人 犯 了 王 法， 叫 公 差 押
tau⁴⁴ta⁴⁴ t'aŋ²⁴xa³⁰。ɕiæ̃⁴⁴lau⁵²iɛ²¹vei⁴⁴ n̠i²⁵ʅ⁴⁴ʐei⁴⁴ta⁵²xæ̃²¹ʅ⁴⁴ʐei⁴⁴fa²⁴? uaŋ²⁴ u⁵²
到 大 堂 下。 县 老 爷 问:"你 是 认 打 还 是 认 罚?" 王 五
sɥo²¹lau⁵²iɛ²¹, ɕiau⁵²ʐei²¹ʐei⁴⁴fa²¹ ɕiæ̃⁴⁴lau⁵²iɛ²¹sɥo²¹ tuei⁴⁴, næ̃⁴⁴n̠i²¹u⁵² t'iæ̃²¹lyei⁴⁴
说:"老 爷， 小 人 认 罚。" 县 老 爷 说:" 对， 奈 你 五 天 内
kei⁴⁴ŋuo⁵²na²⁴læ²⁴liaŋ²¹uæ²¹kuŋ²¹tɕi²¹tæ̃³⁰。iau²⁴pu²¹, tɕ'iou⁴⁴pa²¹n̠i⁵² ti³⁰t'ou²⁴t'i²⁴
给 我 拿 来 两 呱 公 鸡 蛋。 要 不， 就 把 你 的 头 提
læ²⁴tɕiæ̃⁴⁴ŋuo⁵²。uaŋ²⁴u⁵²xuei²⁴tau⁴⁴u⁵² li³⁰, pa²¹ tsɤ⁴⁴xua⁴⁴kei⁴⁴ t'a²¹ ʐʅ²⁴sɥo²¹liau³⁰。
来 见 我。"王 五 回 到 屋 里， 把 这 话 给 他 儿 说 了。
t'a²¹ʐʅ²⁴sɥo²¹ ta²⁴, n̠i⁵²faŋ⁴⁴n̠i⁵²ti³⁰ɕiei²¹, tau⁵² ʅ²⁴ xu³⁰ŋuo⁵² kei⁴⁴t'a⁵² suŋ⁴⁴liaŋ²¹
他 儿 说:"达， 你 放 你 的 心， 到 时 候 我 给 他 送 两
uæ²¹tɕ'i³⁰。 ti⁴⁴ u⁵² t'iæ̃²¹, uaŋ²⁴u⁵²ti³⁰ua²⁴tau⁵²ɕiæ̃⁴⁴n̠ia²⁴mei²⁴kou⁵², tuei⁴⁴kuŋ²¹⁻²⁴
呱 去。"第 五 天， 王 五 的 娃 到 县 衙 门 口， 对 公

ts'æ²¹sʯo²¹ tɕi²⁴ kæ̃⁵²pau⁴⁴lau⁵² iɛ²¹tɕ'i³⁰, tɕ'iou⁴⁴sʯo²¹uaŋ²⁴u⁵² ti³⁰ua⁴⁴ suŋ⁴⁴kuŋ²¹
差 说:"急 赶_{赶快}报 老 爷 去, 就 说 王 五 的 娃 送 公
tɕi²¹ tæ̃²⁴læ³⁰liau³⁰. lau⁵²iɛ²¹t'iŋ²¹kuŋ²¹⁻²⁴ts'æ²¹i²¹pau⁴⁴, tɕye⁵²tei²¹iou⁵²ɕiɛ²¹kuæ⁴⁴.
鸡 蛋 来 了。"老 爷 听 公 差 一 报, 觉 得 有 些 怪.
ɕiei⁵²li³⁰ɕiaŋ⁵² uaŋ²⁴u⁵²ts'uŋ²⁴a²⁴ ta³⁰ luŋ⁴⁴ xa³⁰ ti³⁰, tɕiau²¹ŋuo⁵²ɕiæ²¹k'æ̃⁴⁴i²¹xa³⁰,
心 里 想: 王 五 从 阿 达_{哪里}弄 下 的, 叫 我 先 看 一 下,
tau⁴⁴ti⁵²sʅ⁴⁴sʯo⁴⁴ti³⁰? tɕ'iou⁴⁴sʯo²¹ tɕiau⁴⁴xu⁵²læ³⁰。uaŋ²⁴u⁵²ua⁴⁴ tau⁴⁴liau³⁰t'aŋ²⁴
到 底 是 啥 的? 就 说:"叫 □_进来。"王 五 娃 到 了 堂
xa⁵², k'æ²⁴k'ou⁵²tɕ'iou⁴⁴sʯo²¹ uaŋ²⁴u⁵²zʅ²¹ kei⁴⁴lau⁵²iɛ²¹suŋ⁴⁴kuŋ²¹tɕi²¹tæ̃⁴⁴læ³⁰
下, 开 口 就 说:"王 五 儿 给 老 爷 送 公 鸡 蛋 来
liau³⁰. ɕiæ̃⁴⁴lau⁵²iɛ²¹vei⁴⁴ næ⁴⁴ɲi²¹ta²⁴nou⁵²li³⁰ tsou⁴⁴sʯo⁴⁴li³⁰? uaŋ²⁴u⁵²ua⁴⁴
了。"县 老 爷 问:"奈 你 大 □_呆屋 里 做 啥 哩?"王 五 娃
k'ɯ⁵²sou³⁰liau³⁰⁻²¹⁻²⁴şəŋ²¹sʯo²¹ lau⁵²iɛ²¹iou⁵²sʯo⁵² pu²¹tʂʅ²¹, ŋuo²¹ta²⁴ia²¹væ̃⁵² kei⁴⁴
咳 嗽 了 一 声 说:"老 爷 有 所 不 知,我 达 夜 晚_{昨夜}给
ye⁵²li³⁰ lia³⁰. ɕiæ̃⁴⁴lau⁵²iɛ²¹ i²¹ t'iŋ²¹⁻²⁴sʯo²¹ ɕiau⁴⁴ti³⁰ t'iæ̃²⁴tiou²¹xu⁴⁴iau²¹, sʯo²¹
ye⁵²li³⁰ lia³⁰。县 老 爷 一 听 说, 笑 的 前 丢 后 摇, 说:
t'iŋ⁴⁴ xu²⁴sʯo²¹, næ̃²⁴ti³⁰tsuo⁵²xæ̃²¹iau⁴⁴ua⁴⁴li³⁰? uaŋ²⁴u⁵² zʅ²¹ tɕi²⁴kæ̃⁵²tɕiɛ⁵²
"净 胡 说, 男 的 咋 还 要 娃_{生孩子}哩?"王 五 儿 急 赶 接
ts'ʮ³⁰sʯo²¹ lau⁵² iɛ²¹, næ⁴⁴kuŋ²¹tɕi²¹xæ̃²¹xuei⁴⁴xa⁴⁴tæ̃⁴⁴? tʂʅ⁴⁴i²¹vei⁴⁴pa²¹lau⁵²iɛ²¹
住 说:"老 爷, 奈 公 鸡 还 会 下 蛋?"这 一 问 把 老 爷
kei⁴⁴tie²⁴ts'ʮ⁵²liau³⁰. uaŋ²⁴u⁵² ti³⁰ ŋæ̃⁴⁴tsʅ³⁰ a⁵² tɕ'iou⁴⁴liau⁵² tɕiɛ²¹liau³⁰.
给 挓_难住 了。 王 五 的 案 子 也 就 了 结 了.

参考资料

1. 杨春霖、孙福全《关中人怎么学习普通话》，陕西人民出版社（1958）。
2. 白涤洲遗稿、喻世长整理《关中方言调查报告》，中国科学院出版（1952）。
3. 黎锦熙《铜官方言谚谣志》，西京泰华印刷厂。
4. 中共铜川市办公室编《铜川概况》。
5. 铜川市地名办公室编《陕西省铜川市地名志》。
6. 《宋本广韵》，北京中国书店（1982）。
7. 黎锦熙《汉语释词论文集》，科学出版社（1957）。
8. 袁家骅《汉语方言概要》，文字出版社（1960）。
9. 吴建生《万荣方言志》，《语文研究》编辑部编辑出版。
10. 河北省昌黎县县志编纂委员会、中国社会科学院语言研究所合编《昌黎方言志》，上海教育出版社（1984）。
11. 严学窘审定，卢源斌、史纪、刘君宇《广济方言志》。
12. 黄伯荣、廖序东主编《现代汉语》，甘肃人民出版社（1983）。
13. 李兆同、徐思益主编《语言学导论》，新疆人民出版社（1981）。
14. 董遵章《元明清白话著作中山东方言例释》，山东教育出版社（1985）。
15. 臧晋叔《元曲选》，中华书局（1958）。
16. 施耐庵《水浒》，人民文学出版社（1972）。
17. 兰陵笑笑生《金瓶梅词话》，古佚小说刊行会影印（1933）。
18. 冯惟敏《取散丛刊·海浮山堂词稿》，中华书局（1959）。
19. 孔尚任《桃花扇》，人民文学出版社（1959）。
20. 蒲松龄《蒲松龄集·日用俗字》，中华书局（1962）。
21. 蒲松龄《蒲松龄集·聊斋俚曲集》，中华书局（1962）。
22. 西周生《醒世姻缘传》，齐鲁书社（1980）。

23. 文康《儿女英雄传》，西湖书社。
24. 杨春霖《陕西方言内部分区概说》，西北大学学报（哲学社会科学版）1986 年 4 期。
25. 郭子直《古汉语音韵学简表》，陕西师范大学汉语史研究室油印本。
26. 郭子直《岐山方言词小考》，陕西师范大学汉语史研究室油印本。
27. 王雪兰、丁德科《笑说"鳖瞅蛋"》，《陕西农民报》1987 年 5 月 30 日第四版。
28. 丁德科、王雪兰《般配》，《西安晚报》1987 年 9 月 1 日第三版。
29. 茹钢、丁德科《宽刀·鼻弄》，《陕西农民报》1987 年 4 月 30 日第四版。
30. 丁德科、茹钢《二不稜登》，《西安晚报》1987 年 8 月 13 日第三版。
31. 丁德科、茹钢《粗朴结实的歇后语》，《陕西农民报》1987 年 7 月 30 日第四版。
32. 丁德科、茹钢《说"学"》，《西安晚报》1987 年 5 月 25 日第三版。

跋

《渭北（铜川地区）方言研究》的出版，要感谢中国共产党铜川市委、铜川市委地方志编纂委员会，要感谢悉心审校的语言学家杨春霖先生和郭子直先生，要感谢商务印书馆，要感谢每一位做出努力的领导和同志。

撰稿初始，多次听取杨先生教诲，定出写作计划；撰稿过程中，承蒙先生指点引导；初稿告成，杨先生细批详改，郭先生也给予指点。四易其稿，终获其成。杨先生不顾教学、科研的辛劳和冬寒暑热的苦艰，夜以继日地审阅，一丝不苟。1987 年 7 月，他冒雨亲临铜川，考察方言实际。先生谨严审慎的治学态度，深入学生之心。北京师范大学中文系教授葛信益先生，应邀寄来《沈兼士先生事略》文稿，并为撰写提出宝贵建议，而后又寄来题名。葛先生诚心一片，不吝赐教，令我们钦佩。

1986 年 7 月，得王仲德师介绍，中共铜川市委地方志编纂委员会主管领导任梦琪秘书长、常健志主任、杜发隆总编指示并支持《铜川市志·方言志》，即今《渭北（铜川地区）方言研究》的撰写；并提供方言调查、研究、写作之便，提出许多见血、中石之论。定稿时，得到同行铜川教育学院李启民讲师、渭南师范学院凌朝栋教授、田晓荣教授、卜晓梅讲师等指正与支持。这里一并表示感谢！

《渭北（铜川地区）方言研究》是《铜川市志·方言志》的详本。从主观上说，我们做了认真调查，细致研究，谨慎撰写，但错误一定难免，恳请各位专家及同行学者批评指正。

作　者
2012 年 3 月 6 日